KB236854

우 울 증

우울증

마음의 병을 치유하는 법

Lykketyvene

토르실 베르게 · 아르네 레폴 지음

손화수 옮김

문예출판사

차례

책머리에

우울증은 인간의 행복을 훔쳐가는 도둑이라고 할 수 있다. 자신감과 활동력, 삶의 의욕마저도 앗아간다. 우울증에 시달리는 사람들은 기뻐하는 능력도 잃게 된다. 그렇다고 슬픔만을 느끼게 된다는 것은 아니다. 우울증은 슬퍼하는 능력마저도 빼앗아가버린다. 우울증 증상을 보면서, 그것을 슬픔과 어두움으로 정의하는 경향이 있는데, 사실 우울증은 슬픔과 아픔, 그리고 어두움과는 거리가 멀다. 이러한 느낌과 감정은 피할 수 없으며, 어떤 면에서 삶에 필요한 것이라고도 할 수 있다. 즉 우울증과는 확연히 다르다고 할 수 있다. 우울증은 이런 감정들과는 다른 방법으로 우리의 자아상을 공격한다. 깊은 우울증에 시달리는 사람들은 자기 자신은 물론이며 자신의 삶을 혐오하는 경우도 허다하다.

　우울증은 인간관계를 유지해나가는 개개인의 능력을 저하시키며, 깊은 고독에 빠지게 한다. 그리고 자기중심적인 인간으로 변형시킨다. 하지만 그것은 소위 말하는 이기적인 인간과는 거리가 있다. 한 마디로, 우울증은 눈앞에 물잔을 두고도 목말라 죽어가는 상황이라고 보면 된다. 우울증에 시달리는 사람들은 타인과의 접촉을 갈망하지만 정작 사람들이 가까이 다가오면 그들을 밀어내고 고립된 삶으로 더욱 깊이 빠져든다.

이러한 상황이 반복되면서, 우울증에 시달리는 사람들은 자신의 정체성을 잃고, 주변의 도움마저 점차 망각한다. 대신 스스로를 경시하고, 자기비판에 시달리며, 세상을 부정적으로 바라본다. 자신의 가치를 폄하하고 무의미한 삶을 살다 보면, 더 나은 삶에 대한 희망마저 잃는 것은 당연하다.

그렇다면 우울증에 시달리는 사람들의 사고방식이 부정적이라고 단언할 수 있는가? 대답은 그렇다고 할 수 있다. 부정적인 사고방식은 삶에 무거운 짐이 될 수밖에 없다. 그들은 실수를 인정하지 못한다. 문제는 우울증이 쌓아올린 세상과 인간의 가치에 대한 시각이다. 그것은, 따스하고 사려 깊은 생각과 태도에 도달할 수 없도록 우리를 옭아맨다. 우울증은 차가운 자아비판이며, 비관주의, 그리고 스스로를 소중히 여기지 못하는, 따스하고 사려 깊은 사고의 부족 현상이라고 할 수 있다. 하지만 이 세상 어느 누구도 우울증에 시달릴 만큼 무가치하지 않다.

이제 기존 방식에서 벗어난 비판적인 질문을 해보자. 예를 들어 나는 나 자신의 가치에 어떠한 기준을 두는가? 나는 주변 사람들에게 우울증에 빠진 나의 가치관을 공개적으로 이야기할 수 있는가? 주변의 사려 깊은 도움을 얻기 위해 나는 내 태도를 바꿀 의향이 있는가? 나는 왜 나 자신의 문제에 스스로 직면하지 못하는가?

우울증에 시달리는 사람들에게 가장 좋은 약이 되는 것은, 주변 사람들의 교감과 이해라고 할 수 있다. 이를 기본으로, 우울증에 빠진 사람들과 그들의 어두운 상황은 얼마든지 개선될 수 있다. 우울증은 수수께끼며, 수많은 패러독스를 지닌다. 하지만 지난 몇 년 동안, 다행스럽게도 이에 대한 지식과 도움이 될 수 있는 방법들을 찾을 수 있었고 또 그 방법들이 발전해왔다. 이 책은 이러한 지식을 함께 나누면서, 우울증이 유발하는 문제점들을 제어하고 지배할 수 있는 구체적인 대안을 찾는 것을 목적으로 삼는다.

우울증은 저항할 수 없을 만큼 큰 힘을 지닌다. 역사상 크게 이름을 떨치고, 존경을 받아왔던 사람들 가운데서도 많은 이들이 주기적인 또는 전 생애를 통한 우울증 앞에서 무릎을 꿇어야만 했다. 현 시대도 마찬가지다. 타인의 심리적 문제에 조언하는 심리학자와 정신병리학자들조차 우울증과 불안에 시달리는 것을 자주 볼 수 있다. 외형적으로 강인하기 그지없어 보이는 이들조차 우울증 앞에서는 어쩔 수가 없다. 이 책에서는 동료 심리학자나, 한 나라의 수상들이 겪은 우울증도 이야기한다. 비록 그들의 약한 부분을 공개하고 이에 대해 토론한다 할지라도, 독자들은 그들에 대한 존중과 관심을 잃지 않기 바란다. 그리고 스스로 우울증을 경험한 많은 분들의 도움말에도 깊이 감사한다.

우울증_ 증상과 원인

한마디로 우울증은 어두운 낮과 끝없는 밤의 연속이라고 정의할 수 있다. 우울증에 시달리는 사람들은 저항할 수 없을 정도로 강력한 무기력증과 체념을 경험한다. 그리고 일상에서 내려야 하는 수많은 작은 결정들에 지치며, 조금만 부정적인 요소를 발견하면 모든 것을 포기하고 싶은 마음도 생긴다. 이 책의 첫 부분에서는 우울증 증상과, 무엇이 우울증을 유발하는가를 이야기해보고자 한다.

1장 | 우울증이란 무엇인가?

우울증은 시간과 장소를 막론하고 우리를 따라다니며 괴롭혀온 병마라고 할 수 있다. 문학 작품에서도 우울증과 관련된 단어와 상황을 쉽게 찾을 수 있다. 고대는 물론 중세와 현대로 이어지는 역사의 흐름에서 혹은 문학 작품에서 나타난 우울증의 평균적 증상을 찾아보면 주인공의 무기력함, 활동력 상실, 비이성적으로 보이는 부정적 사고, 염세관을 들 수 있다.

스웨덴 출신 작가 스티그 다게르만(Stig Dagermann)이 친구에게 보낸 편지를 살펴보자.

객관적으로 볼 때, 현재의 상황은 이전과는 비교할 수 없을 정도로 나아졌어. 하지만 나는 조금도 그렇게 느껴지지가 않아. 마치 누군가 내 삶을 뒤로 돌려놓은 것만 같은 느낌이 들어. 그리고 어떻게 하면 다시 이전 생활로 돌아갈 수 있을지 아무 생각도 할 수가 없어. 난, 솔직히 말해서 지금 아무것도 할 수가 없어. 글을 쓰는 것도, 말하는 것도, 책을 읽는 것도……. 마치 세상에서 뚝 떨어져 홀로 있는 것만 같아. 다른 사람들과 함께 있을 때는 그들과 함께 이야기하고 웃으려고 내 기력을 소진해야 할 정도야. 정말 힘들어. 그들을 싫어하는 것도 아닌데 말이야. 물론 내가 그들에게 먼저 말을 거는 일도 없지.

다게르만은 심각한 우울증에 시달렸다. 이 짧은 편지에서, 그는 우울증의 중요한 증상 몇 가지를 묘사해놓았다. 즉 무기력함과 어두운 존재의식, 그리고 무리 속에서 느끼는 고독감과 더불어 미래에 대한 희망을 가질 수 없는 것이 바로 그것이다.

우울증, 설명할 수 없는 증상과 느낌

직접 우울증을 겪어보지 못한 사람들은 그 증상과 느낌을 짐작하기가 매우 어렵다. 우울증으로 고생하는 사람들조차 자신의 병리적 증상을 설명하는 것이 그리 쉽지 않다. 그것이 바로 우울증이다. 미국인 윌리엄 스타이런(William Styron)의 저서 《보이는 어둠 : 우울증에 대한 회고(Darkness Visible)》를 살펴보면, 작가 자신이 경험한 우울증이 잘 나타나 있다. 그것은 그의 정신과 몸 깊숙한 곳에 뿌리를 내리고, 정상적인 생활에 훼방을 놓으며, 가끔 저자의 목숨을 위협하기도 했다고 한다. 그는 우울증이라는 병마는 신체적 에너지를 앗아가며, 차츰 자살이 매력적으로 보이는 단계까지 유도한다고 했다. 우울증으로 이끌어가는 요소를 조사해본다는 건 힘들고 도전적인 일이다. 윌리엄 스타이런은 정갈하고 우아한 언어로 이 병을 가시화하는 데 어느 정도 성공했다고 볼 수 있다.

인간이 정체감과 스스로를 존중하는 마음가짐을 잃는 것은, 가장 널리 알려진 우울증 증상이다. 나는 우울증의 검은 손에 몸과 마음을 빼앗기면서, 자존심과 정체감이 마치 가루처럼 부서져내리는 것을 경험했다. 사람들은 자신의 소유물을 잃는 것을 두려워한다. 특히 자신이 애정을 가진 것에는 그 정도가 더 심하다. 우울증에 걸린 사람들은 어느 날 문득 홀로 선 채 세상에서 버림을 받지나 않을까 두려워할 때가 많다.

스타이런은 심각한 우울증을 감당할 수 없는 두려움과 결부시켜 표현했다. 우울증이 생명을 앗아가는 것은 숨이 막힐 정도로 조여오는 두려움을 감당할 수 없기 때문인 경우가 자주 있다. 우울증을 없앨 수 있는 긍정적인 방법을 찾아보라면 단 하나, 그것은 시간이다. 물론 병리적 치료의 도움을 받고 일어서는 사람들이 많은 것도 간과할 수는 없다. 다소 수동적이긴 하지만 시간이 지나면 노력에 의해 대부분 우울증에서 벗어날 수 있다는 견해도 있다. 하지만 자살 충동에서 벗어나지 못하는 심각한 우울증 환자들은 말기암 환자들과 마찬가지로 절망적이다. 어떻게 손을 써볼 수 없는 경우도 많다. 이러한 관점에서 본다면, 우울증에서 벗어날 수 있었던 윌리엄 스타이런의 자전적 저서 《보이는 어둠》은 대부분의 우울증 환자들에게 희망을 준다.

깊고 어두운 숲속에서 길을 잃어본 사람들은 설명할 수 없는 두려움이 그곳에 존재한다는 것을 느낄 수 있다. 마치 단테의 기억에서처럼 지옥에서부터 올라오는 사닥다리를 피해, 결국은 밝은 바깥세상으로 조심스럽게 나올 수만 있다면……. 다시 건강을 되찾은 사람들은 예외 없이 정적이기도 하며 동적이기도 한 즐거움을 맛보게 된다. 그 즐거움이야말로, 어두운 과거에 경험했던 끝을 알 수 없는 혼돈에 대한 보충이요, 상이라고 할 수 있다.

앞서도 언급했듯, 스타이런은 심각한 우울증에서 벗어날 수 있었다. 그의 책을 읽다 보면 독자들은 강한 인상을 받게 되는데, 그것은 그의 인간성과 능력, 그리고 성공적 작가라는 타이틀과 자기 비하감이라는 극한적인 요소가 함께 존재하는 것을 발견하게 되기 때문이다. 우울증이라는 마수에 걸려들면, 대부분 스스로의 존재 가치를 비하한다. 이때 개인의 창의적 재주와 사회적 능력은 아무 도움이 되지 못한다.

셸 마그네 본데빅(Kjell Magne Bondevik)은 1998년 8월 31일 월요일, 노르웨이 국무총리 자리에서 휴직을 선언했다. 그 이유는 바로 우울증 때문이었다. 시간이 흐른 후, 그는 자신의 병을 공개적으로 밝혔다. 한 일간지와의 인터뷰에서 그는 자신의 병이 이미 그해 여름에 시작되었던 것 같다고 고백했다. 직무를 다하지 못할 것 같다는 두려움이 엄습해왔으며, 자격 없는 국무총리였다고 스스럼없이 실토했다.

— 그래요, 저는 별 볼일 없는 정치가에 불과했지요. 제 몸과 정신
적 기능이 어느 한 가지도 만족스럽게 작동하지 않았던 것 같았
답니다.

— 스스로 만족스럽지 않게 생각했던 것들에 대해 더 자세히 말씀
해주실 수 있는지요?

— 우선, 머리가 제가 원하는 만큼 돌아가지 않았어요. 생각이라는
것을 도무지 할 수가 없었으니까요. 교섭이나 중재 역할을 하기
에는 내 몸과 정신이 완전히 마비된 상태였고, 어떤 결정을 내리
기는 더더욱 어려웠지요. 마치 제 머릿속에 사각의 딱딱한 벽이
들어앉아 있는 것만 같은 기분이었어요. 밖으로 나오기가 불가
능한 벽이었지요. 아마, 겪어본 사람들은 잘 알 겁니다. 스트레
스를 많이 받으면 뇌 속에 풀 수 없는 매듭이 지어지는 듯한 느
낌이 들 때가 있잖아요, 꼭 그런 느낌이었어요. 말로 설명하기가
힘들어요.

휴직 신청서를 제출하기 두 주 전, 그는 이미 밤잠을 자지 못했다.
점차 아침에 눈을 뜨는 시간이 빨라지는가 하더니, 결국엔 거의 매일
뜬눈으로 온 밤을 지새야 했다고 한다.

— 불면에 시달릴 때, 자리에 누우면 어떤 생각이 떠오르던가요?

— 주로 정치적인 것들이었지요. 제가 하던 일이 그런 일이었으니
까요. 의사당에서 접하는 크고 작은 문제들, 예를 들어 이자율
상승이라든가 재정 문제, 취임시 약속했던 사회보장 연금에 대

한 문제들……. 하지만 시간이 흐르면서 느꼈던 것은 이전에는 아무렇지도 않던 조그마한 문제들까지 눈덩이처럼 제 생각 속에서 불어난다는 것이었어요. 온 세상이 캄캄하게만 느껴지더군요. 결국, 큰 문제는 물론이고 작은 문제들까지 풀어낼 능력을 상실해버렸지요.

— 작은 문제들의 예를 들면요?

— 일상적인 것들이지요. 청소를 한다거나, 뭐 그런 자잘한 일들. 그런데 사실 그런 소소한 문제들이 쌓이니 더 힘들어지더군요. 절망적이었어요. 생각조차 하기 싫었답니다.

— 사무실이나 집 청소를 하는 것도 힘들게 느껴졌다면, 한 나라를 다스리는 일은 더더욱 힘들게 느껴졌겠습니다?

— 물론이지요.

— 국무총리로 굉장한 인기를 모은 적도 있는데, 그때와 비교하면 휴직기 전후의 상황을 어떻게 설명할 수 있을까요?

— 제 생각에는 그것이 병이었다는 생각밖에 들지 않아요. 지금도 제가 당신에게 부탁만 한다면, 저에 대해 적어도 50개 이상의 긍정적 평이 실린 기사를 구해다 주실 수 있을 겁니다. 하지만 만약 당신이 휴직기에 있던 제게 그 기사들을 보여주었다면, 저는 다 필요 없는 것들이라고 아마 손사래를 쳤을 것이 틀림없어요. 그만큼 저는 어둠 속에서 헤어나질 못했답니다.

당시 본데빅은 병리학자와 심리학자 들의 도움은 물론이며, 가족과 친구들의 정성 어린 도움을 받았다. 그 후, 한 차례 짧은 휴직서를 제출해 쉬고 난 다음, 그는 다시 자신의 자리, 즉 한 나라의 국무총리로 건강하게 되돌아왔다.

우울증의 여러 가지 증상

우울증의 공통적인 증상은 일련의 양상을 지닌다. 이들 중 가장 눈에 띄는 증상을 들면 무력함과 강하게 나타나는 부정적인 생각, 의욕과 진취적 태도의 저하를 들 수 있다. 또한 불면과 짜증, 불안과 걱정도 손꼽을 수 있다. 세계보건기구(WHO)는, 연간 3억 명이 우울증으로 시달린다는 통계를 내놓았다. 우울증으로 고생하는 친구들과 동료들 때문에 이를 간접 경험하는 사람들까지 포함하면 그 수는 더욱 커진다. 이렇게 따진다면, 우울증은 결코 간과할 문제가 아니다. 통계상으로 볼 때, 세계보건기구에서 발표한 세계 인구 건강 상태를 악화시키는 질병 중, 우울증은 네 번째로 심각한 병이 되는 셈이다. 다가올 2020년에는 우울증이 두 번째 자리를 차지할 것이라는 예상도 나타난다. 현재, 우울증은 18~45살 인구의 능력 저하를 가져오는 가장 큰 문제로 간주된다.

우울증에 시달리는 사람들은 이유를 알 수 없는 의욕 저하를 경험한다. 사소한 일도 끝을 맺기 위해 엄청난 힘을 쏟아야만 한다. 또한 많은 사람들이 수면과 관계된 어려움에 시달리기도 한다. 잠을 잘 자지 못하거나, 필요 이상 잠을 많이 자는 현상이 발생한다. 어떤 사람은 식욕을 잃기도 하고, 또 어떤 사람들은 과하게 많은 음식을 먹기도 한다. 또한 대부분의 사람들이 끝없이 계속되는 신체적 고통, 현기증, 구역질, 소화불량에 시달린다는 점도 간과할 수 없다. 물론 이러한 고통에 시달리는 사람들은 그들이 심각한 병에 걸린 것은 아닐까 하고 생각한다. 성욕이 저하되는 것은 물론이다.

우울증에 빠진 사람들은 대부분 슬픔과 무력함을 경험한다. 어떤 사람들은 내면이 텅 빈 것 같다고도 표현한다. 이러한 사람들은 한때 계속되는 짜증과 통제력 상실을 경험하기도 한다. 삶이 무의미해지고, 미래에 대한 희망도 느낄 수 없다. 많은 사람들이 스스로의 가치에 의구심을 가지고, 삶의 동기를 잃는다. 또한 일이 잘못되면 그것을 자신의 탓이라 책망하며 치욕과 걱정에 빠진다.

스스로를 불쌍하게 여기는 생각이 점점 더 자주 들며, 세상과 미래에 대해서도 부정적인 생각이 점점 짙어지는 것은 당연하다. 자신의 문제를 끊임없이 생각하며, 앞으로 무슨 일이 일어날지 필요 이상으로 걱정하기도 한다. 그것은 대부분 자신과 주변인의 건강에 대한 것이거나, 경제 사정, 또는 자식과 일에 대한 것들이다. 어떤 사람들은 이전에 경험했던 부정적인 일들을 떠올리고, 그러한 일이 다시 되풀이될까봐 걱정하기도 한다.

심각한 우울증에 걸린 사람들은 집중력과 반응력, 기억력이 눈에 띄게 저하되는 것을 느낄 수 있다. 가벼운 독서나 일상의 대화에도 집중할 수 없게 된다. 따라서 어떤 일에 대한 결단을 내리는 데 어려움을 느끼는 것은 물론이다. 이럴 경우, 사람들은 모든 일에서 관심을 잃고, 이전에는 즐겁게 하던 취미생활조차 시들하게 생각한다. 최악의 경우, 사람들은 모든 일에 감정 없이 대응하며, 스스로를 고립시키는 생활을 자처한다. 우울증이 심하면 심할수록 말과 행동도 느려지며, 동시에 들뜨고 불안한 기분과 긴장감에 시달릴 수도 있다.

확산적 문제점

그렇다면 과연 얼마나 많은 사람들이 우울증에 시달리는가? 최근 노르웨이 오슬로의 경우를 보면 인구 중 7퍼센트에 달하는 사람들이 심각한 우울증과 연간 계속되는 명백한 우울증 증상에서 헤어나지 못하는 것으로 알려졌다. 오슬로를 중심으로 한 이 숫자는 노르웨이 전체 인구의 평균을 조금 넘어서는 것이라 보아도 된다. 특히 남성보다는 여성들이 우울증으로 고생하는 비율이 더 높았다. 조사 대상 여성 중 10퍼센트가 우울증에 시달렸으며, 남성 중에서는 약 4퍼센트가 우울증을 경험한 것으로 나타났다. 그리고 전 생애 동안 평균 15~20퍼센트의 사람들이 우울증을 경험하는 것으로 볼 수 있다.

대부분의 경우, 우울증이라는 것은 이미 있는 기본적인 문제에 더해 나타나는 확산적 문제점이라고도 정의할 수 있다. 불행히도, 이 우울증은 언제고 다시 재발할 수 있는 병이기도 하다. 가장 중요한 위험성을 들자면, 한번 우울증을 경험했던 사람들은 언제든지 이 재발 가능한 우울증에 시달릴 수 있다는 점이다. 이전에 우울증을 자주 경험했던 사람들일수록, 재발 가능성은 더 커지기 마련이다. 재발하는 우울증에 어떻게 대처해야 하는가는 나중에 다시 이야기하겠다.

부가적 문제점

우울증에 시달리는 사람은, 이와는 다른 양상의 정신질환에도 시달리는 일이 잦다. 많은 사람들이 깊은 걱정으로 인한 일시적 공황 상태에 빠지거나 병적 공포, 즉 포비아 상태, 또는 계속되는 불안감 때문에 하이포콘드리아라 일컬어지는 심기증(心氣症)에 빠진다. 걱정과 불안 등에 관련된 우울증은 이 장 마지막 부분에서 다시 설명하기로 한다.

신체적인 질병에 시달리는 사람들이 우울증에 노출되는 비율이 더 높다는 사실을 간과할 때가 많은데 암이나 심장병, 류머티즘과 당 뇨병 등 장기간 계속되는 신체적 통증은 우울증의 직접적인 원인이 될 수도 있다. 이 경우, 주변인이나 전문 의료인은 우울증을 간과하 기가 쉬우며, 따라서 치료를 향한 길도 멀어진다. 일반적으로, 심각 한 신체적 질병이나 통증에 시달리는 사람들이 우울증을 겪는 것은 보통이라고 생각한다. 그리고 신체적 질병에 더해 부가적으로 발생 하는 우울증에 시달리는 사람들은 자신의 감정이나 정신적 상태를 설명하는 걸 어려워한다. 이 경우 자신이 표현한 바가 잘못 이해되지 나 않을지 두려워하기 때문이다. 만약 우울증의 여러 증상이 치료 과 정에서 간과된다면 그것은 더욱 심각한 상태를 유발하기도 한다. 적 절한 치료는 수명을 연장해주며, 통증을 줄이는 것은 물론 삶의 질을 높이는 지름길이라는 것을 명심해야 한다.

우울증의 네 가지 종류

정신질환을 다루는 분석과 진단 시스템에는 여러 가지가 있다. 중요 한 것은, 기본적인 건강 진료는 물론 전문적 건강 진료를 위해서는 체계적이고 효과적인 계획이 필요하다는 것이다. 우울증을 비롯한 정신질환을 분석하고 진단하는 방법은 지금까지 다양하게 변해왔으며, 지금도 더욱 적절하고 체계적인 방법을 찾으려는 노력이 한창이다. 현재 실질적으로 볼 때 각각의 정신질환 증상에 대해 구체적으로 정해진 진단 시스템은 그리 많지 않다. 더욱이 불안감과 우울증이 겹쳐져 나타나는 증상에는 어느 하나만의 정해진 시스템을 이용하는 것이 결코 쉽지 않다.

우울증을 고찰할 때, 우울성 에피소드(Depressive Episode) 또는 현저한 우울성 장애를 가장 중요한 사항으로 꼽을 수 있다. 그 증상은 기분과 관심의 저하, 기쁨과 생동력의 부족이라 할 수 있다. 이러한 우울성 에피소드는 개개인에 따라 정도가 다르게 나타난다. 증상이 심각한 경우에는 일상의 조그만 책임과 의무도 이행하지 못할 정도로 영향력이 크다.

우울성 에피소드보다 조금 약한 증상을 보자면, 멜랑콜리한 정신적 상태, 즉 울병(Dystymi)이라 일컫는 상태를 들 수 있다. 조사에 의하면, 우리 주변의 많은 사람들이 이로 인해 고생하는 것을 볼 수 있다. 눈에 띄는 증상으로는 계속되는 피곤함과 경미한 우울성 장애로 인한 의욕 상실을 들 수 있다. 이 증상은 시간이 지남에 따라 우울성 에피소드로 발전할 가능성을 지니는 것이 특색이다. 이 책에서는 우울성 에피소드와 울병을 주로 다루었다.

겨울 우울증(Winter Depression)은 늦가을부터 봄 사이에 주로 발생한다. 증상은 잠이 많아지며 기분이 점진적으로 나빠지는 것, 그리고 의욕 저하와 식욕 증가, 특히 단 음식을 평소보다 더 많이 찾는 것을 들 수 있다. 이러한 형태의 우울증은 매일 아침 햇볕을 쬐는 것으로 피하거나, 감소시킬 수 있다. 햇볕 치료법을 이용하면 단 며칠

만에도 벗어날 수 있는 것이 특징이다.

기분과 관계된 특이한 형태의 우울증으로는 조울증(Maniac Depression)을 들 수 있다. 증상은 짧은 시간에 극과 극으로 기분이 변하는 것인데, 저하 시기에는 의욕 저하와 식욕 저하가 현저하게 나타난다. 그 외의 시기에는 격렬하고 활동적인 기분이 되는 것이 특징이다. 조울증은 이 책 뒷부분에서 따로 다루기로 한다.

어린이와 청소년의 우울증

최근 들어 우울증에 시달리는 청소년과 어린이가 점점 늘어난다. 우울증에 시달리는 어린이들은 슬픔에서 헤어나지 못할 때가 많으며, 피곤해하고 모든 일에 수동적으로 변한다. 또한 걱정과 불안은 물론 신체적 고통도 느끼게 된다. 어떤 아이들은 말수가 적어지고 성격도 내향적으로 변해가는 반면, 어떤 아이들은 침착성을 잃고 짜증을 자주 낸다. 이전에는 즐겁게 했던 활동에도 관심을 잃고, 학교나 친구들과도 점점 더 거리를 둔다.

이 시기에 우울증을 경험했던 아이들은 나중에도 재발되는 우울증으로 고생할 확률이 크다. 따라서 이 시기의 우울증 치료는 아주 중요하다. 그리고 우울증에서 벗어났다 할지라도 학교와 가정에서의 적극적인 관심과 지속적인 후속 치료가 요구된다. 하지만 불행히도 이들에게 행해지는 후속 치료는 거의 전무한 실정이다. 미국에서 행한 한 조사에서는 우울증을 경험했던 십대 청소년들 가운데 70~80

퍼센트가 적절한 치료를 받지 못했던 것으로 나타났다. 이러한 상황은 다른 나라도 마찬가지일 것이다.

어린이나 청소년이 우울증에 시달린다면, 무엇보다도 가족들의 관심과 도움이 필요하다. 가족들은 우울증에 대한 정의를 알아야 하고 여기서 벗어나려면 무엇을 해야 하는지 알아야 한다. 우울증에 걸린 청소년들은 앞으로 일어날 일들에 상당한 불확신감을 가지는데 이러한 반응의 원인이 무엇인지 알 필요가 있다. 이들의 부모들은 아이들의 우울증이 어떤 양상으로 변해가는지 지속적으로 관찰해야 하며, 이에 적절히 대응해야 한다. 그렇다면 부모는 어떻게 아이들의 우울증에 도움의 손길을 보낼 수 있을까? 대부분의 부모들은 자신의 아이들이 우울증에 시달린다는 사실을 조기에 발견하지 못한다. 이는 아이들로서는 스스로의 정신적 상태를 명확하게 설명할 수 있는 기술이 부족하기 때문이기도 하다.

이 책의 조언은 어린이와 청소년의 우울증에도 분명 도움이 될 것이다. 예를 들어 이 책은 일상에서 비논리적으로 움직이는 사람들의 감정을 어떤 방법으로 통제할 수 있는지, 또 부정적인 생각의 방향을 어떻게 바로잡을 수 있는지 이야기한다. 물론 이들 여러 가지 방법은 당사자의 나이에 따라 달라져야 한다.

단순히 우울한 기분인가, 우울증인가?

우울증 증상은, 앞서도 말했듯이 저조한 기분과 부정적인 생각, 그리고 의욕 저하 등이다. 이것은 대부분의 정상적인 사람들도 시기적으로 겪는 일이다. 하지만 어떤 사람들은 이에 따르는 부가적인 문제에 필요 이상으로 심각하게 반응한다. 이때 우울증 시초가 아닌지 생각해보아야 한다. 이를 제외하면, 우울증의 별다른 특이성을 발견할 수 없다. 하지만 분명히 우울증과, 일반인이 자주 겪는 단순히 우울한 기분에는 심각한 차이가 있다. 단순한 우울성은, 심각하고 장기적이며 재발 가능한 우울증으로 발전할 가능성을 지닌다는 점에서 일반적인 감정 상태와 구별할 수 있다.

우울증에 시달리는 대부분의 사람들은 처음에는 자신이 처한 상황을 생소하게 느끼게 마련이다. 그 상황을 적절하게 설명할 수 없는 것은 물론이다. 예를 들어 자신의 감정과 기분 저하는 신체적 질병이나 고통 때문이라고 생각하는 것이 일반적이다. 많은 젊은 사람들이 우울증에 시달리지만, 당시에는 잘 알지 못한다. 하지만 시간이 지나 뒤를 돌아보면 그것이 우울증이었음을 짐작하게 된다. 또 어떤 사람들은, 우울증에 시달린 시간이 너무나 길기에 자신이 항상 그래왔다고 자연스럽게 받아들이는 모습도 볼 수 있다.

우울증에 시달리는 많은 사람들이 자신의 병에 상응하는 적절한 도움을 받지 못한다. 그 이유는 병에 대한 적절한 인식의 부족이며, 따라서 이에 따르는 적절한 치료법을 찾지 못한다. 어떤 사람들은 자신이 우울증에 걸렸다는 것을 조금도 알아채지 못하는 반면, 또 어떤 사람들은 도움을 요청하는 것이 너무 어렵게 느껴져서 혼자서만 속을 썩인다. 소수이긴 하지만 어떤 사람들은 자기 자신이 문제의 원인이라는 자책감에 사로잡히기도 한다. 그리고 치료를 함으로써 도움을 받을 수 있다는 사실에 매우 회의적이기도 하다. 이러한 경우, 치료 없이 시간을 보내다 보면 점점 더 우울증에 무덤덤해지게 된다. 그리고 이를 자연스럽게 받아들이게 되어 더 나아지려는 노력조차 하지 않게 된다.

이미 언급했듯이 우울증에는 정도의 차이가 있다. 우울증으로 방해를 받기는 하지만 직장과 가정에서 일상적 일을 문제 없이 처리해내는 사람들이 있는 반면 활동에 전적인 제약을 받는 사람들도 있다. 이 경우, 일상의 간단한 의무와 책임을 처리해내는 것이 무척이나 어렵게 느껴지기 마련이다. 증상이 더 심각해지면, 아무 일도 못하며, 생각은 죽음으로만 향한다. 다음은 우울증이 어떻게 개인적 감정과 사생활에 영향을 미치는지를 보여주는 사례들이다.

◉ 아그네스는 스물여섯 살의 독신 여성이며, 한 회사에서 비서로 일한다. 지난 몇 주 동안 그녀는 마치 자신이 아닌 다른 사람으로 생활해 온 것만 같은 느낌이었다. 이전에는 즐겁게 했던 취미, 즉 책을 읽거나 영화를 보는 일이 이제는 즐겁지 않게 되어버렸다. 생기가 없어지고 밤에는 불면증을 경험하기도 했다. 아그네스는 남들과의 대화에서 할 말을 찾지 못하고, 그들의 초청도 거절하기가 일쑤였다. 직장에서도 중요하고 어려운 일들은 자꾸만 미루었다. 결국은 직장에서 임무를 완수해낸다 해도, 그것은 그녀의 힘과 능력을 전적으로 소비해야만 가능한 일이 되어버렸다. 그녀는 가끔 순간적인 충동에 자신의 기분이 좌우되는 일도 경험했다. 이전에는 보기 드문 현상이 었다. 그녀는 조그만 일에도 걱정을 했고, 불안한 기분에 빠질 때가

잦아졌다.

◉ 할보르는 마흔여덟 살로, 부인과의 사이에 열세 살에서 스무 살 사이의 자녀를 세 명 둔 남자다. 그는 치과의사로서의 입지를 든든하게 확보했으며, 동료와 함께 치과를 운영한다. 환자들은 그의 인간성과 진료법에 크게 만족했으며, 동료 또한 그와 함께 일하는 것에 만족했다. 그는 경제적인 면에서도 아무 문제가 없었다. 하지만 할보르 자신은 이 상황을 다르게 생각했다. 어떤 면에서 볼 때 그는 자기 상황에 만족했지만, 가끔 자신의 존재에 대해 생각하면 생의 즐거움을 찾아볼 수 없게 되었다. 그는 근래 일을 해야 하는 시간에도 집에 자주 다녀갔고, 따라서 사소한 집안일에도 아내와 말다툼을 하는 일이 잦아졌다. 할보르는 조그만 일에도 화를 내는 일이 점점 더 많아졌고, 그 원인을 생각해보면 스스로 자신의 행동을 이해할 수 없는 경우가 대부분이었다.

그는 다음과 같이 자문해보았다. 인생은 과연 이런 것이었던가? 오십을 앞둔 나이에 그는 이전보다 더 자주 죽음을 생각했다. 특히 이러한 생각은 일 년 전 부친상을 당한 후 점점 더 잦아졌다. 직장에서는 환자들이 자신의 진료법에 만족하지 않으면 어쩌나 하는 불안감도 커졌고, 생전 처음 직장에 나가기가 귀찮다는 생각마저 들었다. 그러다 저녁 무렵 포도주 한 잔을 앞에 두면 삶에 대한 용기가 생기는 것도 같았다. 그러나 이대로 가다가는 술의 힘에 지탱해 남은 생을 살아가게 될까봐 걱정할 때도 간혹 있었다.

◉ 에바는 두 자녀를 둔 가정주부이자 미용사다. 그녀는 가족과 함께 자주 산책을 했고 자신이 가입한 스포츠 단체 활동에도 적극적이었다. 하지만 지난 몇 달 동안 그녀는 일상생활을 영위하기가 쉽지 않다는 느낌을 자주 받았다. 우선 밤잠을 자는 데 어려움을 겪었다. 새벽같이 일어나 다시 눈을 붙이려 해도 마음처럼 잘되지 않았다. 수면의 어려움과 함께 그녀는 식욕 저하도 경험했다. 에바는 점점 외부 활동에도 시들해졌으며, TV 앞에서 시간을 보내는 일이 많아졌다. 일요일이면 가족과 함께 산책을 나가는 일도 전혀 하지 않았다. 직장에서도 집중을 못하는 일이 빈번해졌으며, 점점 더 많은 일을 미루게만 되었다. 결국, 그녀는 직장에도 나가지 않고 침대에만 누워 지내게 되었다. 의사는 그녀에게 건강 때문에 휴직이 필요하다는 진단서를 써주었다. 그녀는 자신이 무능력한 사람이라고 느꼈으며, 생의 의욕과 의미도 잃어버렸다. 모든 일에 무덤덤해지게 된 것이다.

◉ 셸은 지금 한 심리학자의 사무실에 앉아 있다. 그는 올해 예순여섯 살이며 사회생활에서 은퇴한 남자다. 부인의 권유로 심리학자를 찾은 그는 허공만 바라보며 집중을 하지 못했다. 따라서 대화를 시도하려는 심리학자는 그와 눈도 마주치기가 힘들다는 것을 알아챘다. 그는 질문에 "예" 또는 "아니오"라는 짧은 대답만을 들려주었으며, 어떤 질문에는 아예 대답도 하지 않았다. 지난 몇 달 동안 그의 증세를 설명해준 사람은 함께 왔던 부인이었다. 그의 부인은 셸이 점점 더 심한 우울증에 빠져드는 것 같다고 말했다.

이의 시작은 그들의 자식이었다. 부인은, 그 문제는 조금도 심각한 것이 아니었으며, 현재는 모든 일이 잘 돌아간다고 했다. 그럼에도 지난 몇 주 동안, 셸은 음식에 거의 손도 대지 않았으며, 집 안에서도 몸을 움직이지 않은 채 소파에만 앉아서 지내게 되었다고 했다. 일시적이긴 했지만 눈물을 보이는 일도 있었으며, 스스로 목숨을 끊는 일에 대해서도 이야기를 꺼내곤 했다고 한다. 셸은 자신이 부인과 자식들에게 짐이 될 뿐이라는 어두운 생각에 빠져 불행한 삶을 살았다.

이 장에서는 표면에 나타나는 우울증의 형태를 이야기해보았다. 우울증으로 빠져들게 되는 의욕과 기분 저하는 아주 기본적인 증상이며, 이는 시간이 지남에 따라 서서히 나타난다. 일상을 영위할 수 없을 정도로 심각한 우울증에 시달리는지 여부는 자기 자신 또는 가정이나 직장, 학교에서의 주변 사람들 눈으로 보면 명확히 알 수 있다.

만약 앞의 사례들이 당신에게도 적용이 된다거나, 또는 자신의 성향에 내재되어 있다고 생각된다면, 이 책의 조언은 분명 도움이 되리라 생각한다. 물론 자신만의 특별한 케이스를 이야기해봄으로써 새로운 우울성 에피소드에 대한 사례를 함께 살펴보는 것도 가능하다. 이 책이 주변의 가까운 사람들이나 전문 상담가를 완벽하게 대신할 수는 없지만, 치료를 위한 동반자로서의 구실은 충분히 해낼 수 있으리라 장담한다.

불안감과 우울증은 종이 한 장 차이

불안감과 우울증은 따지고 보면 같은 것이라고 할 수 있다. 문제는 이 두 가지 요소가 함께 섞여 나타날 때가 많다는 사실이다. 우울증에 시달리는 사람들에게서는 불안감과 근심, 걱정이라는 요소를 별개로 떼어 생각하기가 쉽지 않다. 오랜 기간 걱정에 시달린 사람들은 의욕이 저하되고, 차츰차츰 기분이 가라앉는 것을 경험한다. 생을 이루는 요소가 점점 더 무의미하게 느껴지고, 자신감도 잃게 된다. 우울증에 시달리는 사람들의 반 이상이 불안감 때문에 우울 증세를 보이게 되었고, 이를 치유하지 않은 채 오랜 시간 방치했을 때 더욱 심각한 우울증으로 변해가는 것을 경험한다는 조사도 있다. 어떤 이들은 유년 시절부터 잠재해온 불안감 때문에 우울증에 접어들기도 한다.

그렇다면 불안감이란 도대체 무엇인가? 아마도 살아가면서 근심 걱정에서 자유롭거나 불안해하지 않는 사람들은 없을 것이다. 사실, 불안감이 존재하지 않는 삶을 살기란 불가능한 일이기도 하다. 그것은 근본적으로 바람직한 일도 아니다. 불안감을 지닌다는 건 우리가 위험한 상황에 처했을 때 그것에서 벗어날 힘을 제공해준다는 긍정적인 면도 있다. 다시 말해서, 그것은 우리의 용기의 근원이자 방향 제시 역할을 하기도 한다. 우리가 경험하는 걱정과 근심 또한 마찬가지다. 다만 정도의 차이가, 어떤 영향 및 결과를 미치는가의 차이가 있을 뿐이다.

어떤 사람들은 왜 불안감에서 헤어나지 못하는가? 불안감과 이에 관련된 문제점을 경험하는 길은 셀 수 없이 많다. 하지만 여기서 벗어나는 방법 또한 적지 않다. 불안감의 원인은 사람마다 다르다. 생물학적으로 보았을 때 유전적인 면에서 그 원인을 찾아볼 수 있고, 가정환경이나 자라온 환경, 개인적인 삶의 무게, 걱정거리가 생겼을 때 이를 처리하는 사고방식과 개인마다 다른 감정을 표현하는 방법 또한 원인이 될 수 있다. 하지만 이를 해결하려고 술에 의지하는 경우가 잦아져 습관이 되거나, 약을 정기적으로 복용하면 문제가 커진다.

이와 관련된 기본적인 질문 세 가지를 생각해보자.

불안감이 우리 내면에서 더 강해지는 것은 무엇 때문인가? 불안감을 유도하는 요소에는 무엇이 있는가? 심각한 불안감에 이르지 않으려면 문제를 어떤 식으로 해결해야 하는가?

이러한 질문에 대한 답을 찾아낼 수 있다면, 많은 사람들에게 상당한 도움이 될 것이다. 대부분의 사람은 자신이 겪는 불안감의 원인을 일상에서 찾아낼 수 있다. 예를 들어 결혼생활이나 직장에서 경험하는 문제점 등이 그것이다. 이러한 경우, 그 해결법을 찾는 것은 쉽지 않다. 하지만 해결법을 찾아 직장을 바꾸는 등 상황이 달라진다 해도 이미 뿌리를 내리기 시작한 불안감을 완전히 뽑아내기란 결코 쉽지 않다. 다시 말해 걱정과 불안감은 자체적인 생명을 가진 것이라 보아도 된다. 이를 견뎌내고 이겨내려면 스스로를 훈련하는 법을 배워야 한다.

그렇다면 우리는 어떤 종류의 불안감을 가장 자주 경험하는가? 비록 불안감의 정도에 따라 치료법이 달라진다 해도, 그것들은 서로 긴밀한 연관성을 가진다. 즉 서로 다른 불안감을 맺어주는 그 무엇은 그것들을 따로 떼어놓는 그 무엇보다 훨씬 큰 힘을 가진다고 봐도 좋다. 그리고 서로 다른 종류의 불안감에 동시에 시달리는 일도 결코 드물지 않다.

공포는 특별한 동물이나 사물, 또는 상황과 관련이 있다. 가장 자주 나타나는 경우는 고소공포증이나 깊은 물, 해충, 천둥과 번개, 치과 치료, 주사기, 비행기 여행, 갇힌 방과 관련된 경우다. 이러한 공포증은 그다지 심각한 문제로 받아들이지 않아도 된다. 만약 승강기에 대한 공포증이 있다면, 계단을 이용하는 등의 더 건강하고 긍정적인 대안을 생각할 수도 있기 때문이다. 하지만 이러한 공포증이 심각하게 발전할 수도 있다. 열여섯 살 이상 인구 가운데 5퍼센트에 달하는 사람들이 치과에 가는 것을 무서워해서 치과 치료를 기피하는 것이 그 예다.

사회적 불안감(Social Anxiety) 또한 일종의 공포라고 볼 수 있다. 이는 타인의 눈을 두려워한 나머지 자신이 감당해야 할 사회적 임무를 기피하는 것을 말한다. 사람들은 타인이 자신을 어떻게 생각할까 하는 생각 때문에 불안해하고 긴장감을 느끼며, 때로는 바보가 된 것 같은 기분에 빠지기도 한다. 이 경우, 특히 남들 앞에서 손을 떨거나 말을 할 때 목소리가 떨리고, 식은땀을 흘리거나 얼굴이 붉어지며, 심한 경우는 음식을 삼키지도 못한다.

광장공포증(agoraphobia)은 사람들이 운집한 집 밖에서 혼자 움직이는 것을 기피하는 경우를 말한다. 예를 들어 대중공포증이 있는 사람은 사람들이 많은 상점이나, 극장, 또는 기차나 버스를 이용해 혼자 여행하는 것을 꺼린다.

주변에서 생각보다 많은 사람들이 갑작스런 공황발작에 시달리는 것을 볼 수 있다. 이 경우, 불안감 그 자체에 대한 걱정과 불안감이 원인이 된다. 사람들은 가끔 자신이 느끼는 불안감이 그다지 위험한 것이 아닌데도 자신의 강렬한 심장고동 소리나, 가슴 통증 같은 스스로의 신체적 반응을 걱정하고 불안해한다.

불안감을 종종 경험하는 사람들은, 평소 자신에게 유해한 일이 일어날까봐 걱정을 자주 한다. 침착하지 못하게 되며, 부가적으로 경험하는 신체적 고통에 시달린다. 대부분 주변의 일상적 상황이나 자신의 연약함을 과장되게 생각하여 자신의 삶을 스스로 통제할 수 없다고 믿는다.

그렇다면 이러한 걱정과 불안감을 영원히 없앨 순 없을까? 부정적으로 생각할 이유는 아무것도 없다. 많은 사람들이 주변 친구들이나 가족의 도움, 적절한 치료로 이러한 문제에서 벗어난다. 이것은 혼자서 해결해야만 하는 문제는 결코 아니다. 필요하면 얼마든지 도움을 받을 수 있다.

여기서 자신의 문제를 적어 편지를 보내온 한 여인을 소개하고자 한다. 그녀는 자신의 삶이 항상 불안전하며 위험에 방치되어 있다고 생각해왔다. 그녀가 스스로 도출한 결과부터 말하면, 건강해지려는 노력을 하지 않는다면 결국 언제나 제자리에 머물러 있을 수밖에 없다는 것이다. 그녀는 건강을 향한 의지가 없다면, 자신의 병과 관련된 어떤 치료법에도 만족하지 못할 거라고 했다. 그녀는 자신이 주변의 건강한 사람들과 다르다는 느낌, 즉 연약하고 소외된 듯한 느낌 때문에 항상 불안했다고 한다. 그녀로서는 시간이 지남에 따라 이 불안감에서 벗어나려 하거나 피하기보다는 오히려 불안감을 자연스럽게 받아들이는 것이 도움이 되었다고 했다. 이 불안감이 자신의 삶을 통제하도록 내버려두지 않으려면, 피할 수 없다면 받아들여야 한다는 것이 그녀의 의견이었다.

불안감과 공포증에 대한 치료법은 다양하다. 그 중에서도 가장 기본적인 것은 이의 근원이 되는 문제점을 간파하는 것이다. 물리 치료를 받는 것도 도움이 된다. 부차적으로 나타나는 신체적 증상, 즉 뭉친 근육을 풀어줌으로써 일차적인 문제점을 해결한 후, 내면에 잠재한 근본적인 문제점을 생각해본다. 그 후, 우울증의 중심을 찾아 약을 복용해보는 것도 고려한다. 대부분의 우울증 치료약은 불안감과 공포증을 없애는 데도 도움이 되기 때문이다.

간혹, 문제점의 원인을 찾아내는 것만으로는 부족할 때가 있다. 그것은 당사자가 문제점을 항상 피해왔거나, 또는 정면으로 대하기를 꺼릴 때 나타난다. 그럴 때는, 자신이 두려워하는 것이 무엇인지 생각해보고 이에 정면으로 맞서는 훈련을 점진적·체계적 방법으로 해나가야 한다. 이 경우, 주변의 가까운 친구들과 가족들의 도움이 절대적으로 필요한 것은 물론이다. 물론 전문기관에서 행하는 대화법이나 치료법도 생각해볼 수 있다.

작가 악셀 산데모세(Aksel Sandemose)는 불안감에 대해 다음과 같은 말을 한 적이 있다. "자신의 불안감이 어디서 시작되는지 그 근원을 찾고자 하는 사람들은, 불안감에 지지 않으려면 그것이 존재하는 중심을 먼저 찾아보아야 한다."

2장 | 우울증의 원인

왜 난 우울한가? 우울증에 시달리는 사람에게 이것은 가장 중요한 질문이라 할 수 있다. 어떤 사람들은 이러한 질문에 대한 해답을 스스로 찾아내지만, 대부분의 사람들은 자신의 증세를 조금도 이해하지 못한다. 우울증과 만나게 되는 길은 여러 가지기 때문이다.

지금까지 전문가들은 우울증의 원인 가운데 명확한 부분을 찾을 수 있는가에 중점을 두어 조사해왔다. 그 가운데 몇 가지 중요한 사항을 살펴보면 우울증은 유전적인가, 어떠한 삶의 무게로 우울증이 발생하는가 등이다. 하지만 전문가들은 이러한 질문에 대한 명확한 답을 찾을 수 없었다. 해답을 찾고자 하는 사람들은 당연히 절망적이 될 수밖에 없다. 하지만 비록 전문가들이 명확한 해답을 찾아냈다고 해도, 수많은 현실적 원인 속에서 단 한두 가지만으로 단순화해 결론을 내린다는 것은 결국 적합한 해답이 되지 못할 것이 자명하다. 인간의 삶이란 그 자체만으로도 복잡한 것이어서 그 어떤 일에도 단순한 해답이 존재하지 않는다는 것은 우리 모두가 잘 안다.

따라서 전문가들은 항상 "개인에 따라 다르다"라든가, "상황에 따라 다르다"라는 말을 덧붙이기 마련이다. 그것은 문제의 원인이 단 한 가지에 국한되는 것이 아니고, 여러 원인의 조합 상태에 따라 결과가 다르게 나타나기 때문이기도 하다. 대부분 우리가 경험하는 상황들은 이처럼 조합되는 원인으로 인한 것이며, 증상의 진행 여부 또한 이에 영향을 받는다.

우울증이 진행되는 상태는 다음과 같은 세 가지 유형으로 나누어 볼 수 있다.

1. 우울증을 발전시키는 우리 삶의 취약점은 무엇인가?
2. 우울증이 발생하는 원인은 무엇인가?
3. 우울증을 발생케 하는 문제점을 제거할 방법은 없는가?

우울증을 발전시키는 우리 삶의 취약점

생물학적 요소

우울증 증상은 수많은 신체적 증상으로 나타나기 마련이다. 예를 들면 의욕 저하, 피곤함, 수면과 관계된 문제점, 불안감과 불쾌감 등이다. 그렇다면 신체적으로 자연스럽게 나타나는 증상이 우울증의 배경이 될 수도 있는지 궁금해진다.

우울증과 관련된 생물학적 메커니즘을 이해하려면 인간의 뇌를 조사해보는 방법이 있다. 우리가 행하는 모든 일은 뇌의 지시를 받아 발생하기 때문이다. 뇌가 있기에 생각을 하고, 말을 하고, 듣고, 보고, 느끼며 수많은 행위를 하는 것이 가능하다. 뇌는 몇천 만 신경세포로 구성되어 있다. 이것들은 뇌의 이곳저곳에서 몇백 만 개의 신호를 생성시키고 이동시켜, 척추를 통해 우리 몸 곳곳으로 이동시킨다. 이러한 신호가 어느 한 신경세포에서 다른 신경세포로 이동할 때는 시냅스, 즉 신경세포의 접합 부위를 통과한다. 이 경우 서로 다른 화학적 물질이 그 이동을 도와준다.

전문가들은 뇌 속에 있는 이 특별한 화학적 물질이 우울증 유발과 관련이 있는 건 아닌지 큰 관심을 가져왔다. 이 화학적 물질은 현재 백여 가지 이상인 것으로 알려져 있다. 그 중에서도 특히 세로토닌(serotonin)과 노르아드레날린(noradrenaline)이라는 물질이 관심의 대상이 되어왔다. 이 물질들은 인간의 감정 작용과 관계된 것이기도 하다. 우울증에 시달리는 사람들은 이 물질들이 부족하다는 것이 조사 결과 나타났다. 세로토닌이 부족한 사람들은 수면과 관계된 문제에 시달리며, 의욕과 생기가 저하되는 것을 경험한다. 현재, 우울증을 치료하는 약의 대부분에는 이 세로토닌과 노르아드레날린이 함유되어 있다. 이 물질들은 관련 신경세포의 작용을 활발하게 도와주는 역할을 한다.

최근의 한 연구 결과에 따르면 우울증은 이러한 뇌의 화학적 불균형으로 이해될 수 있다고 한다. 하지만 뇌의 화학적 불균형이 우울증의 근본적인 원인이라고 보기는 어렵다. 다시 말해 우울증은 유전적 원인과 일상의 무게를 이유로 발전한다. 통제할 수 없을 정도로 극심한 스트레스에 장기간 시달리는 동물들에게서도 이러한 우울증이 자주 발견된다. 이들의 행위 양식은 우울증을 겪는 사람들에게서 나타나는 증세와 아주 비슷하다. 그리고 항우울제(antidepressant)를 복용시켰을때, 이들의 증상은 사라지는 것으로 나타났다. 인간의 우울증은 대화 치료법과 항우울제로 치료할 수 있다. 때로는 플라세보 효과로 인한 치료도 기대할 수 있다. 이 또한 뇌의 작용에 변화를 주기 때문이다.

유전적 요소

우울증을 발전시키는 인간의 취약점을 살펴볼 때 유전적 요소를 간과할 수 없다. 우울증에 시달리는 많은 사람들이 그들의 부모 또한 우울증 경험이 있다고 말한다. 일란성 쌍둥이를 대상으로 한 실험에 의하면, 이들 가운데 한 명에게 우울증이 발병했을 때 다른 쪽 또한 우울증을 경험하게 될 가능성이 아주 높은 것으로 나타났다. 이들은 기본적으로 같은 유전인자를 가졌기에, 둘 다 우울증에 걸릴 확률이 높다.

쌍둥이 실험을 통해 유전적 요소가 심각한 우울증의 주요 원인이 된다는 것을 알 수 있었다. 유전적 요소와 우울증의 관련성은 심각한 우울증 때문에 병원에 입원을 해야만 했던 환자들에게서 자주 볼 수 있다. 이들 가운데 대부분은 심각하게 재발 가능한 우울증에 시달렸으며, 더 나아가서는 부가적인 정신질환도 겪었다. 이들에게서는 유전적 요소가 아주 큰 원인으로 작용했다. 하지만 대부분의 우울증 환자들에게서는 눈에 띄는 특이한 증상을 볼 수 없는 것이 사실이다. 경미한 우울증을 겪는 사람들에게서는 이러한 유전적 요소가 그다지 큰 영향을 미치지 않는다는 것도 생각해볼 일이다.

여러 면에서 생물학적 요소와 심리학적 요소의 관계는 아주 밀접하다. 신체와 정신은 마치 종이 한 장의 양면처럼 양면성을 지니기 때문이다. 신체적 상태는 감정과 경험, 사고방식을 지배한다. 그런데 유전적 요소로 발병하는 우울증은 일상의 어려움과 그 무게로 발병하는 우울증보다 훨씬 심각하다고 할 수 있다. 이때 무엇이 가장 일차적인 원인이 되는지 확실히 알지 못하는 경우가 많다. 신체와 정신의 여러 복합적 상관관계는 기본적으로 서로 밀접한 영향을 미치기 때문이다. 같은 시각에서, 유전적 요소와 환경적 요소 또한 분리해서 생각하기는 어렵다고 결론을 내릴 수 있다.

불행한 성장기

우리의 인간성은 대부분 유년기와 청소년기를 통해 형성된다. 그리고 유년기와 청소년기에는 자연히 부모의 영향을 받지 않을 수 없다. 안정된 가정은 우리가 어떤 인간성을 형성하고 또 발전시켜나가는가에 적지 않은 의미를 지닌다. 만약 그 가정이 불안정하고 부정적인 요소를 지닌다면, 그러한 가정에서 자라난 어린이들은 훗날 우울증과 불안감 또는 심각한 공포증을 겪게 될 가능성이 크다.

그렇지만 성인기에 접어들어 우울증에 시달리는 사람들 다수가 유년기에 불안한 가정에서 자라났다고는 결코 단정할 수 없다. 그들 대부분은 학교와 친구들 사이에서도 긍정적인 관계를 유지하며 자라온 사람들이다. 하지만 어떤 이들은 가정 내의 불화와 말다툼 속에서 자라기도 했고, 필요 이상으로 엄격한 부모 밑에서 자라기도 했다.

개중에는 부모의 보살핌을 일절 받지 못하고 자란 사람도 있을 것이다. 이럴 경우 우울증 발병 가능성은 아주 높다. 다행스러운 점이라면, 이러한 유년기나 청소년기를 지낸 사람들이라고 해서 모두 훗날 우울증에 시달린다는 결론을 내릴 수는 없다는 것이다. 이러한 경우 친구들과 이웃들, 또는 가족과 친척들의 영향이 부모들이 덮어줄 수 없는 부분까지도 미칠 수 있기 때문이다.

어떤 사람들은 유년기나 청소년기에 경험했던 성폭행 또는 신체적·정신적 학대의 기억을 평생 지니고 살아간다. 또 어떤 사람들은 가정 내에서의 갈등이나 불화 또는 학교 내 급우들에게 받는 시달림 때문에 트라우마를 가지게 된다. 이러한 경험을 가진 이들은 간혹 또래 아이들보다 글 읽는 속도가 느리거나, 상대방을 이해하고 자신을 표현하는 데 어려움을 겪기도 한다. 이러한 것들은 모두 인생을 살아가는 데 짐이 되며, 자신의 존재감을 뚜렷하게 의식하고 또 자신감을 가지는 데 막대한 반작용을 한다. 이들은 자신이 가진 문제를 없애고자 노력하는 대신, 자신은 물론 주변인에게 격심한 노여움과 비참한 기분을 가지는 것이 보통이다. 이 경우, 자연히 주변인과 거리가 멀어지며, 결국은 외로움과 우울증에 빠진다.

성장기에 부당한 폭행을 경험한 어린이들은 우울증에 빠질 가능성이 현저히 높으며, 지속적으로 불안감과 공포에 시달릴 확률 또한 높다. 스스로 경험한 폭행이 아니라 주변 가까운 이들이 부당한 폭행에 노출된 모습을 목격한 것도 비슷한 결과를 가져올 수 있다. 부부간의 폭행을 보면서 자란 아이들은 그렇지 않은 아이들보다 정신적 문제와 질환에 노출되는 경우가 많다. 이들은 또한 정상적인 아이들보다 스스로의 분노를 다스리는 데 눈에 띄게 어려움을 겪는다. 폭행이 성행하는 가정에서 부인에게 손찌검을 하는 남편은 자신의 아이들에게도 같은 행동을 할 때가 많다.

부모의 죽음을 경험하는 것 또한 아주 고통스러운 일 가운데 하나다. 이 경우, 시간이 지나면서 서서히 발병하는 우울증 가능성을 절대 간과할 수 없다.

어린이들에게 가장 중요한 것은 적절한 보살핌과 안정, 평화다. 그렇다면 부모의 이혼은 어떤가? 이혼을 둘러싼 부모 간의 갈등과 불안한 가정 분위기 또한 우울증의 원인으로 작용할 수 있다. 물론 이혼이라는 것 자체도 결코 무시할 수 없는 요소가 된다. 어떤 아이들은 부모의 이혼으로 배신감을 느낀다. 게다가 이혼으로 향하기까지 아이들이 경험하는 불안감과 가정 내 갈등 또한 간과해서는 안 된다. 오랜 갈등 속에서 부부 생활을 지속해온 이들은 아이들에게도 성급한 반응을 보이는 등 민감하고 불안한 상태를 조성할 수 있다. 부모의 이혼이라는 것은 결코 쉽게 해결되지 않는 오랜 갈등과 말다툼 속에서 생성된 결과이거나 또는 침묵의 적대 관계로 발생하는 결과다.

엄격한 양육

대부분의 아이들은 거의 매일 조그마한 가정 내 갈등을 겪으면서 자란다. 예를 들어 집안 정리나 수면 시간, 또는 일상의 조그만 일들에 대해 허락된 것들과 불허된 것들에 대한 갈등이 그것이다. 어린아이들이 있는 집에서는 대부분의 부모들이 마음과는 달리 간혹 언성을 높일 때도 있다. 완벽한 가정을 이루어내는 부모는 없다. 하지만 너무 엄격하거나 너무 방임하는 등 한쪽에 치우친 양육 자세는 불행한 결과를 자초할 수도 있음을 명심해야 한다. 이는 최악의 경우 자녀의 우울증에 있어 가장 중대한 원인이 될 수도 있다.

우울증에 시달리는 사람들 가운데 많은 이들은 자신들의 성장기가 '냉엄한 통제'에 의한 것이었다고 고백한다. 그들은 자신들의 부모가 차갑고 엄격한 사람들이었다고 회상한다. 또 어떤 이들은 자신의 부모가 형제 간 차별 대우를 했다고도 기억한다. 이러한 기억은 부모의 관심을 받지 못하고 자랐다고 생각하는 이들에게 상당한 치욕으로 작용한다.

다른 예를 들면, 어떤 부모들은 자식에게서 너무 많은 것을 바라기도 한다. 부모를 포함한 가까운 이들에게서 인정과 사랑을 받는다는 느낌은 생의 훗날을 결정하는 중요하면서도 긍정적인 요소다. 부모의 투덜거림과 불평불만을 지속적으로 들으며 자란 아이들은 스스로의 긍정적 자존심을 형성하는 데 큰 어려움을 겪을 소지가 많다. 즉 비관적이며 우울한 성격을 지닌 성인으로 자랄 가능성이 크다.

부정적 사고방식

어떤 이들은 성격상 우울증에 빠져들 가능성이 다른 이들보다 훨씬 높다. 그들은 주변 상황을 느끼고 인지하며 다루는 것을 짐으로 생각하는 경향을 보인다. 또한 다른 이들보다 훨씬 더 긴장감에 빠져들기 쉽고 예민하다. 부정적인 것들에 강하게 반응하며, 자신의 존재를 인정받지 못했다는 느낌이 들면 감정적으로 행동하기도 한다. 어떤 이들은 홀로 있게 될지도 모른다는 생각에 두려워하기도 한다. 이들이 자신을 진정으로 사랑하고 긍정적인 삶을 살려면 타인의 절대적인 사랑과 관심이 필요하다.

자신의 능력과 가능성에 부정적인 생각을 가지는 것은 우울증의 대표적인 증상 가운데 하나다. 하지만 대부분의 사람들은 우울증에서 벗어나면 자신에 대한 자존감을 되찾게 된다. 스스로에 게 자신감을 가지지 못하는 것은 우울증에 시달리는 사람들이 자주 경험하는 전형적인 증상이다. 하지만 어떤 사람들은 우울증에 빠져들기 이전부터 자신감이 부족한 경우를 경험하기도 한다. 이들은 어쩌면 불행한 성장기를 거치면서 이미 부정적인 사고방식을 형성하게 되었는지도 모른다. 또 어떤 사람들은 시간에 따라 변하는 자아 인식에 심하게 시달리기도 한다. 즉 주변 일이 순조롭게 돌아갈 때는 긍정적인 자존감을 가지기도 하다가 일이 반대로 진행될 때는 스스로에 대한 부정적 생각으로 괴로워한다.

우울증의 또 다른 증상은 자신의 존재를 부정적·비평적·비관적으로 해석하는 것을 들 수 있다. 우울증에 걸린 사람들은 자신은 물론 삶과 미래에 부정적인 생각을 하게 마련이다. 하지만 우울증에서 벗어나면 이러한 부정적인 생각들은 점점 자취를 감춘다. 어떤 사람들은 우울증에 걸리기 이전의 힘들었던 삶의 상황 때문에 이미 부정적인 생각을 고정적으로 가지고 있기도 한다. 이 경우 또한 새로운 우울증을 가져오는 중요한 원인이 될 수 있다. 부정적인 사고를 가지는 원인과 그 경향은 눈에 띌 정도로 현저하게 나타나지는 않는 경우가 많다. 즉 표면에 나타나지 않고 살아가면서 힘든 일이 있을 때마다 간간이 나타난다. 이 경우, 남들보다 어려움을 이겨내려는 의지가 현저히 약하게 작용하는 것은 물론이다. 특히 그 힘든 일이 돌이킬 수 없는 것이거나, 자신의 잘못 때문이라고 생각할 때는 더더욱 그러하다.

당신의 경우는?

많은 사람들이 흔히 눈에 특별히 띄지 않는 커다란 원인 없이도 우울증에 빠져든다. 그들은 비교적 안정된 성장기를 거쳐왔으며, 가계 내에서도 특별히 우울증과 관련된 유전적 요소를 찾아볼 수 없다. 그럼에도 성인이 된 후 오랜 병마와의 싸움이나, 육친과의 사별 또는 일에서의 실패 또는 생에 대한 허무함에서 우울증과 접하는 경우가 있다. 이럴 경우 그 원인이 되는 요소를 자연스럽게 받아들이는 것이 중요하며, 원인에 대한 섣부른 결론을 내리지 않는 것이 좋다.

만약 스스로 우울증이나 지속되는 불안감에 시달린다고 생각이 되면, 이 책에서 앞서 언급한 여러 가지 원인에 비추어, 자신의 경우는 어디에 해당하는가 한번 곰곰이 살펴보는 것도 좋다. 우선 다음과 같은 질문을 스스로에게 해보자. 이러한 원인들 가운데 내게 해당하는 것은 무엇인가? 가족들 중 우울증이나 불안감을 보이는 사람들이 더러 있는가? 나는 유년기에 불안감에 떨던 외로운 존재였는가? 부모와 떨어져 살게 되었을 때, 나는 필요 이상으로 강한 외로움을 느꼈던가? 나의 성장기는 어떠했는가? 내가 우울증을 경험한 이유를 나의 성장기에서 찾아볼 수 있는가? 자라면서 나는 삶의 실패감이나 허무함을 경험한 적이 있는가? 내가 자라온 가정은 폭력과 갈등이 난무하는 곳이었는가? 이전에 스스로에게 비판적이거나, 비관적인 생각을 가져본 적이 있는가? 이러한 질문과 관련해서, 이 책 뒷부분에서 더 자세히 살펴보려고 한다.

무엇이 현재의 우울증을 유발하는가?

살아가면서 짐이 되고 부담이 되는 여러 가지 요소는 모두 우울증으로 이끄는 원인이 될 수 있다. 예를 들어 질병과 이와 관련된 장기간의 고통, 무미건조하고 갈등으로 점철된 부부 관계, 자식들에 대한 책임감과 관련된 문제, 이혼, 안정되지 못한 학교나 직장의 환경, 장기간 계속되는 무직 상태 또는 경제적 문제 등이 그것이다. 외로움이나 사회적 관계의 어려움 또한 우울증의 원인이 될 수 있다. 타인과 마음을 터놓고 생각을 주고받는 관계를 오랫동안 경험하지 못한 사람들은 스스로에게 자신감을 잃을 수도 있으며, 때로는 이것이 살아가는 데 가장 큰 부담감으로 느껴지기도 한다.

만약 스스로 심각한 우울증에 시달린다는 생각이 든다면, 문제의 발단이 되었던 그 시기를 한번 돌이켜보는 것도 중요하다. 그 당시 내게 어떤 일이 일어났는가? 우선 학교와 직장, 연인 또는 부부 관계, 가정 내의 환경은 물론 신체적 상태와 경제적 상태, 여가 시간까지 죽 훑어보자. 그 당시 나는 삶에 지쳐 있었던가? 그렇지 않으면 충격을 받은 비참하고 슬픈 일이 있었던가? 남들과의 관계에서 심각한 갈등을 경험한 적은 없었던가? 일에 대한 부담감과 질병, 또는 가족과의 사별, 또는 지나치게 많은 빚 때문에 고생하지는 않았던가?

우울증 발생은 결코 우연한 일이 아니다. 이것은 대부분 어떤 일로 인한 문제와 관련이 있다. 그것은 주변에서 가장 가까운 사람을 잃은 슬프고 비참한 일일 수도 있고, 사고나 질병에 노출되었던 경험일 수도 있다.

하지만 어떨 때는 우울증과 관련된 직접적 원인을 알아내기가 결코 쉽지 않다. 특별히 비참하거나 드라마틱한 일이 일어나지 않아도 우울증은 얼마든지 발생할 수 있다. 이 경우 삶 전체가 무의미하게 느껴지며 이해할 수 없는 것으로 다가오기 마련이다. 사실, 어떤 힘든 상태의 한가운데 있을 때면 이로 인해 받는 스트레스가 어느 정도 큰지 스스로 인지하기가 어렵다. 따라서 자신도 모르게 막심한 피로에 지쳐버린다. 그것은 생각했던 것보다 훨씬 큰 부담감 때문일 수도 있고, 또는 스스로의 능력을 과대평가한 탓에 일을 끝까지 제대로 해내지 못하기 때문일 수도 있다.

상실감과 갈등

자식들이 집을 떠나 학교에 다니거나, 다른 도시에서 새로운 생활을 하게 될 즈음 부모들은 강렬한 그리움을 느낀다. 이는 자식들도 마찬가지다. 일종의 상실감이라 할 수 있는 이 느낌은 절망 상태를 경험하게 하며, 더 나아가서는 우울증으로 발전할 수도 있다. 이러한 상실감은 그 자체만으로도 심각하게 느껴지지만, 간혹 기억에 남아 있는 과거의 비슷한 경험을 일깨워 몇 배나 더 강하게 다가오기도 한다.

이전에 인간관계에서 갈등을 경험한 적이 있거나 심각한 정신적 부담감을 느낀 적이 있는가? 어쩌면 이러한 문제점을 해결하려고 자신을 학대하진 않았는가? 그 당시 어느 정도 절망적 느낌을 가졌는가? 자주 짜증을 내지는 않았는가? 그렇다면 그 불쾌한 감정을 어떤 방식으로 표출했는가? 이러한 감정들을 참고 표출하지 않은 채 오랜 시간 보내면, 이는 우울증의 중요한 발병 원인이 될 수도 있다.

폭력과 사고

우울증은 폭력에 노출되었을 때도 찾아올 가능성이 높다. 이러한 폭력은 지속적인 비호의적 관계나 상대방을 괴롭히는 정신적 경우도 포함한다. 물론 신체적 상해를 입히는 물리적 폭력이나 사고 위험에 노출되었을 때도 우울증 가능성은 높다. 심각한 정신적 부담감이나, 오랜 시간 지속되는 부담감에서 자신을 지키려고 반응하는 경우, 이를 우울증을 향한 지름길로 볼 수 있다. 심각한 자동차 사고를 당한 후 많은 사람들이 우울증에 빠지는 것도 그 한 예다.

이혼과 자녀 양육 책임

많은 사람들이 이혼 후 우울증을 경험한다. 대부분 이혼 후 첫 한두 해에 우울증을 경험하지만, 어떤 사람들은 그 후로도 오랫동안 이혼의 여파를 이겨내지 못하고 우울증에 시달린다. 이 경우, 남자와 여자의 차이점은 크지 않다. 관계의 결별은 양쪽 모두에게 치욕감을 안겨준다. 특히 어느 한쪽이 부정행위를 했을 경우엔 더 큰 모욕감을 안겨주기 마련이다. 또한 경제적 문제와 자녀 양육 의무와 관련된 문제점도 발생한다. 어떤 이들에게는 아주 오랜 기간 있어왔던 갈등과 쓰라린 경험에 의해 자연스럽게 우울증이 발생하기도 한다.

가정주부 또한 무미건조한 일상 때문에 우울증을 경험할 가능성이 높다. 물론 가정주부로서 집을 지키는 일이 자의에 의한 것인지 아닌지에 의해 우울증의 발병 가능성은 달라질 수 있다. 많은 가정주부들이 가정에서 아이들을 돌보며 집안일을 하는 것에 만족하고, 이러한 일이 의미 있는 것이라 생각한다. 하지만 어떤 이들은 가정에서 주부 역할을 하는 것이 마치 감옥 생활 같다고 느낀다. 그것은 고립된 일상과 경제적 문제 또는 가정에서의 전반적인 상황에 만족하지 못하거나, 주변에 대화할 만한 사람이 부족하기 때문이다.

적지 않은 성인 여성이 출산과 관련해 우울증을 경험하기도 한다. 출산의 고통은 물론 어머니가 된다는 정신적 부담감과 신체적 변화 때문이다. 또한 성인 남자도 자식을 가지면서부터 삶의 변화를 경험하고 이로 인한 우울증을 경험하기도 한다. 가정에 어린아이가 생기면, 여성은 물론 남성 또한 이상적 부모 역할을 해야 한다는 부담감을 지니며 동시에 가정의 평화와 행복을 유지하려면 이전보다 더 많이 노력해야 하기 때문이다.

질병

심각한 질병에 시달리는 사람들이 많다. 이들도 우울증을 경험할 가능성이 높다. 예를 들면, 오랜 기간 암이나 당뇨병 또는 에이즈, 심장병이나 뇌질환 등으로 고생하는 사람들은 건강한 사람들보다 우울증에 빠져들 가능성이 높다. 즉 질병의 정도가 심각하거나, 오랜 기간 병에서 벗어나지 못한 사람들은 우울증의 발병 가능성에 심각하게 주의할 필요가 있다. 또한 일단 우울증을 경험하면 질병에 맞서는 의지와 힘까지도 잃어버릴 가능성이 높다.

오랜 기간 계속되는 질병의 고통은 우울증을 동반할 수 있다. 그 고통의 정도가 심하면 심할수록, 우울증으로 빠져들 가능성은 더 높다. 그만큼 끝없는 신체적 고통을 참아내기가 힘든 것이 원인이라고 할 수 있다. 질병의 고통에 시달리는 사람들은, 일상의 간단한 책임과 의무를 이행하는 데도 온 힘을 다해야 할 만큼 힘든 나날을 보내며, 자신의 고통을 이겨내고 감추는 데도 극한의 힘을 쏟아야 할 때가 많다.

어떤 질병은 우울증은 물론 불안감과 공포감마저 동반한다. 예를 들면 갑상선기능부전증을 유발하는 신체 내 화학 변화와 관련 있는 질병이나, 파킨슨 증세나 헌팅턴 증세와 관련 있는 신경학적 질병, 또는 신진대사와 관련이 있는 비타민 B_{12} 부족 증세, 뇌출혈, 척추 이상, 신장이나 간 이상 등이다. 의사를 찾아 사전에 정밀 검진을 받아보는 것은 우울증의 근원이 될 수 있는 신체적 질병을 예방하는 방편이다.

가끔 이유 없는 불안감에 시달릴 때가 있는가? 불안감에 자주 시달리는 사람들에게는 우울증이 발전할 소지가 다분히 있다. 광장공포증, 즉 집을 나서 외출하기를 꺼려 하는 사람들이 경험하는 불안감과 공황감은 자신감을 저하시키며 활동 반경을 제한하기도 한다.

탈진 상태

자신의 능력을 넘어서는 일을 수행해야 하는 사람들은 신체적·정신적 탈진 상태를 느낄 때가 잦다. 책임을 다하려고 초과근무를 자주 하다 보면 어느새 일상은 악순환에서 벗어나지 못한다. 그렇게 되면 결국 책임 완수에 점점 더 어려움을 겪게 되는 것은 물론 다시 본래 상태로 돌아가려고 쉬는 것조차 어렵게 되어버리는데 이러한 상태를 탈진 상태라 부른다. 이것은 간단히 말해서 극한의 피곤함이라 할 수 있으며, 특히 업무와 관련해 신체적·정신적 휴식을 취하기조차 어렵게 되어버린 상태라 볼 수 있다. 탈진 상태를 경험하는 사람들은 수면 부족과 신체적 고통, 근육 긴장, 불안감을 느끼게 된다. 이러한 요소들은 우울증을 유발하는 직접적인 원인이 될 수 있다.

경제 상태

실직 상태인 사람들이나, 경제적 어려움을 겪는 사람들 또한 우울증을 경험할 때가 많다. 어쩌면 이 글을 읽는 당신 또한 지난 몇 년간 사회적 문제가 되고 있는 빚이나 대출 관련 문제에 직면해 있을지도 모르는 일이다. 이러한 경제적 어려움을 겪는 사람들의 반응은 거의 비슷하게 나타난다. 예를 들어 전화를 받기 꺼려 하거나, 집으로 날아오는 요금 청구서 등을 열어보기를 불안해하며, 사람들을 만나는 것도 피한다. 이러한 불안감과 고립 상태는 우울증으로 빠져드는 아주 직접적인 이유가 된다. 특히 실직 상태인 사람들이 우울증을 경험할 확률은 아주 높다. 이 경우, 실직 상태에 있던 사람이 다시 직업을 가지면 자연스럽게 우울증이 사라질 확률 또한 높다.

무엇이 우울증을 지속시키는가?

우울증을 지속시키거나 더욱 깊어지게 만드는 적지 않은 요소들이

있다. 앞서 설명한 많은 요소들이 우울증을 지속시키는 주된 원인이
된다. 예를 들어 이혼이나 경제적 어려움, 질병과 같은 요인들이 우
울증을 표면화하는 원인이 된다. 이들은 개인의 삶에 부정적 영향을
주는 것임에 틀림없다. 뿐만 아니라, 이들 요소들은 악순환의 근거가
되며, 문제를 더욱 크게 야기할 수도 있다. 다음은 우울증을 지속시
키는 데 결정적 영향을 하는 악순환의 예다.

- 우울증에 시달리는 사람들은 수동적인 태도를 보일 때가 많고
  타인과 어울리는 걸 꺼린다. 외출 횟수도 점점 줄어들며, 집에
  있는 시간이 점점 많아지고, 결국은 밖으로 나가려는 의지조차
  잃어버린다. 외출 횟수가 줄어들고 사회적 활동에 참가하는 횟
  수가 적어지면 적어질수록, 점점 더 피곤함을 느끼게 된다. 또한
  타인과 접촉하려는 의지와 동기를 잃게 됨은 물론이다. 그리고
  우울증의 대표적 예라고 할 수 있는 기분 저하가 지속되는데 이
  는 긍정적 생각을 하는 두뇌 작용까지도 방해한다. 즉 우울증이
  심하면 심할수록 생각조차 부정적이 되어버린다. 절망감을 느끼
  며, 비관적인 생각들이 점점 더 크게 자라나는 것도 경험한다.
- 우리는 현재의 감정에 따라 이와 관련된 과거의 일을 기억할 때
  가 많다. 즉 즐겁고 가벼운 기분이 들 때면 자연스럽게 과거에 있
  었던 재미있고 즐거웠던 에피소드를 기억한다. 이와 마찬가지로
  우울한 기분은 고통스럽고 부정적인 생각의 통로를 여는 역할을
  하며, 즐겁고 긍정적인 기억의 통로를 닫아버리는 원인이 된다.
- 우울증에 빠진 사람들은 사소한 일을 걱정하는 데 많은 시간을

보낸다. 이러한 걱정과 어두운 생각들은 필요에 의한 것이 아니라 억지로 하는 강제적인 것이라고 할 수 있으며, 이는 시간이 지날수록 더 큰 정신적 억압감을 가져다준다. 물론 이러한 상태는 더 깊은 우울증을 유발하는 원인이 된다.

- 많은 사람들이 수면과 관계된 어려움을 경험한다. 이는 의욕 저하와 무거운 기분의 원인이 된다.

- 우울증에 빠진 사람들은 주변 사람들과 가족, 친구들에게 부정적이고 수동적인 태도를 보인다. 결과적으로 주변인들은 우울증에 빠진 당사자에게 부정적으로 반응하게 되며, 이는 더 깊은 우울증으로 이끄는 직접적인 원인이 되기도 한다.

- 대부분의 사람들은 매일 크고 작은 어려움과 문제점에 직면한다. 이는 부부 관계나 친구 관계에서 생겨나는 문제일 수도 있고, 직장이나 학교에서 겪는 이런저런 문제일 수도 있다. 이러한 관계의 문제가 아니더라도 건강이나 경제적 어려움에서 오는 문제도 간과할 수 없다. 우울증에 시달리는 사람들은 이러한 문제점들에 직면했을 때 풀어나갈 의지와 힘이 부족해, 문제를 해결하는 데 큰 어려움을 겪는다.

- 술과 약물은 걱정과 우울한 기분을 가중시킨다. 사회생활을 하면서 자신감이 부족하다고 느낄 때는 술의 힘이 도움이 되기도 한다. 하지만 시간이 지나면서 중독 현상이 발생하고, 급기야는 술의 도움 없이 자신감 부족과 이에 따르는 문제점을 이겨낼 수 없는 상태가 되면 문제라고 할 수 있다. 특히 술과 약물 중독은 자신의 건강은 물론이고 가족과 친구, 일과 개인경제에 관련된

문제점까지 유발할 수 있다. 사회가 약물 중독자들을 보는 시선은 곱지 않다. 따라서 술과 약물 없이 정상적 생활이 불가능한 사람들은 스스로에게 수치심을 느끼고 결과적으로 자신감마저 잃는다.

우울증에 어떻게 대처해야 하는가?

우울증의 원인을 찾아보려고 노력하는 것은 매우 중요하다. 하지만 원인을 찾아 문제점을 없앴다 해도, 우울증은 자신도 감지하지 못한 채 생활 밑부분에 그대로 남아 있는 경우가 많다. 따라서 우울증을 한번 경험했던 사람들은 재발 가능성에 항상 신경을 써야 한다.

우울증과 관련된 문제점에 스스로 통제력을 행사하는 것은 얼마든지 가능하다. 특히 악순환을 야기하는 근원적 문제점을 살펴보고, 활동력과 자신감을 얻으려고 노력하는 것은 매우 중요하다. 가장 중요한 점은 우울증에 시달릴수록 타인과의 접촉을 더 활발히 해야 한다는 것이다. 그들에게 자신의 문제점을 털어놓고 대화하며, 혼자만의 세계에서 벗어나는 것이 아주 중요하다. 우울증은 수치심과 비사교적 생활의 원인이 된다. 사회생활에서 벗어나 몸을 움츠리거나 개인적 공간만을 찾아드는 것은 우울증을 더욱 깊게 만드는 원인이 된다. 타인과의 접촉을 시도하고 문제점을 홀로 해결하려고 고집을 피우지 않는다면, 우울증에서 벗어날 가능성은 훨씬 커진다.

3장 | 대중 속의 고독

우울증에 빠진 많은 사람들은 강렬한 외로움을 경험한다. 그들은 마치 사막 한가운데 홀로 서 있는 것처럼 정신적인 고립감과 허무감을 느끼며 내면적인 죽음을 경험한다. 그들은 타인과의 접촉을 갈구하는 동시에 안절부절못하는 정신적 불안을 경험하며, 또한 조그만 일에도 안달을 내며 화를 내는 일이 많다.

◎ 나는 아주 깊은 외로움을 느낀다. 나를 제외한 모든 이는 일상을 문제 없이 잘 영위하며 삶을 즐기는 것처럼 보인다. 나는 그들의 삶이 너무나 밝아 보여 그들과 함께 어울릴 수 없을 것만 같은 느낌이 들 때가 많다. 때문에 그들을 바라보는 것만으로도 화가 나며, 나의 느낌과 감정을 그들에게 전하는 것이 불가능하게만 느껴진다. 나의 이러한 태도 때문에 더욱 깊은 고립감을 가지는 것은 어찌 보면 너무도 당연하다.

◉ 이건 악순환의 연속이다. 내가 무슨 일을 하든 결과는 부정적으로 나타난다. 남들과 어울릴 때면 내 기분은 형언할 수 없을 정도로 저하되며, 어떤 상황을 막론하고 무리에서 제외된 듯한 느낌이 든다. 그렇다고 해서 그들과 어울리지 않고 홀로 시간을 보내면 내 기분은 더더욱 우울해진다.

◉ 나는 오랫동안 주변 사람들을 피해왔다. 결국 나는 하루의 대부분을 TV나 침대 속에서만 보내게 되었다. 나는 그저 홀로 있고 싶을 뿐이다.

◉ 나는 될 수 있으면 전화를 받지 않는다. "젠장, 이번엔 또 누가 전화를 하는 거야! 지금은 아무와도 대화하고 싶지 않다고!" 전화가 오면 나의 반응은 항상 똑같다. 나는 아무에게서도 방해받고 싶지 않을 뿐이다. 그저 TV를 보며 조용히 홀로 시간을 보내고 싶을 뿐. 심지어는 애인에게서 전화가 와도 내 반응은 다르지 않다. 그녀와의 앞날도 불확실하다. 어쨌든 나는 밖으로 나가 사람을 만나는 것만큼은 피하고 싶다. 그녀의 친구들을 만나는 것도 피하고 싶다. 나는 이미 사회생활을 포기한 것이나 마찬가지다. 무리 속에서 내 존재는 점점 잊혀간다. 나는 스스로를 포기한 것이나 다름없다. 우울증의 정도가 심하면 심할수록 이러한 내 태도는 그 깊이를 더해간다.

우울증에 걸린 사람들은 강한 고립감을 느낄 때가 많다. 가족과 친구들이 주변에 있긴 하지만 정신적으로는 언제나 홀로인 것처럼 느끼기 마련이다. 우울증에 시달리는 사람들의 문제는 함께 대화할 주변인이 없다는 데 있지 않다. 오히려 진정으로 그들을 보살펴주고 도와주려는 사람들이 적지 않다. 하지만 우울증으로 고통받는 사람들은 그렇게 느끼지 않는다. 어떤 사람들은 자신이 주변인들의 사랑을 받기에 적합치 않은 존재라고 스스로 생각해버린다. 어떤 사람들은 자신이 재미없고 타인의 관심을 끌기에 부족한 존재라고 생각한다. 또 어떤 사람들은 항상 무리에서 따돌림을 당한다고 생각하기도 한다. 이렇듯 많은 이들이 고립감을 느낀다. 하지만 이들이 자각하지 못하는 점은 바로 그들 자신이 타인에게 보여주는 태도에 문제가 있다는 것이다. 즉 이들은 타인을 대할 때 흥미를 보이지 않는 것은 물론이며, 심지어는 부정적인 말이나 태도를 보이기도 한다.

어떤 사람들은 외로움 때문에 우울증에 빠져들었다고 고백한다. 어려움에 직면했을 때 주변에 기댈 사람이 없는 상황은 우울증을 발전시키는 직접적인 원인이 된다는 조사가 있다. 이 장에서는 외로움의 다양한 형태를 살펴보기로 하자.

외로움이란 무엇인가?

혼자로서 느끼는 외로움

최근 들어 독신으로 지내거나 홀로 사는 일이 점점·빈번해지고 있다. 큰 도시에 거주하는 사람들 중에서는 '독신'이라는 명찰을 달고 홀로 사는 사람들이 적지 않다. 이들 가운데 어떤 이들은 원하지 않았으나 상황에 따라 어쩔 수 없이 홀로 사는 경우도 있다. 하지만 대부분 독신으로 생활하는 젊은 층을 살펴보면 스스로 원해서 홀로 산다. 그들은 종종 독신 생활이 스스로를 개발하는 기회가 된다고 생각한다. 이들은 홀로이긴 해도 외로움에 시달린다고 보기가 어렵다.

어떤 면에서 보면 홀로 사는 데는 적지 않은 이점이 있다. 예를 들어 일상에서 부딪치고 타협을 해야 하는 사람도 없으며, 아무도 그들에게 의무를 요구하지 않는다. 또한 함께 사는 사람이 없기에 짜증을 낼 일이나 말다툼을 할 일도 없다. 스스로 선택한 일상의 의무 외에는 특별히 할 일도 없다. 자신의 것 외에는 빨래를 해야 할 일도 없으며, 따로 설거지를 해야 할 필요도 없다. 경제적 면에서도 자신이 스스로 선택한 것들 외에는 따로 지출할 일이 없다. 그들에게는 홀로 사는 것이 개인적 자유를 의미하는 것이나 마찬가지다.

하지만 타인과의 접촉이 어려울 경우라면 상황이 달라진다. 사회적 고립을 즐기는 사람은 없기 때문이다. 활동력이 점점 줄어드는 것은 물론이며, 이전에는 취미로 즐겼던 일들이 무의미하게 다가오기도 한다. 가끔은 이전의 즐거웠던 기억들조차 혐오스럽게 다가올 때가 있다. 따라서 침대에서 벗어나지 못하는 생활을 자처한다. 이러한 상황이 계속되면 결국은 이불을 머리끝까지 덮어쓴 채 쉽게 우울증으로 빠져든다. 이런 상황이 발생하면, 힘들더라도 이불을 박차고 대문 밖으로 나가야 한다. 그러나 한번 우울증에 빠져들면 대문 밖으로 나서는 일이 어렵고 무섭게 느껴지기 마련이다.

타인의 부정적 태도나 타인의 거부를 두려워하는 것은 고립감으로 빠져드는 데 큰 역할을 한다. 하지만 이는 타인과 대화함으로써 자신의 두려움과 걱정을 없앨 수 있는 통로마저 막아버리기 때문에 절망감으로 귀결되기도 한다. 이는 우울증과 고립감에 시달리는 사람들의 딜레마라고도 할 수 있다.

그렇다면 물리적으로 느끼는 외로움은 어떤 것일까? 놀랄 만큼 많은 사람들이 주저없이 이에 대해 대답했다. 외로움을 느낄 때면 가슴이나 배 부분이 빈 듯한 느낌을 가진다고 대답한 사람들이 대부분이었으며, 이는 전통적으로 소설에서 자주 볼 수 있는 표현이기도 하다. 즉 외로운 이들은 내면이 빈 듯한 느낌을 가진다고 해도 될 것이다.

사회적 소속감이 없는 사람들은 외로움을 느낌과 동시에, 자신의 정체성에도 의구심을 가진다. 철학자 니체는 외로움을 물리적·정신적으로 고립된 사람들이 스스로를 갉아먹는 행위라고 표현했다. 비록 외로움이 슬픔이나 안절부절못하는 느낌, 또는 지루함과 짜증 등의 형태로 사람에 따라 다르게 나타날 수는 있지만, 크게 보면 이것은 강한 불쾌감과 동시에 어떤 것을 갈구하는 열망이라 말할 수 있다. 홀로 세계일주를 한 사람들의 말을 들어보면, 그들이 얼마나 타인과의 접촉을 갈구했는지 알 수 있다. 소설 속의 인물 로빈슨 크루소 또한 타인과의 접촉이 불가능한 곳에서 침묵으로 일관된 일상을 통해 강렬한 외로움을 호소했다는 것은 너무도 잘 알려진 이야기다.

하지만 소설 속 인물처럼 완전한 고립을 경험하는 사람들은 그리 많지 않다. 북극 탐험가인 노르웨이의 뵈르게 오우슬란(Børge Ousland)은 1993년 역사에 남을 만한 중요한 일을 시도했다. 그는 홀로 스키를 타고 북극으로 향했던 것이다. 그는 외로움을 이겨내려고 일주일에 두 번 정도 무선 라디오를 통해 동료들과 이야기를 했다. 52일간의 긴 여정을 마친 후 그는 이렇게 말했다. "나는 여행을 시작하기도 전에 외로움에 지칠까봐 무척이나 걱정을 했다. 사실, 이번 여행만큼 오랜 날들을 홀로 텐트 안에서 잠을 잔 적이 이전에는 단 한 번도 없었다. 하지만 여행을 마치고 보니 그 오랜 시간 동안 홀로 지냈다는 점이 내게는 가장 중요하고 큰 경험으로 다가온다."

앞서 살펴본 바로는, 외로움은 우리 주변에 있는 사람들의 숫자와 관계가 있는 것이 아니라 우리가 주변 상황을 어떻게 느끼고 또 어떤 감정을 가지고 있는지와 더욱 밀접한 관계가 있다. 즉 서로 다른 두 사람이 있다고 했을 때 이들은 똑같은 상황에서 완전히 다르게 느낄 수 있다. 두 사람 중 하나는 홀로 있는 상황을 즐기는 반면, 다른 한 사람은 똑같은 상황에서 심각한 외로움을 느낄 수도 있다. '대중 속에서의 고독'을 느끼는 것도 충분히 가능한 일이다. 즉 주변에 수많은 사람들이 있다고 해도 얼마든지 외로움을 느낄 수 있다.

홀로 있는 상황을 즐길 줄 아는 것은 값진 능력이라 해도 좋다. 이러한 능력이 없을 경우, 사람들은 홀로 남겨진 상황에서 공허감을 이겨내지 못하고 절망적으로 타인과의 접촉을 갈구한다.

존재적 외로움

존재적 외로움이란 실존과 관계가 있다. 즉 이러한 외로움은 실존적 삶이라는 커다란 질문 속에서 홀로 서 있는 것이라 말할 수도 있다. 이러한 형태의 외로움은 자신의 삶과 그 의미에 눈을 뜰 때 가지는 존재적 불안감이라는 틀 속에서 형성이 된다. 불안감과 외로움 속에서 종종 자기 자신과 스스로의 삶에 대해 더 깊이 인식할 가능성을 발견할 수도 있다.

　각기 다른 여러 문화권의 사람들이 인식력을 증가시키려고 고립된 장소에서 명상을 행한다. 또한 적지 않은 부족 문화권에서는 성년식의 중심의식으로 사람들과 떨어져 일정 기간 자연 속에서 고립된 생활을 할 것을 요구하기도 한다. 오늘날 우리 사회는 폭포수처럼 쏟아지는 각종 정보와 이의 영향을 끊임없이 받고 있다. 따라서 잠시 동안의 물리적인 고립은 직접적이고 긍정적인 효과를 줄 수도 있다고 봐야 한다. 우선 혼자만 있을 수 있는 공간을 찾아 그곳에서 사색을 하며 지난 시간을 돌이켜보는 것이 좋다.

　인간의 실존과 관련된 기본적인 외로움과 타인과의 접촉 부족에서 오는 외로움은 구별해야 한다. 철학적 관점에서 보면 외로움이란 이 세상에서 홀로일 수밖에 없는 인간의 존재를 인식하는 것이라 할 수 있다. 즉 우리가 살아가는 동안 외로움을 느끼는 것은 어쩔 수 없는 숙명이라고도 말할 수 있다. 이를 받아들이고, 삶은 제한적이며 영원한 것이 아니라는 존재에 대한 핵심적 질문에 도전하는 것은 스스로의 삶에 대한 이해를 더욱 깊이 만들어줄 수 있다.

점점 늘어나는 외로운 사람들

홀로 사는 대부분의 사람들은 불안감을 느낄 때가 많다. 어떤 이들은 홀로 산다는 것을 수치로 여기고 이를 숨기려 하기도 한다. 이러한 경우, 이들은 자신들의 경험과 생각을 타인과 나누는 것이 불가능하다. 최근의 한 조사는 외로움이 우리들 사이에서 점점 더 크게 자리를 잡아간다는 것을 보여준다.

1998년에 있었던 한 여론조사에서 18퍼센트의 사람들이 가끔 외로움을 느낀다고 대답했고, 4퍼센트의 사람들이 항상 외로움을 느낀다고 대답했다. 이 여론조사는 질문자와 응답자가 직접 얼굴을 맞대고 한 것이므로, 실제 외로움을 느끼지만 그렇지 않다고 응답한 사람들의 수는 수치로 나타난 것보다 더 많다고 봐야 한다. 왜냐하면 적지 않은 사람들이 공개적으로 자신의 사생활을 언급하는 것을 꺼리기 때문이다.

1980년대 중반에 있었던 한 여론조사에서는 각 가정마다 질문지를 배달해 같은 내용을 조사했다. 당시 오슬로 거주인 가운데 10퍼센트에 해당하는 사람들이 자주 외로움을 느낀다고 응답한 것은 간과할 수 없는 사항이다. 전체적으로 보았을 때, 수도 오슬로라고 해서 나라 안의 다른 도시와 크게 다르지 않을 것이다. 1995년에 있었던 여론조사 또한 우편을 이용한 것이었다. 당시 응답자의 18퍼센트에 해당하는 사람들이 지난 두 주 동안 외로움 때문에 크고 작은 고통을 느꼈다고 대답했다.

마음을 나눌 절친한 친구가 주변에 없다면 사회적 접촉을 갈망하는 인간적 요구를 충족시켜줄 또 다른 형태의 사람들이 필요하다. 이 경우 가족이나 친지, 또는 직장동료나 취미생활을 함께하는 사람들을 한번 둘러보자. 기본적으로 사회적 접촉의 형태에서 어느 하나가 다른 것들보다 더 좋다고 말할 수는 없다. 그 이유는 사회적 접촉의 형태를 선택하는 개인의 취향과 개개인의 삶의 모습이 각각 다르기 때문이다. 그럼에도 가족이나 친지처럼 가깝고 신뢰성이 있으며 장기간 유지할 수 있는 인간관계는 유동적이고 깊이 없는 표면적 인간관계보다 더 합리적이며 무리가 없다고 할 수 있다. 친밀하고 신뢰성 있는 인간관계는 삶의 질을 이야기할 때 가장 큰 의미를 지닌다고 해도 과언이 아니다. 바로 이러한 인간관계에서 사랑의 의미를 배우고, 또 인간성의 형태가 결정된다고 해도 될 것이다.

어떤 사람들은 외로움의 고통을 느낄 때, 이것이 자신의 잘못이라고 여기거나 스스로 무언가 부족하다고 생각한다. 예를 들어 그들은 자신이 타인의 관심을 끌기에 부족한 재미없는 사람이라고 생각하며 모든 원인을 자신에게 떠넘긴다. 또 어떤 사람들은 자신이 무슨 일을 해도 외로움에서 벗어날 수 없다고 운명처럼 생각하기도 한다.

배우자와 사별한 외로움

동고동락을 하던 배우자가 세상을 떠나면 당연히 그리워하게 된다. 배우자를 보내고 홀로 남겨진 사람들과의 인터뷰에서 그들은 이구동성으로 자신의 삶에 의미를 부여하고 사랑을 부어주던 한 사람을 잃어버린 것 같다고 말했다. 사랑과 보살핌을 주고받으며 크고 작은 감정들을 나누어오던 사람이 더는 존재하지 않는다는 사실에서 비롯된 그들의 그리움은 시간이 지나면서 외로움으로 발전할 수 있다. 각자의 경험을 나누고, 집 안팎에서 대소사를 함께 경험하며, 취미생활을 함께하고 친구를 공유하던 배우자가 세상을 떠나면, 남은 사람은 앞으로의 삶의 방향에 확신과 자신감을 잃고 감정의 동요를 느끼게 된다.

이 경우 많은 사람들이 스스로를 고립 상태에 두게 된다. 오랜 기간 스스로를 고립시키면 새로운 삶의 환경을 받아들일 적응력을 잃는 것은 물론이다. 타인과의 접촉만이 능사는 아니다. 외로움을 경험하고 여기서 벗어난 사람들은 홀로 생활해야만 하는 상황에 스스로 적응하고자 노력하는 것이 가장 중요했다고 말한다. 일단 이러한 상황에 적응하면 타인과의 접촉 또한 그다지 어렵게 느껴지지 않는다. 즉 자신을 긍정적으로 사랑하는 법을 배우고, 홀로 있는 상황에 잘 적응하는 것이 바로 외로움에서 벗어나는 지름길이다.

부부 관계에서의 외로움

누군가와 함께 산다는 것이 외로움에서 벗어나는 해결책이 되진 않는다. 사랑 부족, 함께할 흥미와 취미생활의 결여, 또는 상대방에 대한 존중 부족으로 외로움이 발전하는 경우도 많다. 이때 부부 관계는 위기에 처한다.

미국의 심리학자이며 조사가인 다나 크롤리 잭(Dana Crowley Jack)은 우울증에 시달리는 여성들의 부부 관계에 관심을 가지고 이에 대한 연구를 해보았다. 그가 인터뷰를 했던 여성들 가운데 적지 않은 응답자가 부부 관계에서 강렬하고 깊은 외로움을 느낀다고 대답했다. 다음은 그들과의 인터뷰 내용을 발췌한 것이다.

◎ 나는 친밀감과 동질의식을 원한다. 내게 중요한 것은 바로 이런 것들이다. 내가 어릴 적에는 항상 내 감정을 이야기하고 서로의 생각과 느낌을 나눌 사람들, 즉 내가 무엇을 두려워하고, 어떤 것을 좋아하며, 내가 잘할 수 있는 일과 그렇지 않은 일들이 무엇인지 이야기

하고 서로 도움을 주고받을 수 있는 사람들이 있었다. 하지만 지금
의 내 남편과는 나의 감정과 생각을 이야기하고 의견을 나누는 일이
거의 불가능하다. 그는 마치 자신만의 세계에 사는 사람인 것처럼
보인다. 그의 세계는 너무도 실질적이고 구체적이며, 흑백이 아닌
다른 색은 존재하지 않는다고 말할 수 있다.

◎ 나는 항상 남편에게 인정받기를 원했다. 어쩌면 지금도 그에게 인정
받기를 원하는지도 모른다. 하지만 동시에 나는 내가 나를 스스로
인정하고 받아들이는 것이 얼마나 중요한지도 잘 알고 있다. 나는
우리 부부 관계에서 문제점이 바로 대화 부족이라고 생각한다. 그리
고 내 감정을 솔직하게 그에게 말해야 한다는 것도 잘 안다. 하지만
지난 시간 동안 그와 맞춰가며 살다 보니 지금은 자신의 한 부분을
잃어버린 것만 같은 느낌이 든다. 심지어 나는 지금 내가 무슨 생각
을 하는지, 나의 진실된 감정과 느낌은 어떤 것인지도 잘 모를 때가
많다.

◎ 지난 삼 년 동안 부부 관계는 내 삶의 가장 중요한 부분을 차지해왔
다. 그것은 바로 아이들 때문이다. 내가 가장 두려워하는 것은 다시
금 지금의 생활이 아닌 습관적이고 침체된 지난날로 되돌아가는 것
이다. 그것은 바로 내가 아닌 다른 사람처럼 행동하는 것과 같다.

◎ 나는 앞으로 내가 받아들여야 할 일상적 상황을 생각하면 두려워진
다. 남편과 나 사이에는 친밀감도 부족하며 서로 솔직하게 터놓고

이야기하는 일도 거의 없다. 마치 나 자신이 이제는 어떤 의미도 지니고 있지 않은 것과 같은 느낌이다. 나는 이런 상황을 더는 견뎌낼 수 없다. 이 공허하고 무의미한 부부 관계를 지속하느니 차라리 죽어버리면 좋겠다고 생각한 적도 여러 번이다. 나는 매일 나 자신의 한 부분이 죽어나가는 듯한 느낌이 든다. 그것은 바로 나의 느낌과 감정이다. 즉 매일 나의 느낌과 감정 가운데 작은 부분이 얼어붙어 가는 듯하다. 나는 매일 조금씩 죽음을 경험한다.

◉ 지난 과거를 돌이켜보니 나는 지금 나의 관점이 어떤 의미도 지니지 않는 시점에 도달한 것 같다. 남편과 함께 아침 식사 자리에 앉으면 우리는 침묵으로 일관한다. 저녁이면 말없이 함께 TV만 쳐다볼 뿐이다. 중요한 것은 둘이 함께하는 시간 동안 남편은 내가 다른 곳에 정신을 팔거나 무관심으로 일관하는 데 아무 반응을 하지 않는다는 것이다. 그는 아마도 우리 둘 사이에 보이지 않는 벽이 존재한다는 것조차 모르고 있음이 분명하다. 바로 이 점이 나를 두렵게 만든다.

인터뷰에 응한 많은 여성들이 부부가 함께하는 시간이나 둘의 관계에서 조금도 만족하지 않으며, 그 속에서 자신의 인간적인 성장을 기대하기 어렵다고 대답했다. 여기서 우리는 물리적으로 가장 가까운 두 사람이 함께 생활을 해도 외로움을 느낄 수 있다는 것을 알게 된다. 이들의 관계는 그저 외면적인 것일 뿐이며, 특히나 이들의 남편들은 조금도 상대방을 고려하지 않는 걸 볼 수 있다. 이러한 상황에 있는 대부분의 여인들은 자신의 감정과 요구를 충족시킬 수 없다.

이 경우 우울증이 발생할 소지는 다분하다.

홀로 자녀를 양육하는 외로움

배우자 없이 홀로 자녀를 양육하는 사람들은 일상이 힘겹기만 하며 아이들을 돌보고 나면 남는 힘이 없어 다른 생활은 포기해야 할 정도다. 그들에게는 일단 힘겨운 시간이 지나고 나면 남는 것은 외로움뿐이다.

심리학자 카리 비겔란(Kari Vigeland)은 배우자 없이 홀로 자녀를 양육하는 많은 여성들이 만족할 만한 일상을 영위할 에너지가 없다고 호소한다고 보고했다. 그들에게는 집안일 등 일상의 의무를 이행하고 나면 남는 힘이 없다. 가끔은 직장에서도 맡은 일을 제대로 수행하지 못하며, 피곤한 몸을 이끌고 집으로 돌아오면 지저분한 방들, 빨아야 할 더러운 옷가지들은 물론이며 끝없이 이것저것 요구를 해오는 아이들이 기다린다. 밤잠도 모자라는 경우가 많으며 자신이 하고 싶은 일들을 좀처럼 하지 못하는 경우가 대부분이다. 이런 일이 계속되면 해야 할 일도 잘해내지 못하는 때가 종종 있으며, 결국은 악순환에 접어든다. 어떤 여성들은 이러한 과정에서 우울증에 빠진다. 이 경우, 우울증의 가장 큰 원인은 지속적인 피곤함과 자녀들을 마음먹은 만큼 잘 보살피지 못하는 데 따른 죄의식, 그리고 외로움과 스스로의 가치에 대한 일종의 배신감이라 할 수 있다.

이혼 후 자녀와 함께 남게 된 많은 여성들은 경제적인 어려움에 직면하며, 직장에서의 힘겨움 때문에 우울증을 경험한다. 하지만 그들은 시간이 지날수록 이러한 상황에 적응하며 이때 우울증에서도 벗어날 수 있다. 이들에 관한 조사 결과를 살펴보면 시간이 지나고 상황에 적응하면서 스스로에 대한 가치와 자신감을 되찾는 경우가 많다는 것을 알 수 있다. 이들 가운데 적지 않은 여성들이 홀로 살면서부터는 결혼생활을 할 때보다 사회적으로 더 나은 생활을 하게 되었다고 고백했다. 그들은 여성으로, 자녀를 둔 어머니로서는 물론 직장 여성으로서도 만족한다고 응답했다. 어렵고 힘겨운 시기는 지나가기 마련이며, 마침내 자신의 길을 찾게 된 것이다.

동성애자들의 외로움

1999년에 동성애자들을 대상으로 행한 여론조사에서, 긍정적인 부분과 부정적인 부분을 동시에 볼 수 있다. 우선 부정적인 부분을 들면 동성애자의 대부분이 삶에 대한 불확실성과 우울증에 시달린다는 점이다. 어떤 이들은 자살 유혹을 경험하기도 했는데 통계적으로 볼 때 이는 동성애자가 아닌 사람들이 느끼는 자살 유혹보다 6~7배는 더 높았다. 비교적 나이가 어린 레즈비언들 가운데 자살 유혹을 느껴본 적이 있다고 대답한 이들이 유독 많은데, 이는 전체 인구의 평균적 수치보다 열 배는 더 높았다. 물론 자살 유혹을 이기지 못해 실제로 자살을 시도한 동성애자의 수도 평균 수치보다 훨씬 높게 나타났으며, 특히 스물다섯 살 이하의 동성애자 가운데 자살을 시도한 이들이 많은 것으로 나타났다. 그 동기를 살펴보면 대부분 비슷했다. 즉 그들은 사회에서의 고립과 이에 따른 외로움을 이기지 못해 자살 유혹을 느끼거나 또는 자살을 시도했다고 한다. 여론조사에 응한 한 여성 동성애자의 말을 들어보면 다음과 같다.

나는 열네 살 때부터 지금까지 앞으로 내게 어떤 일이 일어날지 매일매일 두려워하며 지내왔다. 물론 내가 동성애자라는 사실을 항상 비밀로 지켜야 하며 이는 어떤 면에서 볼 때 위험하기까지 하다는 것도 잘 안다. 이 때문에 깊은 우울증과 불안감에 시달린 것은 물론이다. 내가 자살 유혹을 이겨낼 수 있었던 단 한 가지 이유를 들면, 나는 항상 어른이 될 필요도 없으며, 어른처럼 행동할 이유도 없다고 생각해왔다는 점이다. 나는 이렇듯 단순한 생각으로 살아가는 것을 스물여섯 살까지 계속해왔다. 그 이전에는 나의 이러한 단순한 생각 때문에 특별히 어려움을 느낀 적은 없었다.

동성애자들이 독신으로 생활하는 비율은 전체 인구 중 독신으로 사는 사람과 비교해 네 배나 높았다. 이는 그들이 보통 사람들보다 외로움을 덜 느끼기 때문만은 아니다. 여론조사에서 나타난 긍정적인 부분이라고 한다면, 이들 동성애자들은 같은 상황에 있는 다른 동성애자들과 상당히 깊은 친밀감과 우정을 지속하며 생활한다는 점이다. 이 비율은 비슷한 나이에 있는 다른 사람들보다 훨씬 높게 나타났다. 하지만 이들에게는 자신의 관심과 취미를 나눌 수 있는 가까운 친구들의 수가 눈에 띄게 적었다. 한마디로 말해서 친구와 나누는 친밀감은 일반인들보다 훨씬 더 깊었지만, 그 수는 적다는 것이다. 그리고 대부분의 동성애자들은 자신의 가족들과도 깊고 친밀한 관계를 유지하는 것으로 나타났다. 더욱이 현재 우리 사회는 동성애자들을 바라보는 시각이 점점 완화되고 있어, 이들은 주변에서 이전보다는 더 깊은 이해와 관심을 받게 되었다. 따라서 이들은 자신의 권리와 가치를 요구할 수 있게 되었고, 일상에서 느끼는 수치심도 이전보다는 적어졌다고 할 수 있다. 여기서 우리가 알 수 있는 점은 공개성과 이해력이 무척 중요하다는 것이다.

다음은 동성애자들 가운데 한 명이 자신의 어린 시절을 설명한 것이다.

지난날을 돌이켜보면 나는 무척 힘겨운 날을 보냈다는 생각이 든다. 오랜 세월 동안 나는 스스로에게 부정적인 생각을 지니고 생활해왔다. 그것은 주변에 솔직한 내 감정을 이야기하고 도움을 얻을 수 있는 사람들이 부족했기 때문이다. 내 이야기를 들어줄 사람들은 레즈비언이 아니라도 좋았다. 나는 그저 나 자신을 이해해줄 사람을 원했을 뿐이다. 하지만 상황은 내가 원하는 것처럼 돌아가지 않았다. 지난날 나는 주변인들이 내가 처한 상황을 조금도 이해해주려 하지 않는다는 걸, 심지어 내 이야기를 들어준다 해도 자신과는 완전히 다른 상황에 처한 나를 이해하기에는 역부족이란 걸 느꼈다.

알다시피, 우리에겐 자신의 생각과 감정을 이야기할 사람들이 주변에 필요하다. 그렇지 않다면 스스로의 인간 가치에 대한 의심과 삶에 대한 불확실성을 느낄 수밖에 없다.

나는 무척이나 깊은 외로움에 시달린 적이 있다. 비록 내겐 좋은 친구들이 있었지만, 사랑과 성적인 교감을 나눌 사람들을 찾는 건 그리 쉬운 일이 아니었다.

여러 면에서 동성애자들은 사회적 공허감을 느낀다. 그들의 사랑과 성적인 교감을 이야기할 때, 주변인들이 그들을 잘 이해하지 못하는 것도 물론이다. 주변인들이 신뢰감을 주지 못하며, 함께 이야기할 친구가 없다는 사실은 그들이 정신적으로 홀로일 수밖에 없는 중요한 이유가 된다.

그들에게 어린 시절은 문제가 되지 않는다. 하지만 성년이 되어 자신이 동성애자라는 사실을 발견했을 때부터 그들은 쉽지 않은 생활을 하게 된다. 즉 그들이 자신이 처한 상황과 성적인 특성에 눈을 뜨면서부터 문제는 시작된다. 물론 이를 자각하기까지는 적지 않은 시간이 걸린다. 그들 대부분은 자신의 성적인 특성에 눈을 뜨게 된 후에는 직장동료나 주변인들과 친밀하고 솔직한 교제를 거부하며, 개인적 사생활에 대해 이야기하기를 꺼린다. 그들은 동성애자로 인식되기보다는 차라리 보통 사람들이 다가가기 어려운 사람으로 인식되는 것을 선호하며 심지어는 사회적 교제를 완전히 거부하는 경우도 볼 수 있다.

자신의 감정을 숨기거나 이에 대해 솔직하지 않은 생활을 계속할 경우, 사람들은 스스로를 속이는 것만 같은 느낌을 가지게 된다. 이들은 때로 스스로 사회적 환경에서 고립되는 일상을 선택하며, 이 경우 만족할 수 없을 정도로 삶의 질이 나빠진다. 우울한 기분과 자살 유혹을 느끼는 것은 어찌 보면 이들에게 자연스러운 일인지도 모른다.

청각 장애인들의 외로움

"전체 스웨덴 인구 열 사람 가운데 한 사람은 지저귀는 새소리를 들을 수 없다"는 것이 스웨덴 청각연구소의 제언이다. 노르웨이에서는 무려 사십만 명이라는 사람이 정상적인 청각을 가지고 있지 않으며, 이들 가운데 16만 명이 보청기를 사용해야 하는 상황이다. 청각 저하를 가져오는 원인은 여러 가지가 있다. 이 중에서 가장 빈번하게 나타나는 원인은 소음이다. 소음 때문에 많은 사람들이 귀울림과 청각 장애를 호소한다. 또 다른 원인은 귓병, 머리를 심하게 부딪히는 사고, 약물 부작용 등이다. 청각 장애를 경험하는 사람들은 재빨리 이에 적응한다. 정작 이로 인해 어려움을 겪는 사람들은 그 주변인들이라고 할 수 있다. 그들로서는 청각 장애인들과 대화하는 일이 결코 쉽지 않다. 따라서 그들은 청각 장애인들이 하는 말을 대부분 어림짐작해서 이해해야 하고, 어떨 때는 그저 웃음으로 얼버무리기도 한다. 주변인들에게서 원하지 않는 웃음의 대상이 됨으로써 느끼는 수치심과 모욕적인 감정은 청각 장애인들에게 내면적인 상처를 가져다준다.

타인보다 들을 수 있는 소리가 적다는 것도 문제지만 청각 장애인들에게 정작 이보다 더 큰 문제는 서로 다른 소리를 구별할 능력을 잃어버리는 것이다. 귀에서 걸러내는 주변의 서로 다른 소리들은 글자 그대로 한데 뭉뚱그려져서 전달되며 뇌는 이들을 구별해내지 못한다. 결과적으로 주변의 소리를 정확히 구별해낼 수 없게 된 사람들은 정신적으로 피곤함을 느낀다. 카페에서나 두 사람 이상이 모여 식사를 하는 자리는 흔히 청력에 문제를 가진 사람들이 피하고 싶은 상황이 되어버린다.

청각 장애가 있는 사람들은 흔히 주변인들에게 자신의 문제점을 감추려고 한다. 그들은 타인이 하는 말을 오해하거나 자신에게 청력 장애가 있다는 것을 숨기려고 온갖 변명을 하면서 정상적인 신체적 기능을 발휘하지 못한다는 사실을 받아들이려고 힘든 노력을 해야 한다. 또한 그들은 주변의 잦은 오해와 편견 및 선입견을 경험한다. 때문에 그들은 사회생활이나 문화생활에 참여하는 일을 점차 꺼리게 된다.

청각 장애인들은 특히 낯선 이들과 함께하는 만남을 꺼리며, 결국 외로움에 젖어든다. 시내를 활보하며 새로운 사람들을 만나는 일도 드물어진다. 간혹, 그들은 "뭐라고?" 하며 되묻는 주변인들의 반응에 두려움을 느끼기도 한다. 때문에 그들은 점차 집 밖으로 나가는 일을 피하게 된다. 물론 국가적으로 이들을 위한 단체가 있어 그 속에서 사회 활동을 영위하기는 하지만 이들에게는 같은 상황에 처한 다른 사람들을 만나는 일조차 그다지 즐거운 것이 되지 못한다. 결국 이들은 사회생활에서 점점 벗어나고 외로움을 벗삼아 지내게 된다.

함께 이야기할 사람이 필요하다

◎ 나는 무척이나 외롭다. 한때는 식당에서 밥을 먹을 때도 혼자가 아니면 먹지 않았다. 비록 기숙사에서 생활하며 함께 공부를 하는 친구들과 매일 대면하고, 수많은 사람들이 모이는 자리에 빈번히 참석하긴 했지만, 나는 대부분 침묵을 지키기만 했다.

◎ 아내는 내가 항상 딴 곳에 정신을 판다고 불평한다. 나는 방 안에 혼자 있고 싶을 때가 많다. 그럴 때면 문을 닫고 아무도 가까이 하지 않는다. 이런 나의 태도를 생각하면 그녀의 불평에 일리가 없지 않다.

◉ 나는 이 세상에서 나 혼자인 것만 같은 생각을 자주 한다. 축구팀에서도 활동하고, 친구와 기숙사에서 한방을 쓰기도 했지만, 나는 여전히 홀로라는 느낌을 지울 수가 없다. 이런 느낌 때문에 나는 내가 우울증에 걸렸다고 생각한다. 우울증은 나 자신을 스스로 고립시키는 병이다. 이 병은 나를 도와주거나 내 기분을 좋게 만들어줄 수 있는 주변인들에게서 나를 고립시키라고 말한다. 언젠가 홀로 길을 걸은 적이 있다. 그때 문득 이런 생각이 들었다. '젠장, 도대체 내가 지금 뭘하는 거지? 왜 내가 이래야 하는 거지?'

우울증은 한마디로 말해서 고립과 관계가 있는 병이다. 우울증에 걸린 사람들은 타인과의 정신적 거리감을 느낀다. 하지만 동시에 그들은 스스로 고립된 상태에 자신을 두고 싶어 하기도 한다. 즉 그들은 타인과의 접촉과 동질의식을 갈구하는 동시에 홀로 있고 싶어 한다. 그것은 마치 눈앞에 놓인 물잔을 놓고서도 손을 뻗는 것이 힘겨워 갈증으로 죽어가는 것이나 마찬가지다.

우울증 때문에 가장 고통스러운 것은 바로 타인과 자신의 틈을 자각하는 것이다. 가족이나 가까운 친구에 둘러싸인 사람들조차 그들과의 틈과 거리감을 느낀다. 다시 말해서 "주변에 사람들은 산재해 있지만 그들과 함께할 수 없다"는 것이 우울증에 시달리는 사람들의 공통된 의견이라고 할 수 있다.

깊은 우울증에 빠져든 사람들은 안절부절못할 때가 많고 주변인과 가볍게 대화하는 것조차 힘겹다고 느낀다. 때문에 그들이 자발적으로 타인과 물리적·정신적 거리감을 두려는 것을 이해하기는 어렵

지 않다. 하지만 이러한 태도는 더욱 심한 우울증을 유발하는 원인이
된다.

1970년대에 영국에서 한 무리의 심리학자들이 인터뷰 방식으로
행한 유명한 조사 결과를 예로 들어보자. 인터뷰에 응한 대부분의 여
성들은 자신의 감정과 문제점에 대해 솔직하게 대화할 가까운 사람
들이 있으면 우울증에 빠져들 확률이 현저히 낮은 것으로 나타났다.
그 가까운 사람은 응답자의 배우자일 수도 있고, 가족이나 친구일 수
도 있다. 이러한 사람들이 없는 여성들은 가까운 대화 상대자가 있는
응답자들보다 우울증에 걸린 비율이 무려 네 배나 높았다. 즉 가까운
대화 상대자의 유무는 우울증의 원인에 결정적인 근거로 작용한다고
말해도 좋다. 이 조사에서 적어도 조사에 참여한 여성 응답자에 한해
서는 가까운 대화 상대자의 수는 중요치 않은 것으로 나타났다.

이들 심리학자들은 또 다른 조사에서도 가까운 벗을 둔 사람들은
우울증에 빠질 확률이 낮다는 것을 발견했다. 대화할 수 있고, 자신
의 문제를 이야기할 때 이를 들어줄 친구, 그리고 취미생활을 함께할
사람들은 우울증에 반작용을 하는 요소다. 하지만 일단 우울증에 빠
져들면 이러한 반작용적 요소로의 접근이 그리 쉽지 않은 것이 사실
이다.

우울증을 불러오는 고통스러운 과거

최근 미디어에서 큰 사고를 겪은 사람들을 지원하고 도와주는 기사 및 프로그램을 자주 본다. 보통은 사고 후 생존한 사람들과 이들을 도와주는 사람들을 모아 대화하는 형식으로 진행되는데, 이를 통해서 그들에게 어떤 일이 일어났으며 그 후의 일은 어떻게 되어가는지 듣게 된다. 가끔은 사고 관련자나 도움을 주는 이들의 가족 또는 주변인과의 인터뷰도 행해지는데, 그들이 느끼는 심리적 압박감을 알아차리기는 그리 어렵지 않다.

그들이 느끼는 강한 심리적 압박감에 대한 우리의 반응은 여러 가지가 있을 수 있으며, 어떤 것이 옳고 어떤 것이 그르다고 정의를 내리기는 힘들다. 관조자의 관점에서는 얼마든지 각각 다른 감정과 반응이 나올 수 있기 때문이다. 물론 사고 당사자와 이에 관련된 사람이 아니더라도 각자가 크고 작은 사고 경험에 대해 느끼고 생각하는 것은 다를 수 있다.

강한 심리적 압박감이나 트라우마를 경험한 사람들은 보통 시간이 지나면서 이를 극복한다. 그들은 지난 시간을 돌이켜보며 여러 가지 감정을 가질 수 있다. 그것은 현재의 상태와 비교했을 때 슬픔이나 불확실성의 모습으로 나타날 수도 있다. 그렇긴 하나 이로 인해 백 퍼센트 정신적 문제로까지 발전한다고는 말할 수 없다. 하지만 가끔은 과거의 사고나 심리적 압박감이 몇 년 동안 사라지지 않고 지속되는 경우도 있다. 즉 어떤 이들에게는 이러한 정신적 압박감이 평생을 두고도 지워지지 않는다.

1, 2차 세계대전 후 특히 이러한 정신적 압박감으로 긴 세월 고생하는 전직 군인들이나 일반인들이 많다는 것은 잘 알려진 사실이다. 조사 결과 세계대전에 참여했던 노르웨이 군인들 가운데 약 3분의 1에 달하는 사람들이 전쟁이 끝난 후에도 정신적 압박감으로 고통받는 것으로 나타났다. 같은 현상을 정치적·경제적 문제, 고문 등으로 타국으로 망명한 사람들에게서도 볼 수 있다.

심리적·정신적 문제는 전쟁처럼 많은 이들이 관련된 상황에서도 발생할 수 있지만, 이와는 반대로 개인적이며 많은 이들이 관련되지 않은 상황에서도 얼마든지 생겨날 수 있다. 예를 들어 교통사고나 화재 또는 폭력에 연루된 희생자들 또한 사고 후 심리적 고통을 받을 수 있다. 특히 가까운 사람들에게서 신체적·정신적 학대를 당한 사람들은 그 고통스러운 상황과 기억에서 벗어나는 데 많은 시간과 노력이 필요하다.

이렇듯 서로 다른 심리적 고통과 압박감에서도 공통점을 찾아볼 수 있는데, 그것은 바로 그 심리적 고통을 유발한 상황에 대한 기억이 오랜 시간 지속된다는 것이다. 가까운 사람에게서 심각한 폭력을 당한 사람들이 평생 동안 이를 잊지 못하고 살아가는 것이 바로 그 예다. 이러한 심리적 고통은 대부분 우울증 형태로 나타난다. 특히나 유년기에 심한 폭력의 희생자가 된 사람들은 성인이 된 후에도 오랜 기간 큰 고통을 받는 것으로 나타났다. 또한 유년기에 심각한 불안감이나 긴장감을 경험한 이들도 비슷한 반응을 보였다. 즉 이들에게 우울증은 떼려야 뗄 수 없는 반응이라고도 할 수 있다.

다음은 과거의 고통 때문에 심각한 우울증을 겪는 사람들의 반응이다.

쇼크

일반적으로 끔찍한 사고를 겪은 사람들은 쇼크 상태를 경험한다. 이러한 반응, 즉 쇼크 상태는 사고 당시의 갑작스런 충격을 완화하는 일종의 보호 작용이라고도 할 수 있다. 많은 이들이 사고 즉시 정신적으로 마비 현상을 일으킨다. 어떤 이들은 이러한 상태를 설명할 때, 마치 자신이 꿈이나 영화 속에 있는 것만 같다고 했다. 동시에 이들은 너무도 강한 정신적 충격 때문에 마치 자신이 처한 사고 상황이 현실이 아닌 것만 같다고도 설명했다. 즉 자신을 둘러싼 모든 것이 너무도 낯설게 느껴진다. 이러한 즉각적이고 순간적인 마비 현상과 멍한 상태는 시간이 지나면서 강렬한 기억으로 대체되는데, 이에 걸리는 시간은 개인적으로 몇 시간이 될 수도 있고, 며칠이 될 수도 있다.

기억 작용

트라우마에 관한 반응을 이야기할 때 중요한 증상은 과거에 있었던 일을 재경험하는 것이라 할 수 있다. 이러한 재경험은 꿈의 형태로 나타날 수도 있고, 자신의 '내면적' 눈을 통해 과거의 일을 다시 상상하거나 기억하는 것으로 나타날 수도 있다. 만약 과거의 사고나 끔찍했던 경험을 연상시키는 비슷한 상황에 다시 처했을 때, 당사자는 정신적으로 강한 고통을 받는다.

위기에 처했을 때 우리는 그 상황에 예민하게 반응한다. 그리고 그 상황은 우리의 의식에 매우 강렬하고도 자세하게 각인된다. 이 강렬한 느낌과 흔적은 훗날 당사자의 오감을 통해 재경험되는 경우가 빈번하다. 예를 들어 차 사고를 경험했던 사람들은 훗날 비슷한 상황에 처할 때마다 과거의 사고를 무의식적으로 기억해낸다. 즉 이러한 기억들은 우리의 의지와는 상관없이 빈번하게 재현될 수 있다. 과거의 끔찍한 사고는 그간의 순조롭고 일상적인 삶에서 갑작스럽게, 또 원하지 않는 상황에서 일어나기 때문에 우리의 무의식은 의지와는 상관없이 이를 기억한다.

따라서 우리는 가끔 불쾌하고 두려우며 고통스러운 기억이나 감정을 의식적으로 없애려고 노력한다. 하지만 이러한 노력은 때로 자신의 의지와는 반대 결과를 불러온다. 즉 사고와 관련된 상황이나 이의 기억 작용에 더욱 강렬한 압박감을 유발하는 것이다. 고통스럽더라도 그러한 기억 작용을 있는 그대로 받아들이며, 이에 대해 직접적으로 맞서 싸우는 것이 좋다. 만약 그러한 심리적 고통을 피하려고 한다면 그것은 더욱 고통스러운 형태로 우리를 괴롭히게 된다. 때문에 이를 피하기보다는 오히려 그러한 상황에 맞서 직접적이고 능동적으로 맞서 싸울 때 마침내 악순환에서 벗어날 수 있다.

사고

끔찍한 사고나 강렬한 감정적 위기를 경험한 사람들은 그 후에도 오랫동안 신체적·감정적 평형을 유지하기 어려운 것이 일반적이다. 예를 들어 갑작스러운 소음이나 주변의 움직임에 깜짝 놀라기도 하고, 불안해하며 긴장하는 것은 물론 신체 전체에서 통증을 느끼기도 한다. 집중력과 기억력이 떨어지고 의무를 이행하는 데 어려움을 겪기도 한다. 이러한 반응은 신체가 여전히 과거의 사고나 고통스러운 경험을 기억하고 경보 상태를 유지한다는 증거라고 할 수 있다. 비록 과거의 고통스러운 경험에서 완전히 벗어났다고 느낀다 할지라도, 이러한 신체적 반응은 지속되는 경우가 많다.

많은 사람들이 강한 불안감을 경험하기도 한다. 우리가 사는 세상은 점점 불안하고 위험한 세상으로 변해간다. 때문에 많은 사람들이 가족이나 가까운 친구들에게 무슨 일이 일어날지 걱정하며 두려움에 떤다. 이들은 자신이 경험했던 사고나 고통스러운 상황을 가까운 주변인들도 경험하게 될까봐 두려워한다. 화재를 당했던 사람들은 화재 경보기 소리나, 불에 타는 음식 냄새만 맡아도 불안해한다. 안전함에 익숙해졌던 감정은 자신에게 일어났던 사고나 고통 때문에 사라진 지 이미 오래다.

어떤 사람이 멀리서 들려오는 천둥소리 때문에 갑작스럽고 직접적인 동시에 원인을 설명하기 어려운 불안감을 경험했다고 한다면,

그것은 바로 그의 무의식에 자리한 어떤 두려움에 대한 경보라고 보아도 좋다. 그것은 과거에 일어났던 일에 대한 기억과 관련된 주변의 비슷한 소리일 수도 있고, 갑작스러운 움직임일 수도 있다. 이러한 소리나 움직임은 대부분 갑작스럽게 오감을 자극하기 때문에 불안감뿐만 아니라 강렬한 두려움을 느끼게 한다. 불안감은 두려운 생각이나 환상 때문에 생겨나기도 한다.

또한 물리적인 고통을 경험한 사람들은 갑작스러운 기분 변화에 시달리기도 한다. 즉 한순간에 좋은 기분이 우울한 기분으로 바뀌는가 하면, 또는 그 반대 경우를 경험한다. 이럴 때 짜증이 나는 건 당연하다. 가끔은 수면과 관계된 문제점을 호소하는 사람들도 볼 수 있다. 이러한 상황에서는 쉽게 우울증과 불안감을 경험한다.

어떤 사람들은 자신의 정체성이나 자아의식이 아주 짧은 시간에 변하는 것을 경험하기도 한다. 이전에는 스스로에게 긍정적인 생각을 지녔던 사람들이 고통스러운 과거의 일 때문에 스스로에 대한 생각을 부정적으로 바꾸는 경우도 있다. 다음은 이러한 생각의 변화에 대해 예를 들어놓은 것이다.

- 나는 의지가 약한 사람이다. 이전에는 그렇지 않았는데 약한 사람으로 변해버렸다. 무언가 잘못되었다는 느낌만 든다.
- 이제는 나 자신을 의지할 수 없다.
- 내게 일어났던 일들은 다른 사람에게는 절대로 일어나지 않을 것이다.
- 과거의 사고는 순전히 내 탓이다.

죄의식

과거에 트라우마적 경험을 한 사람들은 그 원인을 두고 비이성적으로 자신을 힐난하기도 한다. 예를 들어 폭력의 희생자들은 그 폭력의 원인을 제공한 사람이 바로 자기 자신이라고 생각한다. 그러나 이들은 동시에 그러한 생각이 이성적이지 않다는 것을 인지하고 있다. 강도를 당했거나 심한 구타를 당한 사람들 중, 자신이 스스로를 잘 보호하지 못했다고 생각하는 사람들이 있는 반면, 이와는 반대로 강도들이나 폭력을 행한 이들에 맞서 싸운 것을 후회하는 사람들도 있다. 후자의 경우, 맞서 싸우지 않았으면 피해를 덜 입었을 텐데 하는 생각이 바탕에 깔려 있다. 어쨌든 사고 당사자들은 과거의 일에 대해 당시 자신이 하지 못했던 일이나 사고 상황과 반대되는 경우를 두고 두고 생각하는 것이 일반적이다.

비이성적인 자책감은 잘못된 고정적 추정으로 귀결된다. 즉 과거의 일을 생각하며 당시 자신의 반응이 잘못되었다고 여기고, 그와는 반대로 반응했으면 좋았을 것이라고 생각한다. 예를 들어 과거의 사고에 대해 미리 그것을 짐작했어야 한다고 자책하는 경우가 있다. 비록 그것이 불가능한 일일지라도 시간이 지나 그 상황을 돌이켜보면, 그 당시에 이미 사고를 짐작할 수 있었다고 느끼기 때문이다. 어떤 이들은 과거의 사고가 전적으로 자기 책임이라고 자책하기도 한다. 비록 그 대안이 매우 비논리적이며 현실적으로 불가능한 것일지라도 그들의 생각을 바꾸기란 쉽지 않다. 그들은 종종 책임의 한계나 상황적 가능성에 대한 어려움을 간과한다.

유년기에 물리적·정신적 고통을 겪은 당사자들은 성인이 된 후에 당시의 일을 회상하면서 흔히 현재의 생각과 태도를 유년기의 자신에게 대입하는 실수를 범한다. 또한 그들은 성인에게 의지해야만 하는 어린이들의 요구와 태도를 폄하하는 경우가 많다. 따라서 폭력의 피해자였던 자신의 어린 시절을 돌이켜보면서 그 폭력의 원인이 어쩌면 자신에게 있었을지도 모른다고 무의식적으로 스스로를 자책하는 경우가 종종 있다.

자책감과 죄의식은 트라우마를 가진 이들의 일반적인 반응이다. 그것은 객관적으로 말해서 어쨌거나 비이성적이라고밖에 할 수 없다. 심한 자책감은 한마디로 말해서 '진실의 겉면을 두르고 있는 거짓된 테두리'라고 할 수 있다. 즉 자괴감을 가진 사람들의 내면을 파헤쳐보면 스스로 사고나 폭력의 원인을 제공했다는 죄의식이 깊숙하게 자리한 경우가 많다. 따라서 이러한 사람들은 스스로에게 다음과 같은 질문을 해보는 것이 좋다.

- 당시 무엇을 하고 또 어떻게 처신하는 것이 옳은지 미리 아는 것이 과연 가능했던가?
- 어떤 연유로 사고가 일어났는지에 대해 내가 가지고 있던 정보는 어떤 것이었던가?

과거의 고통을 어떻게 치유할 수 있을까?

이 책에서 기술한 여러 가지 문제점은 과거 경험한 사고와 관련해 그 후 차차 나타나는 것들이다. 이들은 사실 흔치 않은 경험을 통해 보이는 정상적이고 일반적인 반응이라고 할 수 있다. 문제라고 한다면, 이들 반응이 마치 잿더미 속에 남은 조그만 불씨처럼 사고 후 한참이 지난 후에도 오랫동안 지속될 수 있다는 것이다. 문제가 되는 반응을 완전히 없애고 잊어버리기까지는 몇 년이 걸릴 수도 있다. 당사자들은 종종 이들 문제점에서 완전히 벗어났다고 생각하나, 가끔 과거의 사고를 연상시키는 끔직한 광경이나 주변인의 비슷한 심리적 압박감을 통해 다시 문제가 되는 요소와 접하고 시달리는 경우가 있다.

이러한 사람들의 가족이나 친구, 직장동료 들은 당사자와 어떤 관계를 유지해야 할지 또 어떻게 처신해야 할지 몰라서 난처해하는 경우가 많다. 때문에 그들은 침묵으로 일관하거나 수동적으로 대처하기도 한다. 이러한 주변인의 태도 때문에 당사자들은 상대방이 자신을 배려하지 않는다고 오해하거나 최악의 경우, 상대방이 적개심과 편견에 치우친 반응을 보인다고 오해할 수도 있다.

가끔 이해할 수 없는 스스로의 감정과 느낌 때문에 두려워하는 사람들도 있다. 간혹 자신의 허무감 때문에 타인에게 느끼게 될지도 모르는 거리감을 미리 두려워하는 경우도 있다. 자신의 정체성을 잃어버리거나 자신의 성격 때문에 사회생활에서 부정적인 결과를 가져올지도 모른다고 두려워하는 사람들도 볼 수 있다. 그들은 이런 생각 속에서 결국은 자기 자신마저도 잃게 될 수 있다.

어떤 사람이 끔찍하고도 고통스러운 경험을 했다면, 시간이 지난 후에도 이에 대해 생각도 하고 싶지 않고, 이에 대해 이야기하기도 꺼리는 경우가 있는데 이건 쉽게 이해가 된다. 그들은 과거의 경험을 다시 떠올리거나 이에 대해 이야기를 함으로써 그때의 끔찍한 상황이 다시 재현되는 것만 같은 느낌을 가진다. 이러한 경험을 지닌 사람들은 그 끔찍한 일을 기억에서 지우고 다시 새 생활을 하려고 노력하는 과정에서 필수불가결하게 불쾌한 감정을 가지게 된다. 시간이 치료약이라는 말은 여기서는 적용되지 않는다. 과거의 기억을 그저 옆으로 밀쳐두는 것은 상처를 치료하는 약이 될 수 없다. 생각을 하지 않으려고 노력하면 할수록 과거의 상황과 관련된 기억은 더욱 강하게 다가올 뿐이다.

이에 대해 자신이 경험한 일을 가까운 주변인에게 이야기해주고 그들과 함께 이야기하라는 일반적인 조언을 할 수 있다. 그러려면 자신이 경험했던 일을 구체적이고 자세하게 생각하는 일이 필요하다. 물론 이러한 대화는 당사자가 신뢰하는 사람일 때 가능하다.

또 다른 대안은 자신의 경험을 하나하나 적어보는 것이다. 이 글은 혼자만 볼 수 있는 소설 형식으로 써내려간다. 이렇게 자신의 경험과 생각을 하나하나 적어내려가는 동안, 당사자는 자신의 생각과 감정을 더욱 구체적·논리적으로 재고해볼 수 있다는 이점이 있다. 최근의 조사는 이러한 일들을 통해 정신적 건강은 물론 신체적 건강까지 나아질 수 있다는 결론을 내놓는다. 특히 우리가 내면의 생각과 감정을 구체적인 언어로 풀어나갈 때는 더욱 큰 효과가 있다고 했다. 물론 과거의 불쾌하고 고통스러웠던 기억을 적어내려가는 것은 결코 기분 좋은 일만은 아니다. 하지만 이러한 불쾌감은 시간이 지나면서 점차 사라진다. 즉 일정 기간이 지나면 이전에 가졌던 심리적 압박감에서 벗어날 수 있다. 비록 불쾌했던 일들이 오래전 과거의 일일지라도, 현재의 기록을 통해 과거에 경험했던 일들을 자세하게 떠올릴 수 있다. 그렇게 함으로써 우리는 고통스러운 느낌에서 차츰차츰 벗어난다.

어떤 이들에게는 사회적 도움이 필요하기도 하다. 이들은 도움을 주는 매체, 예를 들어 심리학자 등과 자신이 경험했던 일들이나 그 당시의 생각과 느낌에 대해 정기적이고 규칙적인 방법으로 대화함으로써 과거의 트라우마에서 벗어날 수 있다.

심리학자들의 업무 중에서 일반적인 것 가운데 하나가 바로 이러한 사람들과 대화함으로써, 이들이 과거의 고통스러운 기억과 경험에서 벗어나도록 도와주는 것이다. 면담자는 자신을 솔직하게 드러내고 대화함으로써 내면에 기거하는 과거의 불쾌한 경험과 기억을 풀어내게 된다. 이러한 과정에서 많은 이들이 대화 도중 과거의 사고나 고통스러운 에피소드와 관련된 감정과 기억을 재경험하기도 한다. 앞서도 말했듯이 트라우마적 상황의 한 부분만을 경험한다 해도 과거의 고통은 다시 기억되기 마련이다. 그 원인은 여러 가지가 있는데, 그 중 하나를 들면 인간의 기억이라는 것은 시간이 지나면서 전체적이라기보다는 부분적 조각으로 잔재하는 속성을 지니기 때문이다. 이러한 부분적 기억은 한 사람의 지난 삶을 모두 말해주는 데 적합치 않다. 이것은 마치 바닥에 잔뜩 흩어진 퍼즐 조각에 비유할 수 있다. 이렇듯 흩어진 기억 조각들을 모으고 종류별로 정리함으로써 논리적으로 이해 가능한 전체적 그림을 만들어낼 수 있다.

심리학자들의 또 다른 업무라고 한다면, 면담자가 과거의 사고나 불행했던 시기에 어떤 의미를 부여하는지 찾아내는 것이다. 이는 개인의 같은 일이라 해도 이에 대한 반응과 사고 경향이 각각 다를 수 있기 때문이다. 요약하면, 개인이 경험하는 트라우마적 에피소드는 당사자에게 강한 자책감은 물론 개인에 따라서 수치심과 울분 또는 우울증으로 귀결될 수 있다.

심리 치료는 정리되어 있지 않은 옷가지들 때문에 서랍을 닫지도 못하고 시도 때도 없이 넘쳐나 바닥에 떨어지는 옷가지들을 차곡차곡 정리하는 것에 비유할 수 있다. 정리 방식을 말하자면, 흩어진 옷가지들을 하나하나 빼내어 다시 정리를 하고 제자리에 넣어 서랍장을 보기 좋게 만드는 것이라 할 수 있다. 따라서 다음에 어떤 특정 옷이 필요할 경우, 서랍을 열어 한눈에 그 옷이 어디에 있는지 알아보게 하는 것이 그 목적이다. 물론 중요한 점은 서랍장 주인이 안정감과 확신성, 통제력을 되찾는 것이라 할 수 있다.

우울증에서 벗어나기

이 책에서 기록한 여러 방법을 이용해 홀로 우울증에서 벗어나려고 노력한다면 그것은 상당히 어려운 일이 될 수도 있다. 우울증에 시달리는 많은 사람들이 고통에서 벗어나는 길을 찾는 것이 무척이나 힘겹다고 호소해온다. 희망이 결여된 상태, 그리고 자신의 능력에 불확실성을 느끼는 상황에서는 그 어떤 가능성도 보기 힘들기 때문이다. 때문에 우울증에서 벗어나려면 함께 협력해서 대화할 동료가 있으면 좋다. 이때 신뢰할 수 있고 친밀감을 느낄 수 있는 사람, 그리고 항상 용기를 북돋아줄 수 있는 사람을 주변인 가운데서 선택하는 것이 중요하다.

억지로라도 몸을 움직여라

피곤하고 지쳤을 때 쉬는 건 당연하다. 하지만 그 피곤함이 우울증 때문이라면 더 많이 몸을 움직여야 바람직하다. 피곤하다고 해서 몸을 눕히고 쉰다면, 더 깊은 우울증과 더 심한 피곤함에 시달리게 될 테니까. 이 경우 몸을 움직이려면 무슨 일이라도 해야 한다. 즉 침대에 누워 있기보다는 식탁 의자에 앉아 있는 편이 낫고, 잠옷을 입고 집 안을 돌아다니기보다는 우선 평상복으로 갈아입는 편이 낫다. 가장 좋은 것은 일상에서 통제력과 만족감을 얻을 수 있는 작은 목표를 설정하는 것이다. 이 방법으로 만족할 만한 결과를 얻었다면, 당신은 이미 우울증과의 싸움에서 반은 성공했다고 봐도 좋다. 다음은 우울증에서 벗어나려고 노력했던 한 여인의 경험담이다.

가장 어려웠던 점을 들라면 그건 바로 아침에 눈을 뜨고 자리에서 일어나는 일이었다. 침대를 벗어나서 해야 할 일을 생각만 해도 힘이 들어 계속 침대에 누워만 있고 싶었다. 나는 새벽녘에 눈을 떠서 자리에 누운 채 자명종이 울릴 때까지 멀뚱멀뚱 천장만 바라보았다. 자명종이 울리는 순간, 나는 서로 다른 갈림길에서 선택을 해야만 했다. 자리에서 일어나느냐 그렇지 않으면 침대에 누워 천장을 바라보는 일을 계속 하느냐 선택해야 했던 것이다. 나는 그 순간 자리를 박차고 일어나야 한다는 것을 잘 알았다. 하지만 일단 침대에서 벗어나면 나를 기다리는 조그만 일상의 의무들과 부딪혀야 한다는 생각은 나를 계속 침대에 잡아두려고만 했다. 몸을 움직여 화장실로 가는 일, 아침 식사를 준비하는 일, 식사를 하는 일, 옷을 갈아입는 일, 도시락을 싸는 일, 직장에 가는 일.

하지만 침대에서 몸을 일으키는 것을 생각만 해도 내게는 이보다 더 힘든 일이 없을 정도로 어렵게만 느껴진다. 그렇긴 하나, 내가 가장 두려워하는 것은 침대에 계속 몸을 누이고 있는 것이라 고백해야겠다. 만약 오늘 침대에서 일어나지 않고 누워 지낸다면 내일은 어떻게 될까? 그리고 그 다음날은? 어쨌든 침대에 누워 있는 일은 시간이 갈수록 내게 더 무겁고 불쾌한 기분만 들게 할 뿐이다. 내 우울증은 몸을 움직이지 않을 경우 더 통제하기 어렵다. 따라서 침대에서 일어나지 않고 누워 지내는 날은 우울증이 더 커지고 더 깊어지는 것을 느낄 수 있다. 때문에 나는 어쨌거나 아침이면 자리에서 일어나려고 힘겨운 노력을 해야만 한다.

일단 자리에서 일어나면, 몸을 움직이기 위해 조그만 계획을 세워야만 한다. 그 중 한 가지는 오늘 일은 오늘 생각하며, 내일 일은 내일이 오면 생각한다는 것이다. 오늘 하루만 잘 지내면 된다고 나는 매일 아침 나 자신에게 말하곤 한다. 만약 이것조차 힘겹게 느껴지면, 나는 지나왔던 날들을 상기한다. 아침에 침대에서 일어나는 일은 오늘 하루만 해야 할 일이 아니기 때문이다. 사실, 나는 이전에 지금보다 더 힘든 일도 경험했다. 따라서 오늘 당장 힘든 것을 이겨내는 것은 적어도 불가능한 일은 아니다. 하지만 비록 생각은 긍정적으로 해도 몸까지 긍정적으로 움직이는 것은 그리 쉬운 일이 아니다. 때문에 가끔은 나 자신을 신뢰할 수 없을 때가 있다. 하지만 나는 적어도 몸을 조금씩 움직여보려고 노력한다.

또 다른 방법은 잘 알려진 코끼리 유머를 생각하는 일이다. 즉 "코끼리를 어떻게 먹는가?"라는 질문에 대한 답은 바로 포크와 나이프를 사용해서 먹는다는 것이다. 이렇듯 오늘 내가 해야 할 모든 일을 간단하게 하나하나 생각해서 머릿속으로 정리하는 방법은 많은 경우 큰 도움이 된다. 이때 일상의 의무를 한데 뭉뚱그려 한꺼번에 처리하려고 시도하는 것은 매우 부정적으로 작용할 뿐이다. 이러한 일상의 조그만 일들을 처리하는 것조차 힘이 들 때마다 나는 나 자신에게 이렇게 말한다. 마치 나 자신이 작은 어린아이인 양 아주 조심스럽게 어깨를 쓰다듬으며 조용히, "집은 하루 만에 지을 수 없다. 목적지까지 몇만 마일이 걸리더라도 처음 한 걸음을 내딛지 않으면 그 여행은 시작되지 않는다"라고……

우울증으로 가려진 하루하루를 무사히 넘기는 방법은 그날의 계획을 전날 미리 세우는 것이라 할 수 있다. 아침에 침대에서 일어난다 할지라도, 완전히 깨어서 정상적인 생활을 하려면 많은 시간이 필요하다. 제정신이 든다는 생각이 들 때는 이미 저녁일 때가 거의 대부분이다. 잠자리에 들기 전 가장 마지막으로 내가 하는 일은 다음날 할 일의 목록을 작성하는 것이다. 나는 그 메모를 손가방에 넣어두고 잔다. 다음날 아침이 되어 직장으로 가는 길에 나는 손가방에서 메모를 꺼내어 내가 한 일을 하나하나 점검하고, 목록 가운데서 미처 하지 못한 일들은 다음날로 미루어둔다. 언젠가는 할 수 있는 일이기 때문이다. 이때 주의할 점은 나의 기억력을 전적으로 신뢰하면 안 된다는 것이다. 특히나 우울증이 점점 깊어질 시기면 더더욱 자신의 기억력을 신뢰해서는 안 된다. 경험상 이러한 메모 작성은 저녁 무렵에 하는 것이 좋다. 메모를 하지 않은 다음날 저녁이 되어 그날을 되돌아보면, 종종 내가 제대로 한 일이 하나도 없다는 느낌을 받을 때가 많다. 따라서 하루 중 할 일을 하나하나 세세하게 미리 적어놓고 이에 따라 생활하는 것은 매우 중요하다. 그러한 날이면 하루가 끝날 무렵 적어도 그날 무엇을 했는지 구체적으로 볼 수 있기 때문이다.

또 다른 중요한 점은 몸을 움직이는 것이다. 일을 적게 하고 몸을 덜 움직일수록 더 피곤해진다. 다시 말해서 몸을 바쁘게 움직이면 움직일수록 우울증에서 쉽게 벗어날 수 있다. 나는 내가 해야 할 일을 세분화해서 적어둔다. 그러면 나중에 했던 일을 점검할 때 더 많은 성취감을 느낄 수 있기 때문이다. 해야 할 일을 하루 중에 몰아놓지 않는 것도 중요하다. 가장 중요한 점은 해야 할 일이 없는 시간, 즉 쉬는 시간을 너무 오래 잡지 않는 것이다.

나는 종종 필요치 않는 일도 만들어서 할 때가 있다. 그것은 어떤 방법으로라도 몸을 움직이기 위해서다. 그러한 일들은 의미 없고 중요치 않은 일이 대부분이다. 예를 들어 도서관에서 책을 대여한다고 치자. 그러면 그 책은 읽어야만 하고 또 읽지 않는다 해도 어쨌든 시간이 되면 다시 도서관에 가져다주어야 한다. 꽃을 사면 매일 물을 주어야 하고, 필름을 사면 사진을 찍어야 하고 현상을 해야 한다. 이러한 일들은 무의미하게 여겨질 때가 많다. 하지만 나는 포기하지 않고 계속 해나간다. 이렇듯 몸을 움직이다 보면, 내 삶이 정상적인 것이라 느껴지며 이러한 느낌은 내게 무언가 생각할 이유와 타인과 대화를 가능하게 하는 바탕으로 작용한다. 그러다 보면 내게도 미래가 있다는 확신을 가지게 된다.

우울증과 관련된 가장 일반적이면서도 중요한 연구 결과, 개인의 수동적인 태도는 우울증을 가중시키는 원인이 되며, 몸을 많이 움직이면 움직일수록 우울증에서 더욱 쉽게 벗어날 수 있는 것으로 나타났다. 이 장에서 예를 든 여러 상황과 조언은 얼른 보기에 아주 간단하게 보일 수도 있고, 때에 따라서는 무의미하게 느껴질 수도 있다. 하지만 여러 연구와 조사에서 나타났듯이 이렇듯 간단하게 보이는 여러 조언과 방법을 절대 과소평가할 수 없다. 그렇다면 왜 몸을 움직이는 활동성이 우울증에 시달리는 사람들에게 절대적으로 요구되는 걸까? 다음은 이 질문에 대한 답이라 할 만한 사항들이다.

● 몸을 움직이면 피곤함을 적게 느끼게 된다. 일반적으로 피곤함을 느낄 경우 쉬는 것이 정상이다. 하지만 우울증에 빠져든 사람

들에게 피곤함은 완전히 다른 의미를 지닌다. 특히, 해야 할 일들을 하지 않고 그냥 놓아두면 그것을 생각만 해도 피곤해지는 경우가 자주 있다. 만약 우울증 때문에 피곤함을 느낀다면 그것은 쉬라는 신호가 아니라 더 많이 몸을 움직이라는 신호로 이해해야 한다.

- 몸을 움직이다 보면 피곤하고 심지어는 고통스럽기까지 한 감정에서 벗어날 수 있다. 아프고 슬픈 생각을 적게 할 수 있으며, 짧은 순간이긴 하지만 적어도 무거운 느낌에서 벗어날 수 있다.

- 활동성은 일상에 큰 의미를 부여한다. 우울증에 시달리는 사람들은 아무 일도 하고 싶지 않다는 생각을 자주 한다. 하지만 일을 많이 하면 할수록 몸을 더 많이 움직이고 싶다는 생각을 하게 된다.

- 몸을 움직이다 보면 우울증에 대한 생각을 하지 않게 된다. 또한 외롭고 절망적인 느낌에서도 쉽게 벗어날 수 있다. 이러한 리듬을 가지면, 유동적이고 창의적인 사고도 할 수 있다. 문제를 해결할 수 있는 가능성이 더 쉽게 보이는 것은 물론이다.

어떤 일을 하고 싶어 할 때 몸을 움직이는 것이 쉽게 느껴지는 것을 알 수 있다. 예를 들어 어떤 영화를 보고 싶을 때 우리는 몸을 움직여서 극장으로 간다. 또 어떤 사람을 만나는 것이 즐겁게 느껴질 때 몸을 움직여서 그 사람을 만나러 간다. 만약 우울증에 시달릴 때, 어떤 일을 하거나 어떤 사람을 만날 생각이 있다면, 이 경우 어느 정도 시간이 필요할까? 물론 이 질문에 대한 대답이 긍정적일 가능성은 희박하다. 우울한 기분일 때 무언가를 하고 싶어질 때까지 기다리려면 그 시간은 무척이나 길어질 것이다. 우울증에 시달리는 사람들은 무언가를 하고 싶다거나, 무언가를 해도 되는가 미리 생각하는 일을 멈추고, 지금 당장 몸을 움직이는 것이 중요하다. 기분이 좋아지는가 나빠지는가를 판단하는 것은 일단 몸을 움직이고 난 후 해도 늦지 않다.

메모장을 활용하라

우울증에 시달리는 사람들은 자신이 몸을 적게 움직이며, 하는 일이 거의 없다고 자책하는 일이 많다. 그들은 무슨 일을 하든 만족할 만큼 잘해내지 못한다고 생각하며 따라서 어떤 일에 기대감을 갖는 일도 드물다. 바로 이러한 느낌 자체가 우울증에 빠져드는 증거라고 할 수 있다. 우울증이라는 것은 활동력과 삶에 대한 애착과는 정반대의 것이다. 즉 우울증은 삶에 대한 애착과 기대감을 가지는 능력을 잃어버리는 것이라고도 할 수 있다.

때문에 우울증에 빠져드는 사람들은 타인과 함께하는 활동에 참가하기를 꺼린다. 이것은 궁극적으로 악순환을 가져온다. 이러한 추진력과 활동력 부족은 무기력함과 우울한 기분으로 이어진다. 또한 기분이 우울하면 우울할수록 몸을 움직이기 귀찮아지는 것도 당연하다.

많은 이들이 일상의 조그마한 의무들조차 수행해내기 힘겹다고 과장하거나, 자신의 수행력을 과소평가한다. 이것은 일단의 사회생활에 참가하지 않는 자신의 비활동성에 대한 핑계로 사용되며, 또 사회생활에 참가한다 해도 조금만 힘든 일이 있으면 금방 포기하고 마는 이유로 사용된다. 이들의 가장 전형적인 모습은 언제나 자신이 한 일에 만족하지 못한다는 것이다. 자신의 능력을 과소평가하는 일도 자주 있다.

이 장에서는 우울증과 관련해서 어떤 방법으로 일일 메모장을 활용할 것인지 말하고자 한다. 요점은 앞서도 말했듯이 메모장에 다음날 할 일을 세분화해서 적는 것이다. 여기서 두 가지 단계를 살펴볼 수 있다. 첫 번째 단계는 그날 자신이 했던 일을 매일 메모장에 적어놓는 것이다. 두 번째 단계는 다음날 자신이 할 일을 세분화하거나 목록화해서 메모장에 기록하는 것이다. 자신이 했던 일을 일기 형식으로 기록하는 일을 먼저 시작하는 것은 장점이 많다. 하지만 어떤 사람들은 이 단계를 생략하고 다음날 해야 할 일을 기록하는 일을 바로 시작하기도 한다.

메모장 활용법

메모장을 활용하는 방법은 먼저 매일 자신이 했던 일들을 요점만 간단하게 적는 것이라 할 수 있다. 즉 각기 다른 시간대에 한 일들을 하나하나 적어나가는 것이다. 대부분 한 시간 단위로 시간대를 정하고 그 시간에 자신이 무엇을 했는지 또는 메모를 하는 바로 그 시간에 무엇을 했는지 기록하면 된다. 예를 들어 TV를 시청한다든지, 소파에 누워 있다든지 하는 일들을 적어나가는 것이다. 또한 누군가와 전화 통화를 했던 일, 커피를 마셨던 일, 신문을 읽었던 일, 아이를 유치원에 데려다 주었던 일, 빨래를 한 일, 저녁 식사를 준비한 일, 세차를 한 일, 회의에 참석했던 일, 또는 친구와 만난 일 등을 간단하게 요점만 기록하면 된다.

메모장 왼쪽 편에는 7~8시, 8~9시 등으로 시간대를 차례로 적고, 이에 상응하는 오른쪽에는 그 시간대에 자신이 했던 일들을 기록한다. 예를 들어 목욕을 했다든지 산책을 한 일, 책을 읽었던 일 또는 이웃을 방문했던 일은 물론 직장이나 학교에서 행했던 각기 다른 그날의 활동 상황을 시간대별로 적어나간다.

이렇게 기록을 해나감으로써 매일 각기 다른 시간대를 어떻게 활용했는지 한눈에 볼 수 있다. 물론 전체적인 기록 양상을 보면 그날 자신의 활동력 수준과 기분이 어떻게 변했는지도 알 수 있으며, 언제 어느 시간대에 우울증이 가장 심하게 작용했는지도 볼 수 있다. 반대로 어떤 일을 했을 때 우울증이 가장 약하게 작용했는지도 볼 수 있다. 예를 들어 이웃을 방문했을 때라든지 집안일을 했을 때, 또는 정원 일을 했을 때는 아무 일도 하지 않았을 때보다 상대적으로 기분이 좋아졌던 것을 알 수 있다.

이렇게 메모장에 각기 다른 시간대의 활동 상황을 기록하면서 그 옆에 자신이 어느 정도로 우울했는지 수치를 기록하는 것도 큰 도움이 된다. 예를 들어 조금도 우울하지 않을 때를 0, 극도로 우울했을 때를 10으로 기록하면 된다. 이러한 일을 일주일 정도 계속한 후 지난 메모를 되살펴보면, 자신의 우울증과 관련된 많은 질문에 해답을 얻을 수 있다. 또한 하루 동안 자신의 우울증이 어떤 굴곡을 지니며 변화하는지 전체적인 모습을 보는 것도 가능하다. 우울증에 빠져들면 무슨 일을 하든 항상 우울할 수밖에 없는가? 만약 우울증이 일상에 영향을 준다면, 이 영향의 중심적 요소는 무엇이라 할 수 있는가? 어떤 특정인과 함께 시간을 보냈을 때 기분이 가벼워졌다면 그 이유는 무엇인가? 하루 중 우울함을 느끼는 특정한 시간대가 있는가? 또는 일주일 중에 눈에 띌 정도로 큰 기분의 차이가 있다면 그날은 무슨 날이며, 또 그 이유는 무엇인가? 항상 기분 저하를 가져오는 특정한 활동이 있는가? 만약 어떤 특정한 활동이 기분을 가볍게 만들어준다면 그것을 우울증의 반작용적인 요소로 간주하는 것이 가능한가?

메모장의 기록은 하루의 활동에 대해 긍정적인 것과 부정적인 것을 쉽게 구별해서 생각하도록 도와준다. 이러한 메모장의 기록을 반드시 해야 할 의무로 규정하고 매일 행하다 보면, 시간이 지남에 따라 이러한 행위가 성취감과 만족감을 주는 행위 가운데 하나로 여겨지는 것도 얼마든지 가능하다. 따라서 자신의 활동력을 가늠하고 또 다음날 계획을 세우는 일과 관련해 이러한 메모장 활용은 아주 중요하다.

메모장에 기록하는 일은 몸을 움직이고 활동력을 증가시키는 데 중요한 역할을 한다. 부정적인 사고에서 벗어나게 도와주고 일상의 의무와 가능성과 관련된 용기를 북돋아주는 역할을 함은 물론이다. 하지만 깊은 우울증에 시달리는 사람들에게는 이러한 작은 기록조차 힘겹게 느껴질 수도 있다. 그럴 경우, 전문가의 조언과 도움을 받는 일은 필수적이다.

다음은 아스트리의 메모장에서 발췌한 것이다.

어떤 이들은 하루 중 해야 할 일이 적지 않다. 잠시도 쉴 틈 없이 몸을 움직여 해야 할 일이 눈앞에 산재해 있다. 이들은 하루가 조금만 더 길었으면 하고 바랄 때가 많다. 그리하여 잠시라도 자리에 앉아 쉴 수 있었으면 하고 바라는 것이다. 메모장을 활용하는 일은 이렇듯 바쁘게 살아가는 사람들에게도 필수다. 즉 자신이 했던 일, 또는 해야 할 일을 살펴보고 무엇을 어떻게 함으로써 자신의 하루를 긍정적인 방향으로 바꿀 수 있는지 생각해볼 수 있다. 각기 다른 시간대에 자신이 했던 일, 또는 해야 할 일들이 모두 의무적이며 필요한 일인가? 도움을 받을 사람이 필요하지는 않은가? 서로 다른 일들 가운데 더 긍정적이면서도 동시에 신체적·정신적으로 안정을 취할 수 있는 일은 없는가?

우울증에 시달리는 사람들은 어떤 특정한 일을 하지 않거나, 또는 어떤 특정한 일을 한다 해도 그 값어치를 인정받지 못한다고 느끼는 경우가 많다. 어떤 사람들은 자신을 위한 시간을 만들지 못하는 데 자괴감을 느끼기도 한다. 이러한 사람들은 다음과 같이 말하곤 한다.

- 나는 어릴 때부터 나 자신을 위해 시간을 할애하면 이기적인 사람이 된다고 배워왔다.

- 나는 항상 타인을 먼저 보살피고 의무적인 일들을 다 해놓은 다음에야 나를 위한 긍정적인 일에 시간을 할애한다.
- 나는 직장여성과 가정주부, 그리고 아이들의 엄마와 한 남자의 아내로 산다. 이러한 삶에서 어떻게 나 자신을 위한 시간을 만들어낼 수 있단 말인가?
- 연로하신 부모님을 보살펴드릴 사람은 나밖에 없다. 이러한 상황에서 나만을 위한 일에 시간을 할애한다는 건 정신 나간 일이 아닐까?

이 예를 보면 적지 않은 사람들이 여러 가지 이유로 필요치 않은 정신적 압박감을 느낀다는 것을 알 수 있다. 이들의 말에서 한 가지 공통점을 발견할 수 있는데 바로 이들이 내세우는 이유가 매우 일반적이며 변화의 여지를 조금도 찾아볼 수 없다는 것이다. 그렇긴 하지만 바쁜 와중에도 짧은 시간을 이용해 안정과 휴식을 취하고 자신을 위해 긍정적인 일을 하는 건 얼마든지 가능하다. 삶이 바쁘면 바쁠수록, 그리고 의무적 일이 많으면 많을수록 잠시나마 앉아 휴식을 취하고 숨을 고를 순간이 필요하다.

하루 일과와 다음날 계획 기록

메모장은 하루 일과와 다음날 계획을 기록하는 용도로 사용한다. 우울증에 시달리는 사람들 가운데 많은 이들이 특히 잠을 깬 직후와 오전 중에 무거운 기분을 느끼는 것으로 나타났다. 그들은 그날 하루를 어떻게 시작할지, 그날 할 일은 무엇인지 미리 정해놓음으로써 비교적 가벼운 느낌을 가지게 된다. 어떤 이들은 특히 주말에 공허감과 지루함을 느낀다. 이들에게는 더더욱 주말 계획을 세우는 일이 중요하다.

어떤 사람들은 특히 저녁 시간대에 무거운 기분을 느끼는 것으로 나타났다. 학교나 직장에서 집으로 돌아와 저녁 식사를 하고 나면 나머지 시간은 텅 빈 것처럼 느껴지기 마련이다. 이때 부정적인 사고가 조금씩 자라면서 우울증이 다시 고개를 든다. 이렇듯 비어 있는 시간을 채우는 행위를 미리 계획해놓으면 우울증을 막을 수 있다. 예를 들어 운동을 하러 간다거나, 이웃이나 친구를 방문하고, 산책을 하거나 영화나 책을 빌려보는 것으로 시간을 채우면 큰 도움이 된다. 우울증에 시달리면서도 몇 주간 지속되는 문화 교실에 나가 수업을 듣는 일에 큰 기대감을 가진 이들을 주위에서 자주 볼 수 있다. 이러한 사회적 활동에 참여하는 것을 일종의 의무로 생각하고, 미리 수업료를 내놓으면 개인의 활동성에 중요한 동기를 부여할 수 있다.

하루의 계획을 미리 세워놓는 것은 더 많은 활동을 하도록 추진력을 제공하며, 일상을 체계적으로 만드는 구심력이 된다. 타인과의 만남을 하루 계획에 포함시키는 것은 아주 중요하다.

활용 팁

다음날 계획을 메모장에 기록할 때는 될 수 있는 대로 간략하게 적는 것이 좋다. 한두 마디 단어로 축약해서 기록할 수 있으면 더 좋다. 초기에는 그다지 많은 계획을 기록하는 일을 피한다. 중요한 것은 일단 기록된 사항을 행하고 성취하는 것이기 때문이다. 그렇긴 하지만 메모장에 기록된 일을 모두 해야 한다는 강박관념을 가지는 것은 좋지 않다. 메모장은 단지 다음날의 활동 방향과 추진력에 도움을 주는 요소로 활용해야 하며, 의무적인 요구로 생각하면 좋지 않다. 메모장의 기록은 하루를 보내는 데 자극과 동기력을 부여하는 것에 불과하며 절대 자책감의 원인이 되어서는 안 된다. 메모장을 사용하는 가장 중요한 목적은 자신의 하루를 평가하고 심판하는 것이라기보다는, 자신의 생활 영역과 그 활동을 주시하고 연구하는 것이 되어야 한다.

메모장에 기록해놓은 다음날의 계획을 모두 행한다는 것은 무척이나 어려운 일임에 틀림없다. 이 사실을 항상 인지해야 한다. 즉 메모장의 목적이 기록된 사항을 모두 행하는 것이 아님을 유념한다. 그리고 무슨 일이 있어도 스스로를 비판하는 일은 피해야 한다. 자기비판적 성향이 머리를 들면 그것은 더 깊은 우울증을 유발할 수 있기 때문이다. 우리가 완벽한 통제력을 행사하지 못하는 일들은 주변에서 얼마든지 찾아볼 수 있다. 하루 중 기대치 않았던 이웃의 방문을 받을 수도 있고, 갑작스럽게 비가 내려 외출을 포기해야 하는 일도 생길 수 있다. 이렇듯 우리 스스로가 깊이 우울해질 수 있고, 또 언제든지 피곤해질 수 있다는 사실을 과소평가해서는 안 된다.

메모장에 기록하는 일은 자신의 우울증 정도와 관련하여 현실성을 지녀야 한다. 심한 우울증에 시달리고 있다면, 계획했던 일들의 아주 일부분만 행하게 된다. 따라서 중요한 점은 큰 기대감이나 의욕을 지니지 않는 것이다. 더군다나 초기에는 아주 적은 계획만을 조심스럽게 기록하고 행해야 한다. 메모장에 다음날 계획을 기록하고 이를 행하는 일은 단계적으로 늘려야 한다. 이렇게 함으로써 또 다른 형태의 기분 저하와 우울증을 피할 수 있다. 또한 여기서 관심을 가져야 하는 것은, 기록된 계획을 행하느냐 행하지 않느냐는 것이지 그 계획을 어떻게 실행하느냐 하는 것은 아니다. 기록된 계획을 어느 정도로 실행했는지, 또는 그 결과에 어느 정도로 만족하는지 단정하지 않는 것이 중요하다. 그리고 자기비판적인 생각은 완전히 없애야 한다. 즉 계획에 따라 행했던 몇 가지 일들에 긍정적인 생각을 하는 것이 가장 중요하다.

목표는 세분화해서 간단하게

메모장에는 매일의 크고 작은 계획이 기록되어 있다. 예를 들어 침실을 정리하고 장을 보고, 학부모 회의에 참석하거나 영화 관람을 하는 등의 일이 바로 그것이다. 이러한 일들은 우울증에 시달리는 사람들이 힘겹게 느끼는 것이기도 하다. 이럴 경우, 해야 할 일들을 더 작은 범위로 좁히거나 더 자세하게 기록해야 한다. 만약 부엌을 정리하는 일이 어렵게 느껴진다면, 우선 부엌 선반부터 정리하는 것으로 목표를 정하는 것이 좋다.

이렇듯 다음날 계획을 기록할 때는 세분화하고 자세한 일로 나누어 자신이 현실적으로 행할 수 있는 조그만 일부터 기록하는 것이 좋다. 그렇다면 앞으로의 발전 가능성은 충분하다. 만약 저녁 식사 준비를 계획으로 잡아놓았다면, 우선 계란 삶기를 목표로 정한다. 여기서 딜레마라고 한다면, 우울증에 시달리는 많은 사람들이 자신의 상황을 돌아보지도 않은 채 현실적으로 쉽게 행하기에 어려운 목표를 정한다는 것이다. 많은 사람들이 계획을 세분화하고 조그만 목표를 정하는 것을 수치스럽게 여긴다. 또 어떤 사람들은 행위의 과정이나 결과의 수준과 질에 필요 이상 큰 관심을 가지기도 한다. 이런 사람들은 계획했던 일들을 해내긴 하지만, 항상 자신이 우울증에 빠져들기 전에는 같은 일을 훨씬 잘해냈다고 믿기 때문에 현재의 자신과 주변 상황에 만족하지 못한다.

비록 작고 간단한 목표를 정했다고는 하나, 이러한 것들은 우울증에서 벗어나기 위한 노력의 일환으로 보았을 때 아주 큰 의미를 지닌다. 어쩌면 하루 중 계획했던 작고 간단한 목표들을 살펴보았을 때, 자신을 제외한 타인들은 이러한 일들을 아주 손쉽게 해결할 수 있으리라 생각할 수도 있다. 그럴 경우 중요한 점은 비록 간단한 일이라도 그 일을 해냈다는 성취감을 느끼는 것이다. 다음은 이에 대한 한 예다.

크놋은 우울증 진단을 받고 직장에서 오랜 휴가를 받았다. 그를 가장 괴롭히는 것은 바로 활동성 부재였다. 그는 일상의 조그만 일도 해낼 수가 없었다. 언제나 피곤함을 호소했고 힘이 없었으며 무기력하다고 느꼈다. 그는 문제점으로 등장한 이러한 기분에 손을 쓰는 것이 불가능하다고 생각해왔다. 그래서 그는 우선 메모장에 다음날 해야 할 일을 하나하나 기록함으로써 자신의 일상을 객관적인 시각으로 바라보려고 시도했다. 그리하여 차츰차츰 계획의 수를 늘리는 것도 생각해보게 되었다. 그는 우선 자신이 지난 한 주 동안 했던 일을 메모장에 기록했다. 이렇게 함으로써 그는 필요한 정보를 모을 수 있었다. 다음주가 되었을 때, 그는 매일 저녁 자리에 앉아 다음날 해야 할 일을 기록하기 시작했다. 그의 메모장에는 각 시간대별로 해야 할 일들이 간략히 적혀 있었다. 하루가 시작되는 아침 무렵에는 침대에서 일어나기, 세수하기, 옷 갈아입기, 커피 마시기, 신문 읽기 등이 목표로 정해졌다. 그는 또한 집 밖에서 해야 할 서로 다른 일들도 기록해두었다.

크눗은 자신의 능력과 가능성을 과소평가하는 경향이 있었다. 때문에 그는 다음날 계획을 기록할 때, 그 일을 완수해낼 가능성도 0(완전히 불가능함)부터 10(가능함)까지로 구분해서 함께 기록했다. 이렇게 함으로써, 그는 언제 자신에 대해 현실적 시각을 가지고 있었으며 또 언제 부정적 태도를 가지고 있었는지 살펴볼 수 있었다.

성취감을 기록하라

우울증에 시달리는 많은 사람들이 과거에 성취감과 만족감을 가져다 주었던 간단한 행위를 피하려 한다. 이러한 일들은 긍정적인 일상의 목표로 재사용할 수 있다. 자신의 하루가 비어 있고 공허하다고 느끼는 사람들은 삶에서 즐거움을 느끼는 것도 어렵다.

우울증에서 벗어나기 위한 노력의 일환으로 중요하게 생각해야 할 점은 일상에서 비록 짧은 시간이긴 하나 좋은 기분을 느끼도록 노력해야 한다는 것이다. 여기서 핵심적으로 보아야 할 점은, 자신에게 성취감과 만족감을 줄 수 있는 일들을 다음날 계획에 포함시키는 것이다. 이렇게 함으로써, 부정적 태도가 부정적 결과를 몰고 오는 악순환을 피할 수 있다. 즉 몸을 움직여 더 많은 일을 함으로써 불안감과 우울한 기분을 더 적게 느끼는 것이다. 이것은 어느 정도로 많은 일을 했느냐와 관련된 사항은 절대 아니다. 비록 간단한 일이라 해도 성취감과 만족감을 가져다주는 일을 어떻게 행했느냐가 중요하다.

어떤 사람들은 자신이 긍정적인 느낌을 가질 만한 가치가 없다고 생각하기도 한다. 또 어떤 사람들은 자신이 무슨 일을 해도 그것이 가치 없는 일에 불과하다고 생각하기 때문에 모든 일이 의무적이고 불쾌하게만 여겨질 뿐이다. 이러한 사람들은 과거에 만족감을 가질 수 있었던 간단한 일들을 하루 중에도 몇 번씩 되풀이함으로써 다시 성취감과 만족감을 갖도록 시도한다. 이러한 행위의 목표는 바로 행위 과정과 그 결과적 작용으로 자신의 기분이 어떻게 변하는지 살펴 보는 것이라 할 수 있다.

메모장을 통해 자신의 성취감과 만족감을 기록하는 것도 권장할 만한 일이다. 성취감은 어떤 일을 해낼 수 있는 자신의 가능성을 경험 하는 것이다. 이때 행위 자체가 만족스러워야만 하는 것은 아니다. 일 단 그 일을 해냈을 때 좋은 기분을 가질 수 있다면 그것으로 족하다. 즉 어떤 일을 해냈다는 것 자체만으로도 충분하며, 그 일의 크기나 어 려움의 정도는 조금도 중요치 않다. 설거지를 한다거나, 잔디를 깎는 일, 책상을 정리하는 일, 편지를 쓰는 일 등을 이런 일의 예로 들 수 있다. 이러한 일들을 함으로써 느끼는 성취감이 어느 정도인지 객관 적으로 살펴보려면, 0(비성취감)부터 10(성취감)까지의 숫자로 기록 한다. 예를 들어 13시부터 13시 30분 사이에 세차를 하겠다고 계획 을 세운 후 그 일을 하고 나서 옆에 6이라는 숫자를 썼다고 하자. 그 랬을 때 세차를 하고 난 후 꽤 만족감을 느꼈다고 해석할 수 있다.

세차처럼 일상의 많은 일들이 우울증과는 관계없이 지루하고 귀찮게 여겨질 수 있다. 이것은 무의식 중에 존재하는 부정적인 사고가 긍정적인 경험을 하도록 시도하는 뇌의 작용을 막아버리기 때문에 일어나는 일이다. 이전에는 집안일을 하면서 만족감과 성취감을 느꼈던 여인이 지금은 과거와 비교했을 때 집안일을 극도로 귀찮아하고 느리게 몸을 움직이는 상황을 그 예로 들 수 있다.

만약 당신이 과거에 어떤 특정한 일을 좋아했다면, 그 일을 메모장에 계획의 일부로 기록해보자. 이러한 일에는 어떤 것이 있을까? 이는 물론 개인마다 다르다.

다음은 사람들에게 만족감을 주는 일상적 행위들의 예다.

옷이나 집안 소품 등을 새로 사기, 이웃 방문, TV 시청, 산책, 기차 여행, 바느질이나 뜨개질, 축구 경기, 음악 감상, 독서, 수영, 영화 관람, 미장원에서 머리 다듬기, 벼룩시장 둘러보기, 맛있는 음식 만들기, 정원 가꾸기, 극장 가기, 외식, 박물관 둘러보기, 음악회에 가기, 운동, 친구에게 전화하기, 카페에서 커피 마시기, 카드 게임 , 캠핑, 낱말 퍼즐 풀기, 성당이나 교회에 가기, 목욕, 애완동물과 함께 시간 보내기, 합창단에서 노래하기, 술 마시기, 춤추기, 가까운 이와 흥미로운 대화 나누기, 밤하늘의 별 바라보기, 군것질, 아이들과 함께 시간 보내기, 운전, 정치에 대한 대화, 취미생활, 담배 피우기, 손님 초대, 좋아하는 이와 함께 시간 보내기, 도서관 가기, 심부름, 신문 읽기, 마사지 받기, 몽상, 목욕, 가족과 함께 시간 보내기, 낚시, 누군가에게 조언해주기, 사진 찍기, 강의, 모아놓은 영수증 살펴보기, 라디오 듣기, 농담하기,

스키, 인터넷, 컴퓨터 게임, 머리 감기, 꽃향기 맡기, 배 타기, 일광욕, 그림 그리기, 면도, 오래된 가구 닦기, 회의 참석, 나무열매 따기, 당구 치기 등

우울증에 시달린 지 꽤 오랜 시간이 지났다면 과거에 만족감을 주 었던 이러한 일상의 조그만 일들을 수행하는 것도 무척이나 힘겹게 느껴질 것이다. 그렇다면 메모장에 성취감과 만족감의 정도를 수치 로 표현할 때 0이나 1 정도로 기록하면 된다. 여기서 기본적으로 중 요한 점은 자신의 현재 기분을 솔직하게 기록하는 것이다. 즉 현재 우울증에 시달린다면 계획했던 일들을 수행한 후의 만족감은 어느 정도인지 객관적으로 살펴보는 일이 필요하다.

계획했던 일을 수행할 당시 느끼는 만족감의 정도와 그 일을 수행 하고 나서 느끼는 만족감의 정도를 구별하는 일은 중요하다. 많은 사 람들이 자신이 느꼈던 만족감을 이야기할 때, 그 만족감이 오래 지속 되지 않는다고 말한다. 즉 일단 만족감을 느꼈다 할지라도 몇 분만 지나면 다시 우울해진다고 했다. 이런 경우 그 일을 할 당시 자신의 기분을 기록하는 것이 중요하며, 수행 후의 기분은 잊어버리라고 조 언하고 싶다.

어쨌든 성취감을 수치로 표현할 때는 일을 수행한 후의 기분보다 는, 그 일을 할 당시의 또는 적어도 일을 해낸 직후의 기분을 기록하 는 것이 좋다. 만약 시간이 오래 지나 저녁 무렵이 되었다면, 이미 우 울증이 긍정적인 기분과 기억을 없애버린 후이기 때문에 기록의 의 미가 사라지게 된다. 우울증과 관련되었을 때, 기억이란 건 시간이

지나면 지날수록 어둡고 무거워지기 마련이다. 따라서 지난일을 기억할 때는 오직 지루하고 피곤한 느낌만이 남게 된다. 예를 들어 어떤 일을 하고 나서 시간이 지나 그 일을 다시 상기했을 때의 만족감을 5로 기록한다면, 그 일을 할 당시의 만족감은 상당히 높았다고 짐작할 수 있다. 이렇듯, 시간이 지날수록 긍정적인 기분과 만족스러운 느낌은 점점 사라지며, 결국 과거의 일을 상기했을 때는 불쾌감과 불만족감만이 남는다. 즉 우울증은 과거에 경험했던 긍정적인 기분과 느낌을 모두 없애버리는 역할을 한다.

6장 | 어두운 생각과 걱정

걱정거리 자체가 걱정이 된다

난 언제나 걱정이 많은 사람이었다. 유년 시절에는 내 주변에 있는 사람들의 좋은 기분을 유지시킬 책임이 내게 있다고 느끼기도 했다. 그것은 어린아이가 짊어지기에는 무겁고 힘든 일이기도 했다. 나는 지금까지 종종 일어나지도 않은 일을 자주 걱정하곤 했다. 지금도 먼 훗날 나이가 들어 양로원으로 가면 무거운 기분으로 하루하루를 보낼 것이라는 생각을 지울 수가 없다. 가끔은 이렇듯 걱정으로 가득 찬 나날을 보내며 내 삶의 많은 시간을 의미 없이 보냈다는 생각을 하기도 한다.

위 글을 보면서 적지 않은 사람들이 자신도 그런 생각을 한 적이 있다고 느낄 것이다. 이 글을 쓴 사람은 백만 권 이상 팔린 책의 저자인 성공적인 작가 안네-리세 보게(Anne-Lise Boge)다. 오랜 기간 지속되는 걱정은 피곤하고 기분을 무겁게 할 뿐 아니라 여기서 벗어나기도 어렵게 한다. 다음은 한 일간지와의 인터뷰에서 그녀가 밝힌 딜레마다.

의도적으로 걱정을 하는 일은 매우 드물다. 하지만 나의 경우 이런 일이 자주 있다. 내 주변 사람들은 이러한 나의 태도 때문에 날 어떻게 대해야 할지 모르겠다고 호소한다. 사실, 나는 아들과 이 문제에 대해서 몇 년 동안 이야기를 해왔다. 아들은 말한다. "어머니가 피곤함을 느끼는 건 어찌 보면 당연해요. 어머니의 일상을 곁에서 지켜보노라면 마치 역류를 거슬러 올라가려고 있는 힘을 다해 싸우는 연어 같다는 느낌이 들곤 해요. 그저 주변 상황을 있는 그대로 받아들이면 안 되나요?"

나는 아들 말에 틀린 점이 하나도 없다는 것을 잘 안다. 하지만 적지 않은 시간 동안 부정적인 생각의 흐름에 몸을 맡기고 살다 보면 하룻밤 사이에 문제가 저절로 해결되기를 기대하기가 절대 쉽지 않다. 물론 그렇다고 해서 내가 조금도 노력하지 않는 건 아니다. 그렇긴 해도 자식을 키우는 부모 처지에서는 항상 크고 작은 걱정거리가 뒤따르게 마련이다. 나는 항상 내 자식들이 잘되기만을 빈다. 그들이 행복하고 걱정 없이 살기를 바란다. 그러나 모든 일이 내가 바라는 대로 이루어지지는 않는다. 그리고 내가 타인과 똑같이 생각하고 생활하기를 바라는 것도 무리다.

어려움이 닥치면 최선을 다해서 그것을 풀어나가야 한다. 나는 과거에 견디기 힘들 정도의 어려움도 경험해보았다. 그 당시 나는 차가운 이성과 용기를 지니고 있었다. 그리고 주변인의 도움을 받는 것도 그다지 어렵지 않았다. 하지만 지금은 다르다. 현재 나의 내면은 그 당시와 다르지 않다 해도, 어느새 슬그머니 고개를 드는 걱정거리에서 벗어나기는 쉽지 않다.

경험으로 미루어보아 걱정거리가 생겼을 때 이에 대해 함께 이야기할 사람을 찾는 것은 매우 중요하다. 그러한 사람을 찾는 게 행운 덕분이라고 말할 수는 없다. 이를 위해서는 바로 자신의 솔직하고 약한 내면을 주변인에게 있는 그대로 보여줄 용기가 필요하기 때문이다. 가끔 나는 내 주변에 있는 사람들이 그들의 삶을 조금도 걱정하지 않고 산다는 느낌을 받는다. 나는 그런 사람들을 볼 때마다 그들이 스스로에 대해 거짓말을 한다고 생각한다. 나는 적어도 그런 삶을 살고 싶지는 않다. 요점은 삶에 평형을 유지해야 한다는 것이다. 즉 걱정거리가 있다는 것을 인정하되, 그 걱정거리들이 삶의 긍정적인 면을 파괴할 때까지 그대로 놓아두어서는 안 된다.

어떤 걱정거리들은 나름대로 이유가 있다. 걱정을 하는 당사자가 어떤 방법으로든 해결해야 한다. 하지만 우리가 걱정거리의 중심에 있을 때는 문제를 풀어나갈 객관적인 시각과 용기를 잃게 마련이다. 그럴 경우, 자주 걱정거리 자체가 문제가 되어버린다.

다음은 《아프텐포스텐》지와 인터뷰한 심리학자 아스트리 에이즈뵈 린드홀름(Astri Eidsbø Lindholm)의 현명한 조언을 발췌한 것이다.

현실적이고 구체적인 걱정거리와, 자신의 머릿속에서 떠나지 않고 맴도는 비현실적인 걱정거리를 뚜렷이 구별할 줄 알아야 한다. 걱정의 형태에는 두 가지가 있다. 어떤 사람들은 자신이 손을 쓸 수 있든 없든 주변 모든 일을 걱정한다. 어떤 사람들은 그 어떤 일에도 조금도 걱정하지 않는다. 이러한 두 가지 극단적인 태도는 결코 좋다고 볼 수 없다.

어떤 걱정거리들은 결코 나쁘지 않다. 아무 걱정도 하지 않는다면, 현실도피와 다를 것이 없다. 해야 할 걱정도 하지 않는다면, 그것은 당사자가 현실에 안주하지 못한다는 의미라고도 볼 수 있다. 어떤 일을 일단 걱정하기 시작했고, 부정적 결과를 예측해서 끊임없이 걱정만 하고 산다면, 그 당사자는 자신의 삶에 결코 만족할 수 없다. 삶의 질이 떨어지는 것도 당연하다.

걱정을 하는 것은 이미 예측된 부정적 결과에 대한 실망을 완화시켜주고, 그 당사자의 이러한 감정을 보호해주는 역할도 한다. 이 경우, 걱정이라 함은 일종의 준비와도 같은 의미를 지닌다고도 할 수 있다. 하지만 이 세상 어느 누구도 앞날을 미리 알 수는 없다. 우리가 얼마나 살 수 있을지, 또는 언제 사고를 당할지, 가까운 이들에게 언제 무슨 일이 닥칠지 정확히 예측할 수 있는 사람은 아무도 없다. 만약 우리가 앞날을 환하게 안다고 가정한다면, 그것도 별로 나쁘지 않겠지만 반대로 우리 삶에는 아무런 의미가 없어질지도 모른다. 삶의 핵심이라고 한다면 바로 비예측성이라 할 수 있기 때문이다.

항상 주변 일을 걱정하는 태도는 자신의 삶을 통제해보겠다는 일종의 무의식적 시도로도 해석할 수 있다. 하지만 이러한 태도는 당사자의 시간과 에너지를 요구하며 극단적으로 피곤한 심신으로 귀결될 뿐이다.

걱정하는 것도 국민성

어떤 나라의 국민들은 다른 나라의 국민들보다 상대적으로 유난히 걱정을 많이 한다.

2001년 열여덟 살 이상 된 1,054명을 대상으로 한 어느 일간지의 여론조사 결과 13일의 금요일에 사람들은 특히 필요치 않은 걱정을 더 많이 한다고 했다. 응답자 가운데 많은 사람들이 미래에 무슨 일이 일어날지를 가끔 걱정한다고 대답했다. 그들은 자식들의 성장과 앞날의 가능성, 또는 자식들에게 일어날지도 모르는 교통사고와 폭력이 걱정된다고 했다. 또 적지 않은 사람들이 아이들의 마약중독 가능성이 걱정된다고 대답했다. 어떤 사람들은 현재 직장이나 가정에서 경험하는 시간에 대한 강박관념이 문제거리라고 대답했다. 그들은 은퇴를 하고 난 후 미래의 삶이 걱정된다고 했다. 과연 정부에서 보조하는 연금으로 살 수는 있을까? 그들은 또한 자신의 건강에 관해서도 걱정을 했다. 한 가지 흥미로운 점은, 적어도 걱정과 관련하여 행한 이 조사에 참여하고 응답한 사람들 중에서는 자신의 죽음 후에 무슨 일이 일어날지 걱정하는 사람은 드물었다는 것이다.

걱정의 긍정적인 면

우리 주변에는 당연히 수많은 걱정거리들이 산재해 있다. 이번 시험을 잘 치를 수 있을까? 내가 한 제안이 회의에서 받아들여질까? 아이들은 건강한가? 오르는 집값과 이자율에 상응해서 월급도 올라갈까? 가정경제는 언제쯤이면 나아질까? 이러한 일반적인 걱정거리에 더해서, 거의 매일 신문지상에서 폭력과 끔찍한 사고에 대한 기사를 읽게 된다. 이렇듯 주변의 불행을 상기하면서 무의식 중에 개인의 걱정과 불안감은 가중된다. 여기에 더해 가정과 직장에서 직접적으로 겪는 적지 않은 걱정거리들은 우리의 결단력을 요구하기도 한다.

걱정거리들은 마치 갓난아기들과도 같다고 작가 체스터슨(G. K. Chesterson)은 말했다. 즉 보살피고 돌볼수록 성장을 한다는 점에서 걱정거리들을 갓난아기에 비유할 수 있다. 걱정거리가 생겼을 때, 아무 일도 하지 않고 그저 걱정거리만 생각하는 것은 피해야 한다. 그리고 걱정거리는 우울증을 유발하는 원인이 되기도 한다. 심각한 우울증에 시달리는 많은 사람들이 장기적으로 지속되는 걱정거리를 가지고 있다는 사실은 결코 간과할 수 없다.

걱정거리 자체는 결코 위험하지 않다. 사실, 걱정거리 자체만을 놓고 본다면 이는 어떤 면에서 긍정적으로 해석할 수도 있다. 그 이유는 걱정을 함으로써 다음에 비슷한 일에 부딪칠 때 이를 예견하고 준비하는 바탕이 되기 때문이다. 궁극적으로는 주변 상황에 더욱 신중해질 수 있고, 예견되는 불행이나 위험에서 자신을 보호할 수도 있다.

또한 걱정거리들을 통제할 수 있는 자신의 의지력을 신뢰하는 것도 매우 중요하다. 요점을 말하자면, 자신이 직접 해결할 수 있는 걱정거리들과 그렇지 않은 것들을 객관적·논리적으로 잘 구별해내야 한다. 다시 말해 걱정을 함으로써 얻을 수 있는 것과 잃을 수 있는 것들을 잘 계산해야 한다.

걱정은 우울증을 부른다

우울증에 시달리는 사람들은 일상의 많은 시간을 사소한 일을 걱정하는 일로 보낸다. 또 어떤 사람들은 이것을 최악의 상황에 대비한 일종의 준비 과정으로 생각한다. 어떤 사람들은 이러한 지속적인 걱정거리들을 고통스럽게 느끼긴 하지만 이 일을 그만둘 생각을 하지 못한다. 이렇듯 무거운 생각에 집착하다 보면 강제적으로 더 깊은 걱정으로 이어진다. 주변의 친구들과 가족들은 걱정을 멈추라고 조언하지만 정작 당사자는 결코 그렇게 하지 못한다. 이렇듯 걱정에 걱정을 더하다 보면, 심신이 지쳐 문제를 해결할 힘도 잃어버리고, 결국은 고통스럽게만 느껴진다. 이는 우울증의 중요한 원인으로 작용할 수도 있다.

우울한 기분과 무겁고 어두운 생각들은 부정적인 느낌을 가져오며, 이는 우울증의 절대적인 원인이 된다. 자신의 어두운 기분과 슬픈 감정, 신체적 고통과 무기력증, 동기와 의지력 부족에 대해 지속적으로 생각하는 일은 더 심각해지기 전에 관두도록 노력해야 한다. 가끔은 혼자만의 시간을 가지며 왜 자신이 이러한 상황에 놓였는지 숙고해볼 필요가 있다. 또 자신의 생각을 일기장에 적거나, 주변 사람들과 이에 대해 솔직하게 대화하는 것도 좋다. 이때 힘든 상황에 왜 자신이 이런 식으로 반응하는가 그 이유를 생각해보는 것도 도움이 된다. 왜 나는 집중을 하지 못할까, 이러한 상황에서 언제 어떻게 벗어날 수 있을까 하는 질문들을 지속적으로 스스로에게 던져보는 것도 도움이 된다.

　가끔은 미디어를 통해 이러한 질문에 대한 해답을 찾고, 자신의 감정과 느낌 그리고 그 결과 나타날 상황을 생각해보는 것도 좋다. 이러한 행위는 많은 이들에게 긍정적으로 작용한다. 우리 자신뿐 아니라 우리의 삶에 대해서도 올바르고 긍정적인 인식을 지니도록 지속적으로 노력해야 한다. 또한 주변인들의 생각과 감정도 이해하도록 노력해야 한다. 이럴 경우, 걱정과 어두운 생각들에 대한 반응은 가치 있고 긍정적인 토대를 제공할 수도 있다.

　우울증과 불안감을 유발하는 걱정거리들과 어두운 생각들은 긍정적인 사고와 태도에 반작용을 한다. 자책감과 부정적인 생각을 끄집어내며, 당사자에게 고립감을 가져다주는 것은 물론이고 창의적인 생각을 방해하기도 한다.

　우울증으로 인한 부정적인 사고는 어둡고 슬픈 감정으로 직결된다. 따라서 다음과 같은 생각을 지속적으로 떠올리며 어둡고 무거운 감정 상태에서 벗어나도록 스스로 노력해야 한다. 현재 내가 처한 상황을 더욱 객관적으로 이해할 수 있다면 우울증에서 벗어날 수 있지 않을까. 내가 직면한 문제점들을 그 바탕부터 이해할 수 있다면 이 문제점들을 풀어나갈 수 있지 않을까. 하지만 우울증으로 인한 어두운 생각들은 이러한 생각을 하는 것조차 방해한다. 슬픈 감정에 집중하면 할수록, 기분은 더욱 무겁고 어두워지기 마련이다. 더군다나 문제가 되는 걱정거리들을 생각하고 이에 대한 질문을 던지는 일이 잦아질수록, 더욱 부정적이고 비관적인 해답과 감정만이 떠오를 뿐이다. 따라서 이것은 심각한 우울증에 빠졌을 때는 피해야 할 일이기도 하다.

미국인 심리학자 수전 홀른-획세마(Susan Holen-Hoeksema)
는, 우울증으로 인한 어두운 생각들은 문제를 해결할 힘마저 빼앗아
간다고 했다. 즉 문제를 해결하려고 노력하면 노력할수록 우울증은
당사자의 긍정적이고 활동적인 사고방식을 짓누른다.

늪과 같은 어두운 생각들

어두운 생각들을 지속적으로 하는 일은 우울증을 더욱 심각하게 만
든다. 당사자들은 갈수록 비관적이 되며, 과거의 어두운 기억과 부정
적 생각에만 집중하는 일이 빈번하다. 어떤 일에 부닥쳤을 때 이를
해결할 힘마저 잃어버리며, 긍정적인 일상에서 가지는 통제력과 자
신감, 활동력으로 인한 가벼운 기분이 억압당한다. 우리가 어두운 표
정으로 계속해서 자신의 걱정거리를 주변의 가까운 친구들이나 가족
에게 토로하면, 그들은 우리의 태도에 금방 싫증을 낸다. 최악의 경
우 비판이나 거부감마저 표시한다.

지속적으로 어두운 생각을 하는 일은 늪에 비유할 수 있다. 일단
주변의 걱정거리들에 대해 부정적이고 어두운 생각으로 일관하기 시
작하면, 이를 해결할 의지력도 줄어들게 됨은 물론이다. 기분을 돌려
보려고 노력하면 할수록 당사자는 더욱더 어둡고 무거운 기분에 빠
져들기 때문이다. 어떤 사람들은 현실을 객관적으로 보기 시작하면
서 이러한 무거운 감정에서 벗어날 수 있었다고 말한다. 또 어떤 사
람들은 걱정을 하면 할수록 고통스럽기 그지없으나, 동시에 그렇게
함으로써 문제에 직면한 자신의 태도가 결코 틀리지 않았다는 강렬
한 느낌을 가진다고 말한다. 그들은 걱정을 함으로써 문제의 근원과

의미에 대한 해답, 그리고 관련된 정보를 모을 수 있기를 희망한다. 비록 이러한 자신의 태도에 실망하는 일이 계속된다 해도 그들은 이러한 느낌을 저버리지 않는다.

과거에 경험한 일들은 기억에 남아 있을 때가 많다. 이러한 기억들은 상호 연결되어 제3, 제4의 기억과도 거미줄처럼 얽혀 있다. 특히 슬프고 고통스러운 기억일수록 더욱 강하게 얽혀 있다. 자신이 경험한 일들을 후회하고 어두운 감정을 가지는 것은 또 다른 슬픈 기억을 찾아내는 원인이 된다. 우울증에 빠졌을 때는 더더욱 어두운 기억들에 집착하게 된다. 어떤 사람들은 일단 어두운 기억을 한번 떠올리면 제어할 수 없을 정도로 생각에 생각을 더하게 된다고 말한다. 즉 우울한 기분으로 걱정을 계속하는 일은 다시 과거의 우울한 경험과 기억으로 발을 들이미는 것이나 다름없다.

지속적인 걱정은 당사자의 부정적인 태도와 사고의 원인이 되며, 자신에 대해서뿐만 아니라 삶과 미래를 부정적으로 생각하는 바탕이 된다. 우리의 감정은 우리의 생각 또는 기억과 밀접한 관련이 있다. 현재 어떤 일로 절망적인 느낌을 지닌다면, 그것은 곧 자신의 전체적인 삶과 미래에 대해서도 부정적이고 절망적인 느낌을 가지는 원인이 된다. 예를 들어 홀로 살아가는 자신의 상황을 걱정하다 보면, 그것은 더 큰 외로움과 고립감으로 귀결된다. 과거에 경험한 고통스러운 상황을 떠올리고 이를 지속적으로 생각하면 현재 자신의 긍정적인 상황조차 부정적으로 느껴지기 마련이다. 이러한 부정적인 태도는 우울증의 직접적인 원인이 된다.

만약 직장에서의 문제점 때문에 걱정하는 일을 가정에서도 밤낮으로 계속한다면, 이는 우울증으로 발전하는 원인이 되며 또한 동시에 구체적으로 문제를 해결하고 상황을 긍정적으로 발전시킬 의지력을 저해한다. 무기력을 경험하는 사람들은 이것을 자신의 능력 부족 때문이라고 생각하기 쉬우며, 이에 대해 걱정을 시작한다. 그렇게 되면 더더욱 문제를 해결할 힘을 잃어버리며 스스로의 능력을 더 많이 의심하게 된다. 만약 실제적으로 문제를 해결하기 위해 자신이 무엇을 할 수 있는가 생각할 수 있다면 이는 궁극적으로 무기력증과 우울증에서 벗어나는 시초가 된다.

스스로에게 따스한 태도를

직장에서 자신을 만나도 인사를 건네지 않는 동료가 있다고 상상해 보자. 그렇다면 불쾌한 기분이 느껴지는 건 당연하며 그가 혹시 자신에게 적개심을 품고 있지나 않을까 하는 생각으로 걱정을 하게 된다. 나중에 기회가 되어 그를 만났을 때, 이에 대해 이야기를 꺼내면 동료는 보지 못해서 그냥 지나쳤다고 말한다. 일반적으로 이럴 경우, 안심하고 그 일도 금방 잊어버린다. 하지만 만약 우울증에 시달릴 때라면 그의 말을 믿지 못하고 계속 이에 대해 생각한다. 어쩌면 그에게 지난 일을 언급조차 하지 않고 넘어갈 수도 있다. 이 경우, 진실을 알지 못하고 계속 그에 대한 부정적 생각으로 혼자 괴로워할 수도 있다. 심지어는 자신을 제외한 주변의 다른 사람들은 동일한 상황을 훨씬 긍정적으로 해석할 수도 있다는 것을 믿으려 하지 않는다.

심각한 우울증에 시달리는 사람들은 이러한 부정적인 생각을 시간이 날 때마다 떠올린다. 물론 동료가 자신을 보지 못하고 지나쳤다는 말이 거짓일 수도 있다는 생각이 틀리지 않을 때도 있다. 하지만 이 경우 부정적 생각을 하는 당사자들은 모두 비슷한 경향을 지닌다. 심각한 우울증 때문에 아주 손쉬운 조사도 하지 않은 채 부정적 사고로 일관하는 것이다. 따라서 때로는 오해일 수도 있는 상황을 전혀 풀지 못하고 그냥 넘어가는 경우가 있다.

깊은 우울증에 빠진 사람들은, 타인에게는 무의미하고 사소한 일조차 아주 심각하게 받아들이는 경우가 많다. 어떤 이들은 자신은 무엇을 해도 실패를 할 것이며, 자신은 목숨을 부지하고 살 가치가 없는 존재라고 생각하기도 한다. 즉 자신감과 정체성의 상실을 경험한다. 그들에게는 삶이 무의미하고 미래 또한 절망적으로 여겨지기 마련이다.

자신에 대한 비판의식이 삶에 동기를 부여한다는 말은 조금도 근거가 없다. 지속적으로 실패를 맛보는 사람들에게서는 삶의 동기와 의지력을 찾아볼 수 없을 때가 많다. 또한 지속적으로 자아비판을 일삼는 사람들은 스스로의 존재 가치를 믿지 않는다. 이러한 태도에서 논리적인 근거를 찾아볼 수 없음은 당연하다. 자신과 대화를 할 때나 지난 일들을 돌아볼 때는 상처를 입힐 수 있는 차갑고 이성적인 태도보다는 오히려 현재의 어두운 상황에서 벗어나도록 용기와 도움을 주는 따스한 태도를 가지게끔 노력해야 한다.

강박관념 버리기

심신을 통해 나타나는 일반적인 우울증 증상이라면 그건 바로 스스로
에게 적개심을 가지거나, 자존심을 상실하는 것이다. 나는 우울증에
빠져들면서 점점 나 자신의 가치에 의구심을 품었고, 결국은 벗어날
수 없는 절망의 구렁텅이에 빠졌다.

– 윌리엄 스타이런,《보이는 어둠》 중에서

우울증에 걸린 사람들은 강제적이고 비논리적으로 변해간다. 여
기서 벗어나지 못할 경우, 당사자는 점점 비논리적이 되고 자신이 하
는 일에 비타당성을 느끼게 된다. 그리고 현재 자신이 처한 어두운
상황에서 빠져나갈 길을 찾지 못하는 것은 물론이다.

이러한 우울증에서 빠져나갈 첫 발걸음이라고 한다면, 자신이 우
울한 기분이 주는 비논리적인 영향을 받고 있다고 생각하는 것이다.
다음 단계는 자신의 부정적인 사고에 영향을 주는 과거의 어두운 기
억들과 경험, 그리고 미래에 대한 부정적 예측을 하나하나 논리적으
로 집어내도록 노력하는 것이다. 이 장에서는 우울증을 유발하는 어
두운 기억과 경험에서 벗어날 수 있는 사항들을 단계적으로 살펴보
기로 한다.

부정적 사고방식을 바꾸려면 시스템적인 노력이 필요하다. 이러
한 시스템적 노력을 이야기할 때 다음과 같은 기본적 요소를 살펴볼
수 있다.

1. 상황

2. 상황과 관련된 생각들

3. 상황과 관련된 느낌들

줄을 서 있는데 바로 앞에 서 있던 사람이 당신의 발을 밟았다고 가정하자. 이 경우 짜증이 나거나 화가 나는 것은 당연하다. 이때 당신의 발을 밟은 사람의 손에 지팡이가 들려 있는 것을 보고 그가 장님이라는 것을 알게 되면 금방 화가 식어버린다. 또는 화를 내려고 작정했던 몇 초 전 자신의 결심 때문에 미안한 감정조차 들게 된다. 어쨌든 당신은 아직도 발에 통증을 느끼겠지만 당신의 생각과 느낌에는 짧은 순간 극적인 반전이 찾아온다.

또 다른 예를 들어보자. 가까운 친구 한 명이 특정한 날 저녁에 당신을 방문하겠다고 약속했다. 하지만 친구는 약속한 날에 나타나지 않았고, 당신은 다음과 같은 여러 가지 방식으로 반응한다. 짜증이 날 수도 있고, 감정적 상처를 받을 수도 있으며, 슬픔을 느끼거나 친구에게 무슨 일이 일어난 것은 아닐까 하는 생각에 걱정을 할 수도 있다. 또 다른 반응을 생각해보면, 당신은 어쩌면 친구가 나타나지 않았다는 사실에 안도감을 느낄 수도 있다. 왜냐하면 당신은 그날 저녁 그 친구와 만나기보다는 다른 일을 하고 싶어 했기 때문이다. 이렇듯 상황에 어떤 방식으로 반응하느냐 하는 것은 상황의 원인에 따라 다를 수 있다. 이것이 바로 요점이다. 우리의 느낌은 상황을 둘러싼 의미와 밀접한 관련이 있다.

서로 다른 여러 가지 느낌과 감정은 서로 다른 생각과 관련이 있다. 불안감과 두려움은 삶의 위협이나 위험과 직결되어 있다. 우울한 기분이나 슬픈 감정은 실패나 상실감, 존재에 대한 의구심, 무의미함 또는 절망감과 관련이 있다. 즉 조금도 어두운 생각을 하지 않는 우울증 환자가 있다고는 생각할 수 없으며, 화가 머리끝까지 나 있는 사람이 오직 긍정적 생각만을 한다고는 결코 생각할 수 없다. 이것은 우리의 생각과 느낌이 상황과 어떤 연관성을 지니는지 일반적으로 설명해준다.

우울증으로 전문가와 상담을 하는 사람에게 얼마나 자주 부정적인 생각을 하느냐고 물어본 적이 있다. 그는 "가끔"이라고 대답했다. 그리고 어쩌면 하루 중 두세 번쯤 부정적인 생각을 한다고 덧붙였다. 심리학자는 그의 대답에 놀라지 않을 수 없었다. 왜냐하면 그는 심각한 우울증을 앓는 사람이었기 때문이었다. 심리학자는 그에게 메모장에다 부정적인 생각이 떠오를 때마다 적어보라고 요구했다. 그러자 그는 이렇게 대답했다. "나는 그 일조차 할 수가 없어요. 나의 부정적인 생각을 적는 것만으로도 스트레스를 받거든요. 도저히 할 수 없는 일이에요." 그의 대답에 심리학자는 이렇게 말했다. "당신은 이미 부정적인 생각을 세 가지나 해버렸군요."

미국의 심리학자 애런 T. 벡(Aaron T. Beck)은, 우울증에 시달리는 사람들이 일반적으로 가진 어두운 생각들은 다음 사항과 관련이 있다고 했다.

- 자기 자신에 대해서(무능력, 불행, 무가치함).
- 주변 상황에 대해서(지루함, 무의미함).

- 미래에 대해서(어두움, 절망)

이러한 부정적인 생각들은 과거의 고통스러웠던 경험이나 상실감으로 인한 결과라고 할 수 있다. 이러한 어두운 생각들은 새로운 경험을 할 때 다시금 새로운 상실감과 우울증의 원인으로 작용한다. 벡은, 우울증에 영향을 주는 기본적인 사항은 특히 다음과 같은 세 가지 요소와 관련이 있다고 했다.

성공해야 한다는 강박관념
- 이 일에 실패한다면 그건 바로 내가 무능력하다는 것을 보여주는 것이나 다름없다.
- 내가 이 일에 실패한다면 주변 사람들이 나를 얕볼지도 모른다.

타인의 관심과 존중, 사랑에 대한 집착
- 행복해지려면 주변 모든 사람에게 내 존재를 인정받아야만 한다.
- 사람들이 나와 의견을 같이하지 않는다면, 그것은 그들이 나를 좋아하지 않는 것이나 다름없다.

힘과 통제력을 지닌 사람이 되겠다는 욕심
- 타인이 나의 의견이나 내 생활을 간섭하도록 놓아둔다면, 결국 그들은 나의 삶마저 통제하려 들 것이다.
- 내가 다른 사람에게 도움을 요청하면 그것은 나의 무능력함과 약한 면을 인정하는 것이나 다름없다.

여기에 열거한 사항들은 우리의 무의식에 자리한 것들이기 때문에 다른 방향으로 전환하기도 그리 쉽지 않다. 이러한 생각들은 실직이나 이혼 등의 좋지 못한 일을 경험했을 때 의식에서 표면화된다. 이 경우, 당사자는 주변에서 자신을 위해주는 사람이 아무도 없다고 생각하기 마련이며, 존중을 받기도 힘들다고 생각해버린다. 기본적으로 부정적 생각을 많이 하면 할수록 우울증에 취약해진다.

일반적으로 모든 사람은 긍정적인 생각만을 하고 살 수는 없다. 즉 정도와 횟수는 달라도 모두 부정적인 생각을 한다. 하지만 심각한 우울증에 시달리는 사람들의 부정적인 생각은 전형적으로 매우 경직되어 있으며, 아주 완고하다고도 할 수 있다. 즉 그들은 어떤 일을 하기 전에 부정적인 생각 때문에, 혹은 반드시 실패할 거란 생각 때문에 시도할 생각조차 하지 않는다.

이러한 선입견은 우리 자신은 물론 주변인을 이해하고 받아들이는 데 매우 부정적인 영향을 미친다. 이러한 선입견은 유년기와 성장기를 통해 이미 형성되었을 수도 있으며, 이 경우 우리의 인성과 스스로의 정체감에 중요한 영향을 준다. 자신을 타인과 자주 비교하는 사람, 또 자신감이 결여된 사람들은 평생 동안 원만치 못한 생활을 하는 경우가 많다. 하지만 우울증으로 인한 선입견과 자신감의 결여는 인성에 그리 큰 영향을 미치지 않는다. 다시 말해서, 우울증에 걸린 사람들이 가지는 선입견과 자신감 결여는 어린 시절부터 형성되어온 것이 아닌 경우가 많다는 의미다. 이처럼 우울증에 시달리는 사람들의 선입견과 자신감 부족은 현재와 직결되기에 더욱 부정적인 결과를 초래할 수도 있다.

부정적인 생각 차단하기

자신의 생각을 통제하는 것은 그리 쉽지 않다. 생각이라는 것은 우리의 의식과는 상관없이 쉴 새 없이 흐르는 강물과도 같다. 또한 생각이라는 것은 언어적 작용보다는 우리가 듣고 보고 냄새를 맡는 것과 큰 관련이 있다. 즉 생각은 단어로 이루어지지 않은 것이다. (좋은 와인의 맛이나 장미꽃 향기를 어떻게 묘사할 수 있는지 생각해보자.) 우리의 생각을 말로 자주 '번역'해야만 한다. 그렇게 함으로써 우리의 생각과 느낌을 더 쉽게 나타낼 수 있다.

어두운 기분과 부정적인 생각은 이해하기가 쉽지 않다. 그 이유는 이 부정적인 생각들을 말로 표현해내려면 핵심을 잡아내야 하는데, 그러려면 어둡고 부정적인 느낌과 생각을 다시 떠올려야만 하기 때문이다. 그 과정은 결코 유쾌하다고는 할 수 없다. 그래서 이러한 부정적 생각들은 아주 짧은 순간 동안만 우리의 머릿속에 자리를 잡는 경우가 많다. 즉 생각이라는 것은 우리가 '생각을 해야겠다'고 해서 떠오르는 것도 아니고 '생각을 하지 않아야겠다'고 해서 없앨 수도 없다. 다시 말해서 생각은 자동적인 것이며, 움직이는 것이며, 우리의 의지에 따라 통제할 수 있는 것과는 거리가 멀다. 이러한 생각들은 다음과 같이 단절된 문장이나 한두 마디 짧은 단어의 형태로 존재하거나 표현될 수 있다.

정말 바보스러운 말이야! 그럴 수도 있다니! 더는 못 참겠어. 그녀는 나를 보고도 조금도 반가워하지 않더군. 나를 초대한 것은 내가 보고 싶어서가 아니라, 단지 의무감에서 비롯된 것일 뿐이야. 다 필요 없어!

부정적 생각들은 의미를 담은 그림이나 형상으로 존재하기도 한다. 그것은 마치 일련의 동일한 주제를 지닌 그림이나 우리의 내면에 존재하는 한 편의 영화와도 같다. 이러한 그림들을 통해 자신의 고통스러운 면을 엿볼 수 있다. '내 친구는 전화하겠다고 약속한 시간에 전화를 하지 않았다. 그녀는 그때 다른 친구와 함께 시간을 보내고 있었음이 틀림없다. 카페에 앉아 함께 차를 마시고, 행복하게 웃었을 것이다. 그들은 내가 그 자리에 없는 것을 다행으로 여겼을 것이 분명하다.' 이러한 생각은 시간이 지날수록 다음과 같이 발전할 수 있다. '나는 그녀에게 짐이 되는 존재일 뿐이다. 아마도 그녀는 이제 나를 좋아하지 않을 것이다.'

부정적인 생각은 흔히 다른 생각과 연결되어 떠오른다. 즉 하나의 부정적 생각은 또 다른 부정적 생각과 연결된다. 우울한 기분에 빠졌을 때는 이러한 부정적 생각이 자신도 모르는 사이에 점점 더 깊은 의구심으로 발전하는 경우가 자주 있다. 다음은 하나의 부정적 생각이 어떻게 꼬리에 꼬리를 물고 이어지는지 보여주는 예다.

그녀는 내게 전화를 하지 않았다. 나를 잊었음이 틀림없다. 나와 이야기하는 것보다 더 신나고 흥미로운 일을 찾았을 것이다. 그녀가 진정으로 나를 생각하고 나를 위한다면 전화를 했을 것이다. 그녀는 이제 내 생각은 하지 않는 걸까? 정말 내 생각을 해주는 사람을 찾을 수는 없을까? 도대체 무엇 때문일까? 내게 무슨 문제가 있는 건 아닐까? 나는 정말 그토록 지루하고 재미없는 사람일까? 내가 무슨 일을 하든, 무슨 말을 하든 나는 지루하고 재미없는 사람임에 틀림없다. 나 자신을 변화시키기에는 너무 늦었다. 이제 내가 할 일은 아무것도 없다. 이런 상태로는 더 살아갈 수가 없다.

이 같은 부정적 생각은 꼬리에 꼬리를 물고 최악의 상태로 가기까지 단 몇 초밖에 걸리지 않는다. 이러한 상황은 너무도 빨리 일어나는 것이라 말로 표현하기 이전에 이미 온몸을 휩쓸고 지나가는 무기력함과 슬픔을 느끼게 된다. 물론 누군가의 전화를 끝도 없이 기다리는 건 결코 쉬운 일이 아니지만 앞의 예에서처럼 간단한 상황만으로도 일단 부정적 느낌이 몸속에 자리한다면, 완전한 고립감과 절망감을 느끼는 건 얼마든지 가능하다. 여기에 저항하기란 결코 쉽지 않다.

우울한 생각의 흐름은 어떤 특정한 상황을 원인으로 시작된다. 이러한 생각들은 흔히 너무도 짧은 순간에 나타났다가 사라지므로 기억조차 할 수 없을 때가 있다. 시간이 지난 다음 다시 그 상황을 떠올려보면, 그때 가졌던 부정적 생각들은 흔히 재고할 가치도 없는 비현실적인 것으로 생각되기 마련이다.

우울증이라는 검은색 안경

우울증을 일종의 정신적 필터의 형태로 표현할 수 있다. 즉 부정적 상황을 이 필터에 거르면, 그 전체적 상황과 경험에 덧칠이 된다. 우울증은 마치 검은색 안경과도 같아서, 이 색안경만 쓰면 긍정적 사고와 경험 모두가 부정적이고 어둡게만 보인다. 긍정적 상황은 잊어버리거나 생각조차 하지 않게 된다. 그 이유는 그러한 긍정적 상황에 특별한 의미를 부여하지 않기 때문이다.

132

- 그녀가 내게 꽃다발을 선물했던 것은, 그저 표면적으로 나타난 예의상 행위일 뿐일 것이다.
- 그녀 또한 꽃다발에 큰 의미를 담고 있지는 않을 것이다. 내가 겪은 상황은 누구나 겪을 수 있고, 또 누구나 잘 견뎌낼 수 있는 상황에 불과하니까.

부정적 생각은 과거 경험한 상황을 어둡게 변조함으로써 우울증으로 이끌어간다. 여기서 미국의 자동차 회사 대표였던 헨리 포드가 한 말을 상기해볼 수 있다. 그는 차 색깔에 대해서 다음과 같이 말한 적이 있다. "우리는 당신이 원하는 차 색깔을 모두 만들어낼 수 있습니다. 문제는 당신이 원하는 색이 오직 검은색뿐이라는 것이지요."

모든 사람이 부정적 생각들 때문에 우울증에 걸릴 거라고는 말할 수 없다. 하지만 우울증은 일반적으로 이렇듯 특정한 부정적 사고방식에서 연유한 것이라는 말에는 일리가 있다. 이러한 부정적 생각들은 우울증으로 빠져드는 원인 가운데 하나에 불과하다. 그러나 이것은 아주 중요한 원인이다. 부정적 사고방식을 바꾸면 우울증에 빠져들 확률도 줄어든다.

우울증 극복을 위한 단계적 노력

자신을 우울하게 만드는 생각의 근원과 상황이 어디 있는지 안다면 우울증과 싸워 이기는 일은 충분히 가능하다. 그러려면 우선 부정적인 생각들이 자신에게 어떻게 영향을 미치는지 의식적으로 선명하게 표현하는 방법을 배워야 한다. 다음은 이와 관련된 간단한 예다.

회의에 늦으리라는 사실을 어느 순간 깨달았을 때, 당신은 긴장을 한다. 심장은 더욱 빨리 고동을 치고, 몸 전체를 감싸는 무거운 기분도 느끼게 된다. 시간은 없는데, 당신은 아직도 차 안에 앉아 있다. 이 경우 당신은 왜 신체적·정신적으로 불쾌한 상황에 있는지 이해해보려고 노력한다. 그리고 자신에게 다음과 같은 질문을 던져보기도 한다. '갑자기 몸 전체를 파고드는 이 불쾌한 기분은 왜 생겨났을까?' 당신은 회의에 늦게 참석하는 자신에게 만족하지 못하며, 이것이 자신의 무능력 때문이라고 생각하기 쉽다. 늦게 도착한 회의장에서 만난 사람들에게는 화난 듯한 불만족스러운 표정으로 대하게 될 것이다.

그런데 사실은 자신에게 너그럽지 못하기 때문에 이러한 생각이 드는 것이다. 당신은 보통 약속 시간을 거의 어기지 않는 사람이라는 것을 스스로 잘 안다. 주변 사람들도 이 사실을 잘 알 것이다. 따라서 회의에 늦어지는 상황이 그리 유쾌한 것은 아니지만 숨이 막힐 정도로 긴장감과 의구심을 가지기에는 적당한 이유가 되지 못한다.

당신이 이 정도 생각까지 할 수 있다면 다시 본래 자신으로 되돌아갈 여지는 충분하다. 적어도 회의장에 늦게 도착한다 해도 진정된 마음으로 들어갈 수 있다.

우울한 생각들은 기분을 어둡고 무겁게 만들며 심지어는 화를 돋우는 역할도 한다. 용기와 결단력 부족, 활동력 부족, 자책감, 긴장감, 불쾌감, 정신적 상처, 슬픔과 짜증……, 이러한 느낌들은 동시에 나타날 때가 많다. 이러한 느낌이 들 때면 머릿속에 가장 먼저, 그리고 가장 깊이 파고드는 생각을 가려내는 것이 중요하다. 특히 긴장감과 기분 저하, 무기력증을 유발하는 생각들 가운데 어떤 생각이 이러한 느낌을 더욱 악화시키는지 살펴보아야 한다. 시간이 조금 지나면, 우울한 기분을 자아내는 부정적 생각들 가운데 어떤 특정한 하나가 계속해서 머리를 치켜든다는 것을 발견할 수 있다. 또한 그 특정한 생각이 자신의 우울한 기분에 단호하고도 결정적인 방법으로 영향을 미친다는 것도 깨닫게 된다.

부정적 생각을 기록하기

부정적 생각들에 집중해서 그것을 정리하고 가려내는 가장 좋은 방법은 바로 이것들을 하나하나 적어보는 것이다. 이때 생각과 관련된 상황도 함께 기록하는 것이 좋다. 그러다 보면 부정적 생각들은 단어의 힘을 빌려 더욱 선명하게 나타나고, 그림을 보듯 구체적으로, 내면의 눈을 통해 이러한 것들을 떠올리게 된다. 이렇듯 생각을 기록하는 방법은 많은 이들에게 도움이 되어왔다.

생각을 기록하는 행위는 왜 필요한가? 생각을 정리하고 기록해나가다 보면, 어느 사이엔가 그 생각들에서 거리를 두는 자신을 발견할 수 있다. 지금까지 머릿속에서 맴돌던 희미하고 어두웠던 생각들이 기록을 통해 종이 위에 흑백으로 선명히 나타나는 것이다. 그렇다면 그 생각들을 중립적으로 보는 것이 가능하다. 이렇게 기록을 하고 나면, 그 생각들은 더는 자신의 머릿속에 존재하는 것이 아니다. 즉 당신은 그 생각들을 완전히 다른 관점으로 볼 수 있게 되는 것이다. 동시에 그 생각들은 더욱 구체적으로 다가온다. 이렇게 될 경우, 이것이 당신의 기억과 생각을 지속적으로 어둡게 만들었던 바로 그 생각이라는 것을 잊어버리지 않을 것이다. 훗날 우울한 기분이 사라졌을 때 이 기록들을 보면 당신은 이러한 것들을 완전히 다른 시각에서 다시 이해할 수도 있다.

이렇게 생각을 기록하면 자신과 생각들 사이의 거리감을 증가시킬 수 있다. 그렇게 되면 자신의 부정적 생각들을 비판적으로 볼 수 있는 시각 정립이 가능해지며, 완전히 다른 상황에서도 이것들을 충분히 이용해서 긍정적인 결과를 가져올 수도 있다. 우울증과 맞서 싸울 때, 이러한 기록들은 아주 중요하고 가치 있는 자원이 된다. 우울증의 직접적 원인이 되는 부정적 생각을 구체적으로 볼 수 있는 시각도 가지게 되며, 궁극적으로 우울증에서 벗어나려면 자신이 무엇을 해야 할지 구체적 아이디어도 얻어낼 수 있다.

다음은 부정적인 생각을 기록한 예다.

*** 6월 5일 수요일**

① 상황	한 시간 동안이나 앉아서 이력서를 쓰려고 했으나 결국은 실패함.
② 생각	나는 불가능한 일을 하고 있다. 나의 뇌는 죽은 것이나 마찬가지로 여겨진다. 포기하고 싶다. 나는 무능력자다.
③ 느낌	절망감과 체념, 나 자신에게 화가 남. 우울함.
④ 대안적 생각	적어도 나는 이력서의 일부분은 완성했다. 이전에도 이력서를 쓸 때 많은 시간을 소비했지만, 결국에는 완성할 수 있었다. 때문에 적어도 나는 절대적으로 무능력자는 아니다. 내게 지금 필요한 것은 용기와 조언이지, 자아비판이 아니다.

① 1단계 : 우울한 상황 기록하기

우선, 과거에 두려움과 긴장감, 기분 저하를 느꼈을 당시의 상황을 기억해보자. 기억에 선명한 최근 상황이라면 더욱 좋다. 꼭 심각한 상황이라야만 하는 것은 아니다. 연습 차원에서는 심각하게 부정적인 상황보다는 오히려 감정 동요를 덜 느낄 수 있는 가벼운 상황도 좋다. 그 당시 무슨 일이 있었는지 기록하고, 또 자신이 어디서 무엇을 하며 누구와 함께 있었는지 적어보자. 예를 들어 "9월 12일, 화요일. 집에 혼자 있었음. 마이 브릿에게 전화를 받고 난 후 불쾌한 감정이 지속되었음" 정도로 쓰면 된다.

가끔은 자신의 기분 저하를 유도한 상황이 어떤 것이었는지 생각해내기가 어려울 때도 있다. 자신이 화가 났다는 것만 기억나고, 이와 관련된 주변 상황은 잊어버리는 경우다. 예를 들어 신문을 읽다가 갑자기 기분이 나빠질 때가 있다. 이러한 상황에서도 그 이유를 찾아내도록 노력해야 한다. 신문을 읽을 때, 주변에서 어떤 일이 일어났는지 기억해낼 수 있다면 더없이 좋다. 그렇다면 기분 저하의 원인도 알아낼 가능성이 없지 않을 것이다. 그것은 꼭 당시 상황과 관련된 것이 아닐 수도 있다. 신문을 읽을 때 갑자기 과거의 일이 기억났다거나 미래에 대한 불안감을 느꼈다면 그것으로 충분한 이유가 된다.

② 2단계 : 우울한 생각 기록하기

어떤 특정한 과거의 상황을 떠올렸을 때, 이와 관련해서 지속적으로 떠오르는 불쾌한 생각을 언어를 사용해서 표현하는 것이다. 이것은 '생각' 란에 기록해보자. 앞서 우울한 생각들이라 함은 과거의 어떤 특정한 상황과 연관되어 떠오르는 생각들로 지속성이 없고 선명하지 않으며, 시간이 지난 후 기억하기도 어렵다는 것을 설명했다. 그것은 마치 퍼즐 게임의 조각이나 제대로 구성되지 않은 문장 속에 열거된 단어 조각과도 같다.

즉 이러한 생각들은 시간이 지난 후 과거의 상황과 연관해서 생각하기 어렵다. 이 경우 다음과 같은 질문을 해볼 수 있다. 만약 내 감정이 스스로 말을 할 수 있다면 뭐라고 말하겠는가? 그리고 다시 눈을 감고 과거의 상황을 떠올려보자. 그렇다면 당시의 상황과 경험했던 일들이 떠오를지도 모른다. 이렇듯 가끔은 자신의 느낌과 감정을 언어로 표현하는 일이 큰 도움이 된다. 예를 들어 누군가에게서 자신을 향한 적개심을 느꼈다면, 상대방 처지에서 생각해보는 것도 좋다. 또는 누군가와 함께 있을 때, 상대방이 지루한 표정을 짓거나 하품을 함으로써 그 상황에 만족하지 않는다는 표현을 했을 때도 당신은 역시 그의 처지에서 생각해볼 필요가 있다. 만약 당신이 이 경우 화가 났다면 당신의 감정은 무엇을 말하려고 하는가? 짜증이 나고 화가 치솟을 때, 이것은 당신의 정신적 상처, 또는 두려움으로 인한 것은 아니었던가?

③ 3단계: 느낌과 감정 기록하기

어떤 특정한 상황에서 느꼈던 감정을 다시 한 번 되살펴보자. 어떤 구체적 감정이 우울한 기분의 원인이 되었던가? '느낌' 란에는 당시 자신의 느낌과 감정을 핵심어로 표현하면 된다.

우울한 기분은 여러 느낌과 감정의 복합적 결과로 나타날 때가 많다. 화를 내면서 동시에 슬픈 감정을 느낄 때가 있다. 또한 긴장감과 불안감을 함께 느낄 때도 있다. 여기에 더해서 가끔 신체적으로 나타나는 불쾌한 증상도 경험하며, 수치심과 자책감, 적개심, 절망감, 자포자기, 무기력함, 정신적 상처는 물론 외로움도 동시에 느낄 수 있다.

특히 느낌과 감정을 표현할 때 그것을 구체적으로 기록하는 것은 무척 어렵게 느껴질 것이다. 시간이 지나 상황에서 벗어나면, 불쾌했던 사실만 기억날 것이다. 이때 당시 불쾌감을 느꼈을 때의 신체적인 반응이 어땠는지도 함께 상기하면 도움을 얻을 수 있다. 즉 불쾌감을 느꼈을 당시, 신체의 어느 특정한 부분에 통증을 느꼈다면 그것도 함께 기록하면 된다.

또 다른 방법으로는 눈을 감고 당시 상황을 재현해서 상기하는 것을 들 수 있다. 나는 그때 어디서 무엇을 했던가? 그 자리에는 나 말고 또 다른 사람이 누가 있었던가? 이 모든 것을 떠올릴 때, 지금 내게 다가오는 감정은 과연 어떤 것인가?

④ 4단계: 대안적 생각 기록하기

이제 자신의 두렵고 우울한 생각을 유발하고 가중시키는 주변 사항들에 질문을 던져보자. 그렇다면 대안적 사고방식에 대한 제안을 스스로 할 수도 있다. 이러한 대안적 생각들은 마지막 칸에 적어놓자.

이 과정에서 중요한 점은 각각의 단계를 스스로 해나가도록 노력해야 한다는 것이다. 우선 가장 먼저 필요한 것은 우울증 속에서 자라는 비논리적인 사고방식에 객관적이고 논리적인 대안을 제시하기 위해 선명하고 중립적인 사고를 하도록 노력하는 것이다. 이 경우, 자신을 전문가적인 제3자의 처지에 놓고 스스로에게 질문을 던져보는 것도 도움이 된다.

- 상황과 관련된 중요한 정보를 잊고 있지는 않은가?
- 최악의 경우 발생할 수 있는 일은 과연 어떤 것이 있을까?
- 불행한 일이 일어날 거라고 생각하지만 그건 가정에 불과한 것만은 아닐까?
- 그 일이 일어날 확률은 어느 정도인가?
- '항상' '전혀' '반드시' 등과 같은 극단적인 단어를 불필요하게 사용하지는 않는가?
- 자신이 경험했거나 현재 처한 상황을 다르게 생각할 방법은 없을까?

우울증이란 스스로를 향한 비논리적이고 차가운 비판적 시선이 자기 내면에서 마음대로 활동하는 상태라고 말할 수 있다. 따라서 우울증에 시달리는 사람에게는 이를 온화하고 따스한 시선으로 바로잡아줄 매개체가 필요하다. 대부분의 사람은 타인의 처지에서 이해할 수 있는 능력을 지닌다. 그렇게 함으로써 타인의 동기와 잘못된 행위를 볼 수 있고, 이를 자신의 경우에도 적용할 수 있다. 그러면 자신을 무조건적으로 비판하는 차가운 시선은 접게 될 것이며, 자신에게도 좋은 면 또는 긍정적인 면이 있다는 것을 발견할 수 있다. 그렇다면 이러한 능력을 왜 스스로 이용하기를 꺼리는가? 그럴 이유가 하나도 없다. 우울증에 시달리는 사람들에게는 논리적이고 객관적인 도움도 필요하지만 온화하고 따스한 도움도 절대적으로 필요하다. 따라서 가끔은 이해력과 존중감, 인내력을 지니고 스스로를 위한 친구 역할을 해보는 것도 좋다. 이 경우 다음과 같은 질문을 자신에게 던져보는 것이 필요하다.

- 스스로에게 지나친 기대감을 지니고 있지는 않은가?
- 자신의 잘못도 아닌 것을 두고 필요 이상의 힘과 노력으로 문제를 풀어나가려 하지는 않는가?
- 만약 나와 같은 상황에 놓인 친구가 있다면, 어떻게 조언할 수 있을까?
- 현재보다는 더 깊은 이해심과 인내력을 지니고 따스한 태도로 나 자신을 이해하고 생각할 수는 없을까?
- 나 자신을 더 따스한 마음으로 바라볼 수 있다면, 현재 나의 생각은 어떻게 바뀔 수 있을까?

8장 | 훈련을 통한 낙관적 태도

무엇이 우울증을 불러오는가?

낙관주의는 살아 움직이는 존재다.

특정한 상황과 관련된 인식이나 이해가 아니라

삶의 원동력이 되는 힘이다.

그것은 타인이 포기하고 체념할 때 희망을 줄 수 있는 힘이며

실패를 이겨낼 수 있는 힘이며

미래를 비관주의에 맡겨버리지 않는 힘이며

희망을 요구하는 힘이다.

위의 인용구는 독일의 신학자였던 디트리히 본회퍼(Dietrich Bonhoeffer : 1906~1945)가 교수형을 당하기 직전 홀로 앉아 명상을 하면서 했던 말이다. 여기서 볼 수 있듯, 아무리 어둡고 무거운 생

각이 머리를 지배하더라도 비관적인 사고는 마음먹기에 따라 그 핵심적 요소를 잃어버릴 수 있다. 가끔 어떤 일을 시도해보려는 일을 생각도 하지 않을 때가 있다. 그리고 휴머니즘의 부족 또한 우울증의 성질 가운데 하나인 차가움을 표면화시킴으로써 미래에 대한 절망감을 가져오기도 한다.

윌리엄 스타이런은 우울증으로 인해 절망감에 빠져드는 과정과 이를 어떻게 하면 변화시킬 수 있는지를 다음과 같이 설명했다.

고통에서 벗어나는 건 도무지 불가능한 것처럼 여겨진다. 때문에 다른 일을 하는 것조차 생각할 수 없다. 더 나아지기를 기대하는 것도 힘들다. 내일, 또는 한 시간 후, 또는 한 달 후를 생각해도 현재 상태는 변하지 않을 것만 같다. 물론 상태가 조금 좋아질 때도 있다. 하지만 그럴 때면 그 상태가 오래가지 않을 것이라는 생각이 들곤 한다. 그리고 그 후에는 이전과 똑같은 고통스런 상태가 다시 찾아오리라는 것도 잘 안다. 신체적 통증과 무기력함은 제쳐두더라도, 내면에 항상 자리한 절망감으로 나는 더욱 고통스럽다.

작가 실비아 플라스(Sylvia Plath)는 《유리시계》라는 저서에서 자신의 비참하고 절망스러운 상태를 이겨내지 못해 자살을 시도하려는 한 젊은 여인의 이야기를 그려냈다. 여인에게는 우울증에서 빠져나오게 해줄 만한 어떠한 대안도 없었다.

나는 하루하루를 각각 일련의 하얀 빛의 상자로 상상해본다. 이 각각의 상자를 분리하는 것은 검은 그림자와 같은 잠이다. 하지만 내게는 이 하얀 상자를 분리하는 그림자가 갑자기 끊어지는 일이 종종 있다. 때문에 내게는 눈앞에 펼쳐진 매일매일이 끝없이 펼쳐지는, 빠져나올 수 없는 빛의 상자처럼만 느껴진다.

원인에 대한 스스로의 판단

종종 어떤 일이 일어났을 때 이를 더 깊이 이해해야 할 필요가 있다. 가끔은 어떤 특정한 상황을 생각할 때 표면적으로 드러나는 원인은 물론 내재한 보이지 않는 원인까지 이해해야 할 때가 있다. 이때 그 상황과 비슷한 내면적 원인을 가지고 있고 이미 경험한 바가 있는 다른 상황과 견주어보며 문제점을 풀어나갈 수도 있다. 예를 들어 어떤 사람과 대화하다가 모욕감을 느끼고 화가 났다고 가정해보자. 이때 이미 경험했던 비슷한 상황을 떠올리고 그때는 상대방이 누구였는지, 또 어떤 사람이었는지 생각해보게 된다. 동시에 우리는 자신과 상대방의 성격과 태도는 물론 이에 포함된 의미까지도 살펴보게 된다. 이것이 가능하면 자신 때문에 모욕감을 느낀 상대방의 처지까지도 이해하는 포용력을 지닐 수 있다.

어떠한 상황의 원인이 영속적인 것인지 비영속적인 것인지도 생각해볼 수 있다. 만약 시험에 떨어졌다면, 그것이 필요한 만큼 공부를 잘해오지 못했다는 증거라고 생각하고, 앞으로도 더 나은 결과를 절대 기대할 수 없다고 생각할 수 있다. 이것은 시험 실패의 원인을 영속적인 것으로 이해하는 경우다. 반대로, 시험에서 떨어진 상황을 단순히 한 번의 실패라고 생각하고 다음번에는 더 잘할 수 있으리라 생각한다면 이것은 비영속적인 것으로 받아들이는 경우다.

이처럼 어떤 상황의 원인을 스스로 불변적인 것으로도 생각할 수 있는 반면, 일회적이고 특별한 것으로도 생각할 수 있다. 직장을 잃었는데 이에 대한 원인을 부당한 상황 탓으로 돌리고 자신에게는 기회가 주어지지 않는다고 비관적으로 생각한다면 그것은 불변적인 원인이 된다. 반대로 이번에 직장을 잃은 것은 임시직으로 고용된 특정한 상황 때문에 어쩔 수 없는 일이라 생각한다면 그것은 일회적인 원인이 된다.

자신이 처한 상황에서 통제력의 유무를 경험하는 것은 그다지 중요하지 않다. 어떤 일에 스스로 손을 쓸 수 없다고 해도(예를 들어 이자율 상승이나 경제적 문제), 그 상황에서 최선의 방법으로 적응해나가는 것이 중요하다(이 경우 소비를 줄이고, 타던 차를 파는 것). 하지만 자신이 처한 상황에서 할 만큼 노력을 다했다고 느낄 때, 종종 더는 어떻게 할 수 없다는 통제력의 부재를 느끼기도 한다. 즉 자신이 무슨 일을 하든 경제적 문제가 나아질 기미를 보이지 않을 때 이러한 느낌을 갖는 것은 당연하다. 또한 자신의 의지와는 달리 주변인들에게서 놀림을 받는 것 또한 이 경우에 해당한다. 이러한 느낌은 시간이 지날수록 점점 악화되어가는 것이 대부분이며, 결국 당사자는 자신이 처한 상황이 절대로 나아질 수 없다는 절망감을 가지게 된다.

절망감

기분 저하 등 내면적 불쾌감 또는 부정적인 일들의 영속적인 원인을 시스템적으로 설명하려고 노력하다 보면 자신의 존재 깊숙한 곳을 파고들어 거기서부터 생각하게 된다. 그럴 경우, 더욱 비관적이 되고 일상의 주도권을 잃어버린다는 느낌을 더 강하게 가지게 될 것이다. 다시 말해서 더욱 깊은 우울증에 빠진다. 이것은 심리학자 마틴 셀리그만(Martin Seligmand)의 유명한 이론 가운데 핵심을 차지한다. 이 이론의 핵심어라면 바로 절망감이라는 단어를 들 수 있다. 가족 구성원의 죽음이나 힘겨운 경제적 문제에 직면하는 등의 상황은 자신이 무엇을 어떻게 하든 손을 쓸 수 없다는 절망감을 가져다주며 또한 우울증의 직접적 원인이 될 수 있다. 이러한 일련의 절망감을 계속해서 느낄 경우, 스스로에 대한 믿음을 잃어버릴 수 있으며, 고통스러운 현실 때문에 자신만의 세계에 안주하게 된다.

즉 자신이 처한 상황에 통제력을 행사할 수 없고 연속적인 절망감을 느낄 경우, 우울증으로 빠져들 가능성은 매우 높다.

- 비통제력 : 어떤 상황에서 자신이 무슨 일을 하든 그 상황에 손을 쓸 도리가 없을 때 가지는 느낌.
- 절망감 : 위의 비통제력에 더해서 지속적으로 불쾌한 감정이 들고 또 이러한 상황이 앞으로도 계속될 것이라는 생각.

여러 상황에 우울한 기분과 태도로 맞서는 것은 궁극적으로 당사자에게 지속적인 상실감과 불쾌감만을 가져다줄 뿐이다. 이것은 상황의 객관적인 면을 보지 않고 자신의 비관적이고 주관적인 내면을 바탕으로 대응하려는 태도 때문이다. 이때의 문제점은 바로 자기 자신을 문제로 여기는 것이다.

- 자신은 무능력하고 성격 장애가 있으니 문제의 핵심은 바로 자기 자신이라는 생각.
- 따라서 상황의 악화를 가져오는 핵심 원인은 다른 사람이 아니라 바로 자기 자신이라는 생각.

결과적으로 어떤 상황이 특정하고 일회적인 원인 때문에 발생했다는 것을 인정하지 않고, 앞으로도 상황이 절대 변하지 않을 것이며 그 원인이 영속적인 것이라는 비관적인 태도로 일관한다면, 다음과 같이 우울증 정도는 더 악화될 것이 자명하다.

- 주변의 잘못된 상황이 자신의 일회적 행위나 말로 인한 것이 아니라, 자신의 인간성 자체에 결함이 있어서 발생된 것이라고 생각함.
- 스스로를 변화시키거나 다음번에는 다른 태도로 비슷한 상황에 임한다 해도 아무 도움이 되지 않을 것이라고 생각함.
- 따라서 같은 일이 계속해서 일어날 거라고 생각함.

비관주의자가 될 것인가, 낙관주의자가 될 것인가

비관주의는 주변 상황에 지속적으로 부정적인 생각을 가지는 것이며, 낙관주의는 비 온 뒤에 해가 나듯 현재 처한 부정적 상황이 곧 끝이 날 것이라고 믿는 것이다. 또한 비관주의는 어떤 상황의 결과로 경험하는 상처와 고통을 과장되게 받아들이고 그것이 자신의 잘못 때문이라고 생각하는 것이다. 이에 반해 낙관주의는 어떤 불행한 상황을 일반적인 규칙에서 벗어난 일회적인 것으로 받아들이고, 상황에 대해 개인적인 책임을 필요 이상 강하게 느끼지 않는 태도다. 비관주의는 포기하려는 사고방식이며 상황에 능동적으로 대처하지 않으려는 태도고, 낙관주의는 자신에게 닥친 불행을 삶에 있을 수 있는 일종의 도전이라 생각하고 다음번에는 더욱 잘 대처하겠다고 마음먹는 사고방식이라 할 수 있다.

여러 조사에서, 낙관주의를 가진 사람들은 대체적으로 상황에 능동적으로 대처하며 학교나 직장에서 같은 입지에 있는 타인보다 더 좋은 결과를 내는 것으로 나타났다. 낙관주의를 가진 사람들은 자신의 능력을 과대평가하는 경우도 많다. 따라서 극한적인 상황에서도 포기하지 않고 더 많이 노력한다.

세상을 살아가다 보면 좋은 일만 일어나지는 않는다. 따라서 비관적인 사고방식은 종종 현실주의와 동일하게 여겨질 수도 있다. 가끔은 부정적인 상황에서 자신의 역할과 입지를 냉정하게 보는 능력이 필요하다. 이러한 태도에는 당사자의 책임감을 증가시키는 긍정적인 면도 있지만, 가끔 자신이 아닌 타인에게 부당하게 잘못을 덮어 씌우는 부정적인 면도 있다. 하지만 어떤 상황의 부정적인 요소에만 집착을 하고, 그것이 지속적으로 자신을 괴롭힐 것이라 생각한다면 자연히 그 결과도 비관적으로 나타날 수밖에 없다. 즉 이는 불행은 기다리는 사람에게 더 자주 찾아온다는 말을 인정하는 결과밖에 되지 않는다.

비관주의는 우리의 가능성을 현실적으로 보는 것을 방해한다. 따라서 비관주의에 빠지면 더 나은 상황으로 이끌어주는 주변 요소들을 볼 기회를 놓치는 경우가 다분하다. 비관주의는 우리의 정신 작용에서 불행과 싸울 수 있는 힘을 없애는 역할을 하고, 심신을 지치게 만들며, 결과적으로 심각한 질병도 가져오게 된다. 이러한 비관주의는 우울증의 핵심적 원인이 된다. 비관주의가 가장 강하고 해악적일 때, 이는 우울증의 모습으로 나타난다.

마틴 셀리그만은, 사고방식은 건강에 아주 중요한 영향을 미친다고 했다. 낙관적인 사고방식을 지닌 사람들은 비관적인 사람들보다 신체적으로 더 건강하고 질병에도 잘 견디는 것으로 나타났다. 즉 낙관적인 생각을 할 때는 비관적인 생각을 할 때보다 질병에 대응해서 건강을 유지하는 것이 훨씬 쉽다. 실제로, 낙관적인 사고방식을 지닌 사람들은 그렇지 않은 사람들보다 대체적으로 평균 수명이 길다는 것도 조사 결과 나타났다.

훈련으로 낙관적 태도 습득하기

비관주의와 낙관주의는 선천적인 것이 아니다. 이것은 성장하면서 점차 갖게 되는 사고방식일 뿐이다. 따라서 비관적 사고방식은 얼마든지 없앨 수 있다. 세상을 보는 시각을 낙관적으로 바꾸는 것은 훈련을 통해 얼마든지 가능하다.

그렇다고 해서 훈련을 통한 낙관주의가 일종의 '긍정적 사고방식'의 한 형태라 할 수는 없다. 즉 자신에게 긍정적인 생각을 주입하는 것이 낙관주의의 핵심이라 할 수는 없다. 일상에서 자신을 향한 긍정적인 시각이 실제로 우리의 감정에 미치는 영향은 크지 않다. 중요한 것은 불행하고 어려운 상황에 처했을때 스스로를 어떻게 생각하느냐 하는 것이다. 즉 마음먹은 대로 상황이 돌아가지 않을 때 부정적인 사고만으로 대처하는 것은 결코 바람직한 일이 아니다. 힘겨운 일이 닥쳤을 때, 오로지 부정적인 생각과 태도만으로 그 상황을 해결하려고 노력하는 것은 옳지 않다. 즉 낙관적인 생각과 말로 자신의 부정적인 태도와 싸워 이기려는 노력과 의지가 필요하며, 대안적인 태도와 사고도 이끌어낼 수 있어야 한다. 문제점을 해결할 수 있는 가능성에 오히려 사고의 초점을 맞추는 태도가 필요하다. 살아가면서 부정적이고 상처를 가져올 수 있는 상황과 말에 맞설 수 있고 긍정적인 영향을 미칠 수 있는 대안적 사고 능력을 길러야 한다.

낙관주의는 긍정적이고 유쾌한 일이 일어났을 때 스스로를 칭찬하는 태도라고 할 수도 있다. 유쾌한 일이나, 자신의 능력으로 인한 성공적인 결과에 감사하고 또 스스로를 칭찬하는 태도를 지닌다면, 살아가면서 또 다른 여러 긍정적인 가능성을 접하게 된다.

실제로 낙관적인 태도를 가진 사람들은 그렇지 않은 사람들보다 더 많이 성공한다. 동시에 이들은 자신의 능력이 성공적인 결과를 가져오는 데 부족하다 할지라도 이를 긍정적인 도전의식으로 기꺼이 받아들인다. 따라서 낙관주의를, 삶이 주는 희망의 선물이라 이름 붙여도 될 것이다.

비관적 사고 버리기

우울하고 비관적인 사고를 지속적으로 하는 행위를 소의 되새김질에 비유할 수 있다. 앞서도 말했듯이, 우울증의 근본적 원인이 되는 것은 비관적인 사고를 우울한 기분으로 자꾸만 되새겨 자신의 일상을 지배하도록 놓아두는 행위다. 물론 모든 비관주의자가 계속해서 우울한 사고를 하는 것은 아니다. 반드시 비관주의자가 아니라 할지라도 삶에 비관적인 자세를 지니는 것은 얼마든지 가능하다. 하지만 문제는 바로 부정적 생각들이 자신의 일상을 지배하도록 가만히 놓아두는 것이라 할 수 있다. 우울한 생각과 걱정을 두고두고 지속적으로 한다면 그러한 행위는 그 자체로 불쾌하고 어려운 상황을 초래한다.

비관주의자라고 해서 모두가 부정적 사고를 지속적으로 하는 것은 아니다. 이 사람들은 어떤 특정한 상황에 단순하게 부정적 사고로 대응하지는 않는다. 이러한 의미에서 보면, 그들은 어떤 상황의 근본적 원인을 찾아내는 데 그다지 집중하지 않는다고도 할 수 있다. 이 경우, 비관주의자들의 내면에서도 종종 긍정적인 면을 찾을 수 있다. 그들의 내면에서는 주변 상황에 대한 부정적 해석이 그다지 큰 자리를 차지하지 않는다. 그들은 현재의 부정적 상황을 지속적으로 두고두고 생각한다기보다는 시간에 따라 움직이는 자신의 삶을 살아나가는 데 더 집중한다고 보아도 될 것이다.

이럴 경우 비관주의자라 해도 우울증에 걸릴 확률은 그다지 높지 않다. 이들은 문제점을 그다지 오랜 시간 지속적으로 생각하지 않거나, 정도가 약한 비관주의적 사고를 한다고도 볼 수 있다. 가장 좋은 것은 현실적이고 객관적인 시각을 가지고 자신이 처한 상황에 대응하고 긍정적인 사고로 앞날에 대처하는 것이라 할 수 있다.

비관주의와 낙관주의의 평형을 유지하기

비관주의가 자기 파괴적인 성격을 지닌다면, 어떤 방법으로 이 비관적 사고방식에서 벗어날 수 있을까? 다윈의 진화론은 주변 환경에 적응하는 능력을 지니지 못한 생물들은 점차 자멸한다고 했다. 낙관주의적 사고를 지닌 사람들이 어떻게 주변 상황에 적응하고 또 생존경쟁에서 살아남는지는 쉽게 볼 수 있다. 인간은 오랜 옛날부터 봄에 씨를 뿌리고 가을에 수확을 해서 생명을 이어왔으며, 창과 칼을 만들어 생존에 위협을 주는 동물들과 싸워왔다. 또한 인간은 몇 세대에 걸친 오랜 작업을 통해 신전을 짓는 등 문화적 욕구를 충족시켜왔다. 만약 인간들이 근본적으로 희망이라는 것을 지니지 않은 동물이라면 어떻게 이러한 일이 가능했을까?

인간들은 몇만 년의 생존 역사 속에 있어왔던 빙하기, 홍수기와 같은 기후 변화와, 지진과 가뭄 또는 기아를 경험했다. 이러한 힘겹고 고통스러운 상황에서 인간이 미래에 대한 걱정 없이 생존해왔다는 사실은 믿기 어렵다. 인간 생존의 역사는 비 온 뒤 굳은 땅, 무더위 후에 오는 서늘함, 고통 다음에 찾아오는 평화와 안정 같은 것이라고 할 수 있다.

또 다른 예를 들어 세일즈를 전문으로 하는 회사에 낙관적인 생각을 가진 사람들만 고용했다고 치자. 이러한 회사가 부도를 내지 않고 얼마나 오래 사업을 영위할 수 있을까? 그런 회사에는 문제점을 직시하고 수입과 매출의 평형을 현실적으로 보는 고용인이 필요하다. 또한 한 나라의 정부가 오직 낙관주의를 바탕으로 국사를 영위해나갈 확률은 얼마나 될까? 이와는 반대로, 한 나라의 정부가 비관적인 생각을 가진 지도자들로만 이루어져 있다면, 그 나라의 미래는 어떻게 변할까? 이처럼 각 개인들도 비관주의와 낙관주의의 평형을 유지해야 가치 있는 삶을 살 수 있다. 또한 직장이나 한 나라의 정부 내에도 비관적 사고와 낙관적 사고를 지닌 사람들이 골고루 분배되어 있어야 올바르고 가치 있는 미래를 맛볼 수 있다.

굳이 비유를 하자면, 오색 풍선에 바람을 넣고 공중으로 날려 올리는 사람도 있어야 하고, 활을 쏘아 이들 가운데 몇 개를 맞추어 땅으로 떨어뜨리는 사람도 있어야 한다. 이렇게 함으로써 삶의 가치 있는 아이디어가 그 생명력을 균형적으로 발휘할 수 있다. 어떤 면에서 보면, 비관주의는 미래를 계획하는 데 필수적이라 할 현실성을 포함하기 때문에 중요하다고도 볼 수 있다. 하지만 비관주의와 함께 평형을 이루는 낙관주의 없이는 미래의 가능성을 배제하고 한계만을 보는 태도를 갖게 되므로 두 사고의 평형을 유지하려고 항상 노력해야 한다.

낙관주의적인 태도를 위한 실천 사항

우선 자기 자신에게서 거리감을 두는 것이 요구된다. 불쾌한 사고나 걱정거리에서 벗어나 긍정적이며 즐거운 일에 정신을 집중하는 태도가 필요하다.

다음으로 상황에 대한 자신의 반응이 이성적인지 자기 자신과 대화를 해보는 것이 필요하다. 만약 부정적인 생각만 되새긴다면, 당신은 갈수록 슬프고 어두운 기분에 빠져들 것이 분명하다. 자신이 경험한 상황과 관련해서 스스로에게 질문을 던져보는 것도 대안적 방법으로 생각할 수 있다. 자신의 태도가 지나치게 비관적인 것은 아닌지, 또 이에 대한 대안적 방법으로 긍정적 태도는 생각해볼 수 없는지 살펴본다. 이때 할 수 있는 질문의 예들은 다음과 같다.

- 나는 이 상황을 지나치게 개인적인 것으로 받아들이는 건 아닐까?
- 내 잘못이 아닌 것까지도 내 잘못으로 간주하는 건 아닐까?
- 상황의 부정적 결과를 과장되게 해석하는 건 아닐까?
- 만약 이 상황이 긍정적인 방향으로 발전된다고 가정한다면 이럴 때 어떤 일이 일어날까?
- 내가 이 상황에서 얻을 수 있는 최선의 것은 무엇일까?

마지막으로 당신은 비관적 생각에서 벗어나도록 노력해야 한다. 이때 기본적으로 생각해야 할 것은 자신의 생각은 현실적이 아니라는 점이다. 상황과 관련해서 특정한 방식으로 생각을 한다고 해도, 그러한 자신의 생각이 반드시 옳고 진실하지는 않다는 것을 염두에 두어야 한다. 그것은 비이성적일 수도 있고, 비관적일 수도 있으며, 자신의 가치를 과소평가하는 원인이 될 수도 있다.

술에 취한 사람이 길가던 당신에게 욕을 하거나, 당신에게 평소 질투심을 가지고 있던 사람이 당신을 모함했다면, 당신은 그들의 말과 태도를 이성적으로 신뢰하고 귀담아들을 수 있는가? 절대 그렇지 않다. 같은 이유로 당신을 불쾌하게 만드는 비이성적이고 비관적인 생각들을 전적으로 신뢰하는 일은 피해야 한다. 그것은 당신의 활동력과 의지력, 그리고 희망을 앗아가는 장애물일 뿐이다. 대신, 당신은 좋은 친구로서 스스로에게 긍정적인 조언을 하고, 인내심과 이해심, 존중감을 보여주어야 한다. 물론 어둡고 비관적인 생각은 깊이 사고한 후에 나타나는 결과적 요소일 수도 있다. 하지만 비관적인 생각을 둘러싼 우울한 분위기 때문에 종종 그 핵심을 잃는 경우가 있다. 중요한 것은 바로 인간으로서 우리 자신에게 가져야 할 애정이다. 낙관적인 생각과 태도는 인내심과 희망을 가져다준다는 의미에서 휴머니즘의 한 형태로 보아도 좋다.

모든 사람은 살다 보면 일상의 크고 작은 어려움과 문제점에 부딪힌다. 그것은 부부 관계에서 나타날 수도 있고 친구 관계, 또는 직장이나 학교에서도 경험할 수 있다. 신체적 고통은 물론 경제적 어려움도 여기에 해당된다. 가끔은 홀로 이겨내지 못할 정도로 큰 문제일 수도 있고, 또 어떨 때는 여러 가지 작은 문제와 걱정거리들이 조합되어 한꺼번에 나타날 수도 있다. 우울증은 이러한 문제를 해결할 가능성과 힘을 앗아가는 삶의 해악적 요소라 할 수 있다.

아서 네즈(Arthur Nezu)와 크리스틴 네즈(Christine Nezu)는 마이클 페리(Michael Perri)와 함께 우울증에 시달리는 사람들이 어떻게 자신들 앞에 닥친 문제들을 해결했는지를 보여주는 프로그램을 제작했다. 그들은 여러 조사를 바탕으로 프로그램을 제작했고, 동시에 이 프로그램이 여러 일반인은 물론 우울증에 시달리는 많은 사람들에게 도움이 되도록 하자는 취지를 가지고 있었다. 프로그램의 목적은 우울증에 시달리는 사람들이 일상에서 겪는 문제점을 풀어나갈 방향을 제시하는 것이며, 궁극적으로는 우울증에서 벗어나는 길도 보여준다. 기본적으로 일상의 문제점이나 어려움을 현실적으로 직시하고 이를 하나하나 풀어나가는 과정을 보여줌으로써, 우울증에 시달리는 당사자들이 여기서 벗어나 새로운 삶을 맛보도록 도와준다. 이 장에서는 이 프로그램에 대해 이야기해보겠다.

문제 해결을 위한 과제

문제 해결 과정은 다음과 같은 여러 가지 과제를 포함한다.

- 어떤 방법으로 문제점들을 표현할 수 있는가?
- 문제 해결에 어떤 대안을 제시할 수 있는가?
- 각각 다른 문제 해결의 대안들 가운데 어떤 것을 가장 먼저 선택해야 하는가?
- 어떤 방법으로 문제를 해결할 수 있는가?
- 어떤 방법으로 문제 해결 결과를 평가할 수 있는가?

우울증에 빠져 있으면 이런 과제들을 살펴보는 것조차 힘겹다. 만약 당신이 현재 우울증에 시달린다면, 우선 직면한 문제들을 자신에게 호의적인 방법으로 해석해본다. 예를 들어 상황과 관련된 주변인들 가운데 자신을 제외하고서 책임감을 가진 사람들을 찾아보는 것도 좋다. 하지만 문제점에서 벗어나기 위한 대안적 길을 찾기는 쉽지 않다. 우울증은 유동적이고 창의적인 사고방식에 장애가 되기 때문이다. 문제점에서 벗어나기 위해 어떤 길을 선택하느냐 하는 것도 결코 쉬운 일은 아니다. 이때 경험하는 결단력 부족과 지속적인 부정적 생각은 우울증의 대표적 증상이라 할 수 있다. 문제 해결을 시도하면서 어떤 특정한 방법을 시도해보겠다고 이미 결심했다 해도 무기력증 때문에 그것을 완수하기는 결코 쉽지 않다. 또한 문제 해결을 이행했다 해도 그것을 평가하는 과정에서 부정적인 생각들이 다시 고개를 들 수 있음을 간과해서는 안 된다. 다음은 이러한 부정적인 생각들의 예다.

- 내게는 성공을 경험할 가치가 없다.
- 이번에는 우연히 성공했지만 다음번에도 성공을 기대하기는 어렵다.
- 이번 일은 아주 사소한 것에 불과하다. 어떤 사람이라도 이 정도 일은 쉽게 해낼 수 있다.

다음은 문제 해결을 위한 여러 가지 단계다. 이와 동시에 문제 해결 가능성을 높일 수 있는 실제적인 방법도 살펴보려 한다. 물론 이것은 모든 문제점을 해결할 수 있는 방법은 되지 않는다. 이 세상에는 우리가 스스로 해결할 수 없는 문제점들이 많다. 이렇듯 해결이 불가능한 문제점들과 직면했을 때는 최선의 방법으로 이들과 함께 더불어 살아나갈 방법을 모색해야 한다. 문제점들을 언어로 표현함으로써 구체적인 한계를 설정하는 것도 좋다.

우선 일상의 문제점들에 현실적이고 긍정적인 시각을 가지는 것이 중요하다.

- 이 세상 모든 사람이 살아나가면서 문제점에 직면한다. 따라서 현재 문제점으로 고심하는 자신의 상황은 누구나 겪는 극히 정상적인 상황으로 이해해야 한다.
- 대부분의 사람들이 일상에서 비슷한 어려움을 경험한다. 홀로 어려움에 시달린다는 생각은 금물이다.
- 대부분의 문제점들은 그 자체만으로는 극도로 해악적이지 않다.
- 문제 해결의 완벽한 방법은 찾아볼 수 없다. 자신에게 알맞은 최선의 문제 해결 방법을 찾는 것이 중요하다.
- 문제 해결을 시도하기 전에 곰곰이 생각하는 시간을 가지는 것도 중요하다. 가장 먼저 시도하는 것이 최선의 방법이 되는 일은 극히 드물다.
- 기분 저하를 문제점의 경보 작용으로 인식하자. 그러한 상황에서는 항상 하던 일을 멈추고 생각을 해보는 것이 도움이 된다.

슬픔과 절망, 울분과 불안감을 느낄 때는 일반적으로 충분한 이유가 있기 마련이다. 이러한 감정들은 극히 현실적인 문제에 대해 보이는 일반적인 반응이기 때문에 문제점에 대응하게끔 의지력과 해결 방향을 제시하는 근원이 될 수도 있다. 가끔은 이러한 감정에 집중하면서, 어떤 방법으로 에너지 소모를 줄일 수 있는지 살펴보는 것도 좋다. 어떨 때는 이러한 감정들이 문제 그 자체가 될 수도 있다. 그것은 자신의 감정을 통제하지 못하고, 그 감정의 원인이 되는 사항들을 충분히 이해하지 못했기 때문이다. 그렇게 되면 문제 해결의 길은 멀어지기만 한다.

강하고 불쾌한 감정들은 문제점에 직면했다는 경보 작용으로 이해되기도 한다. 이러한 감정들을 느꼈다면, 자신의 감정이나 기분 자체가 문제점으로 떠오르는 상황을 방지하기 위해 우선 하던 일을 멈추고 조용히 그 원인을 생각해보는 것이 좋다.

문제점의 표현 방식

어떤 문제점에 직면했을 때, 그 상황을 객관적으로 분명하게 이해하는 것은 매우 중요하다. 문제를 정확히 이해하고 그것이 무엇인지 정의할 수 있다면, 이미 문제를 반은 해결했다는 것을 의미한다. 하지만 우리가 살아가면서 부딪치는 문제는 현실적으로 봤을 때 그 원인이 무엇인지 명확히 정의하기 힘든 경우가 대부분이다. 따라서 문제 해결에는 시간이 필요하다. 문제 해결의 지름길을 찾았다고 생각했는데 나중에 보면 그것이 올바른 방법이 아니었다는 결론이 나올 때도 많다. 그러니 문제가 발생했다고 여겨지면 충분한 시간을 두고 생각해보는 것이 좋다.

우선 자신의 감정에서 기본적 바탕이 되는 사항을 찾아보자. 특별히 불쾌하게 느껴지는 것은 무엇인가? 울분인가? 슬픔이나 불안감,

실망감인가? 현재의 상황에서 자신의 불쾌한 감정과 직접적으로 연결되어 있는 사항은 무엇인가?

자신이 처한 상황이나 자신의 감정을 오해하는 경우도 종종 있다. 더욱이 우울증에 빠져 있다면 자신의 생각이나 감정에 집중한 나머지, 자신이 직면한 상황이 무조건 잘못되었다고 생각하는 경우도 많다. 이럴 경우, 스스로의 감정이나 기분에서 벗어나 주변의 객관적인 정보를 수집하는 것이 필요하다.

예를 들어 자신을 기자라고 생각하고 자신의 상황과 감정을 기사화한다고 생각해보자. 이때 진실하고 객관적인 방법으로 기술하는 것은 매우 중요하다. 따라서 되도록이면 관련 정보를 많이 모아야 한다. 신뢰하는 주변인을 통해 객관적인 정보를 찾아야 하고, 잔잔하고 직접적인 방법으로 기술해야 한다. 기사화를 할 때는 상황과 관련 없는 정보는 배제해야 하고, 사실과 평가적 요소를 구분해야 하며, 가설적 요소를 짚어낼 때도 이성적인 태도를 유지해야 한다. 근거 없는 가설적 요소가 기술시 필요하다 해도, 이성적이고 객관적인 요소와 거리를 두어 확실히 구분해야 한다. 이렇게 하다 보면 상황에 대해 점차 선명하고 확실한 생각을 가질 수 있다.

다음은 자신이 직면한 문제점들을 글로 표현할 때 단계적으로 거쳐야 할 과정이다.

- 우선 자신이 원하는 것만 생각하는 태도에서 벗어나야 한다.
- 육하원칙에 의거한 질문을 던져보자. 누가, 무엇을, 언제, 어디서, 어떻게, 왜.

- 필요한 세부 사항들을 선명하고 구체적인 언어로 요약해서 써 보자.
- 상황과 관련성이 있는 정보와 그렇지 않은 정보를 구별하자.
- 사실적 요소와 가정적 요소를 구별하자.
- 문제점들이 포함하는 장벽과 갈등 요소를 구체적인 언어로 표현하자.
- 자신이 원하는 것이 무엇인지 구체적으로 분명하게 표현하자.
- 자신의 목표를 성취하려면 어떤 장벽을 구체적으로 헤쳐가야 하는지 찾아보자.

군보르와 얀의 예

◎ 군보르의 친구 관계에는 문제가 있었다. 우선 외관상으로 볼 때 친구들은 모두 하나같이 그녀에게서 멀어져가는 것만 같았다. '그 이유는 바로 내가 너무너무 재미없고 지루한 사람이기 때문이야.' 군보르는 항상 이렇게 생각했다. 그녀는 자신이 재미없고 지루한 사람이라는 오명에서 벗어나려면 우선 이야기를 많이 해야겠다고 마음먹었다. 그래서 그녀는 자신에 대한 이야기나 최근에 하는 일을 주로 이야기하곤 했다. 하지만 주변인들은 그녀가 너무 자기주장이 강하고, 때로는 과장해서 말하는 것이 바로 문제점이라고 했다. 즉 그녀는 재미없고 지루한 사람이었다기보다는 함께 이야기를 하기에는 너무나 어려운 사람이라는 인상을 대화 상대방에게 주었던 것이다.

◎ 얀은 롤프와 리세가 사는 집에서 함께 생활했다. 어느 날 얀은 그들의 집에서 나가달라는 부탁을 받았다. 얀은 놀라움과 불쾌감, 적개심으로 반응했다. 배신감은 물론 절망감도 느꼈다. 그 이유는 아무도 그에게 관심을 보이거나, 그를 이해하려고 노력하지 않는다는 사실 때문이었다. 그런데도 그는 왜 자신이 그러한 상황에 직면했는지 알려고 주변의 말을 듣는 성의를 보였다.

롤프는 얀을 손님으로 접대하는 데는 아무 문제가 없으나, 매일 함께 살기에는 힘겹다고 했다. 그 이유는 바로, 얀이 항상 어두운 기분에 사로잡혀 있으며 혼자만의 세계에 사는 것 같아 함께 일상적인 대화를 하기도 어렵기 때문이라고 했다. 롤프와 리세는 그러한 얀의 태도와 이에 어찌 반응해야 할지 모르는 자신들의 태도 때문에 점차 불행에 빠져드는 것 같은 느낌이 든다고 했다. 하지만 함께 대화하는 동안 롤프는 비록 그들 사이에 자리하던 문제점이 불거지긴 했지만 얀이 이전과 마찬가지로 그들의 친구가 틀림없다는 생각을 굳힐 수 있었다.

'사실'이란 실제로 어떤 일이 발생했다는 눈에 보이는 구체적인 요소라 할 수 있으며, '평가'란 직접적인 관망을 통해 습득되는 요소뿐 아니라, 대안적이고 가정적인 요소까지 포함한 가치 예상 및 결론이라 할 수 있다. 따라서 '평가'적 요소는 올바를 수도 있고, 그 반대일 수도 있다. 때문에 사실적 요소를 되도록이면 많이 수집하는 것은 올바른 평가의 지름길이라 할 수 있다.

앞의 경우 군보르와 얀은 자신이 처한 상황과 관련해서 더 많은 객관적 정보를 모아야 한다. 더욱이 끝을 보지 않고 일찌감치 그 상황에서 벗어나려고 애쓰는 자세는 피해야 한다. 그들은 둘 다 우울증에 시달리고 있기 때문에 자신들이 내린 어둡고 우울한 평가가 사실이라고 생각하는 경향이 있다. 물론 그들이 직면한 상황은 결코 쉽지 않다. 하지만 그렇다고 해서 희망이 존재하지 않는 것은 결코 아니다.

문제 해결의 대안 찾기

자신이 처한 문제를 정의하고, 원하는 것이 무엇인지 결정했다면, 문제점을 해결하고 자신이 정한 목표에 도달하기 위해 되도록이면 많은 대안을 생각해본다. 이때 자신의 감정은 잠시 옆으로 밀쳐두는 것이 좋다.

- '수는 질을 결정한다.' 즉 대안이 많으면 많을수록 최선의 해결 방법을 찾을 가능성은 더 높다고 볼 수 있다.
- 여러 대안적 제안 가운데 어느 한 가지에 대한 선입견이나 편견을 배제하자.
- 구체적이고 객관적으로 생각하도록 노력하자.
- 사안에 관련된 적절하고 타당한 제안을 생각해보자.
- 서로 다른 여러 제안을 조합하는 방법도 고려해보자.

브레인스토밍

어려운 문제에 직면할 때 우리는 감정적인 면이 상황을 지배하도록 놓아두는 경향이 없지 않다. 즉 걱정을 하고, 부정적인 면에 집중해서 생각한다. 부정적이고 어두운 생각을 하면 할수록, 문제 해결에서 멀어지는 악순환이 되풀이된다. 이러한 일이 지속되면 절망감마저 가지게 된다. 최선의 방법은 되도록이면 많은 해결적 대안을 생각한 후 이를 목록화하는 것이다.

브레인스토밍에 관한 조사에서, 해결을 위한 제안의 수가 많으면 많을수록 질도 높아지는 것을 볼 수 있었다. 즉 이것은 최선의 방법으로 문제점을 해결할 가능성이 높아진다는 것을 의미한다. 물론 제안들 가운데서는 그다지 좋지 않은 것들도 얼마든지 찾아볼 수 있다. 하지만 여기서 주목해야 할 것은 제안이 얼마나 많은가 하는 것이다. 우선은 되도록이면 많은 제안을 생각해내야 한다. 시간이 흐른 후, 목록화한 모든 제안을 재검토할 때 어떤 방법으로 서로 다른 제안들을 조합해야 할지 볼 수 있다.

또 다른 중요한 점은 서로 다른 제안들에 대해서 절대 편견을 가지면 안 된다는 것이다. 생각이 나는 대로 좋든 나쁘든 일단 기록을 해놓는 것이 좋다. 어떤 특정한 제안을 너무 성급하게 평가한다면 브레인스토밍의 질은 낮아질 수밖에 없다. 어떤 아이디어는 첫눈에 보기에 절망적으로 여겨질 수도 있지만, 궁극적으로는 훨씬 좋은 결과를 가져오기도 한다. 우울증에 빠졌을 때는 특히 선입견을 가지기 쉬우므로 주의해야 한다. 문제를 해결할 수 있는 제안을 떠올리지 못한다면, 우선은 어떤 생각이든지 머리에 떠오르는 대로 적어내려가는 것이 중요하다.

이 과정에서 문제 그 자체에 집중할 수 있게 된다. 집중력을 잃지 않는 것이 중요하다. 집중력을 잃었다는 생각이 들면, 문제 자체를 상기하기 위해 그것을 재검토해보는 것이 요구된다.

전략과 전술 구분하기

문제 해결을 위한 아이디어를 목록화할 때 마지막으로 중요한 사항은, 전략과 전술적인 면을 구분해서 생각하는 것이다. 전략은 문제에 접근하는 일반적인 방법이라 생각하면 된다. 전술은 전략을 완수해내기 위해 구체적으로 실행할 세부 조항이라 할 수 있다.

어떤 학생이 친구들과 함께 방학 동안 여행을 하려고 자금 마련 계획을 세웠다면 아르바이트를 하는 것은 전략이라 할 수 있다. 아르바이트의 종류는 여러 가지가 있다. 신문을 돌린다든지 가게에서 시간제 일을 하는 것을 그 예로 들 수 있다. 이렇듯 일을 하려면 이력서를 내거나, 고용주와 이야기하는 등 각기 다른 방법이 있는데, 이것을 전술이라 할 수 있다.

그렇다면 이렇게 전략과 전술적인 면을 나누어 생각하는 것은 왜 필요한가? 그 이유는 문제 해결을 위한 아이디어를 기록할 때 전략적인 면과 전술적인 면이 서로 상충되지 않도록 하기 위해서다. 이는 각기 다른 제안들의 질과 양에 관한 원칙에서 벗어나지 않기 위해서이기도 하다.

힐데의 예

힐데는 외모에 만족하지 못했다. 그녀는 특히 몸무게 걱정을 많이 했으며, 수없이 많은 살빼기 과정에 등록했으나 만족할 만한 결과를 얻지 못했다. 결국 그녀는 자신의 외모와 몸무게 때문에 너무 걱정을 많이 하다 보니, 문제를 해결하려면 무엇을 해야 할지 모르는 절망적인 상태에 달했다. 그녀는 우울한 기분이 느껴질 때마다 무의식적으로 냉장고 문을 열어보는 것을 습관화했으며, 무엇을 먹고 나면 만족감과 동시에 찾아오는 자책감에 시달렸다. 그녀는 결국 의사를 찾아갔고 의사는 문제 해결을 위한 여러 가지 생각을 적어보라고 그녀에게 요구했다.

- 지방질 없는 건강식을 3주 동안 계속하기.
- 저녁 시간에는 아무것도 먹지 않기.
- 점심 거르기 등.

이렇듯 여러 가지 서로 다른 아이디어들을 적어내려간 후 목록을 살펴보니 그 수가 그리 적지 않았다. 문제는 이 목록화된 아이디어들이 모두 하나같이 다이어트를 하기 위한 전술적인 제안들뿐이라는 것이었다. 정도가 심한 다이어트를 하면, 훗날 다이어트를 마쳤을 때 다시 과식으로 이어진다는 사실 때문에 기본적인 의도와 상충된다. 그녀 또한 이러한 사실을 경험으로 잘 알았다. 의사는 그녀에게 다양한 전술적 목적을 포함해서 목록의 범위를 넓혀보라고 제안했다.

일주일 후 힐데는 이전보다 자세하고 다양한 목록을 들고 의사를 찾아왔다. 그 목록에는 소식하기, 운동하기, 음식 종류를 바꾸기 등 전술적 면과 관련된 아이디어들이 많이 포함되어 있었다. 건강과 긍정적인 면을 부각시킨 전술이었다. 그녀는 이러한 전술을 이행하려고 더 구체적이고 다양한 전략을 생각해냈다.

이미 언급했듯이 목록화한 아이디어들을 재검토하고, 서로 다른 사항들을 조합하면 더 나은 결과를 가져올 수도 있다. 또한 더 나은 문제 해결을 위해 어떤 아이디어들은 조금 변경해야 할 경우도 있다. 예를 들어 어떤 사항들은 더욱 광범위한 시각으로 보고 짧은 기간 더 많은 에너지를 사용하도록 변경할 수도 있으며, 어떤 사항들은 기간을 길게 잡고 천천히 또 단순한 방법으로 시행하도록 변경할 수도 있다. 물론 시행 장소를 바꾸거나 타인과 함께 행하는 방법도 생각해볼 수 있다.

가끔은 자신이 직접 아는 사람이나, 미디어를 통해 알게 된 사람들 가운데 존경하는 사람을 떠올려보자. 그리고 다음과 같은 질문을 던져보자. 만약 내가 그 사람이라면, 목표를 이행하기 위해 나는 무엇을 할 수 있을까? 무엇이 그들을 지금의 자리에 있을 수 있게 했을까?

타인의 관점에서 문제 해결의 대안을 생각하는 일은 새롭고 건설적인 아이디어의 근원이 될 수도 있다. 이와는 반대로, 타인이 현재 자신의 처지에 있다면 나는 어떤 조언을 해줄 수 있을지 생각해보는 것도 가능하다. 가끔 자신의 문제보다는 타인의 문제를 해결하는 데 더 큰 역량을 발휘할 수도 있기 때문이다. 즉 한 걸음 떨어져서 문제를 직시하는 객관적인 관점을 가질 때, 더욱 창의적인 문제 해결 방법을 생각해낼 수 있다.

마지막으로 스스로에게 거리감을 두고 바라보라고 조언하고 싶다. 그리고 긍정적이고 만족스러운 방법으로 문제를 해결하려고 노력하는 자세를 가져야 한다. 이렇게 하려면 무엇을 해야 하고, 어떤 태도를 가져야 하며, 어떤 말을 할지 스스로 생각해보는 시간이 필요하다.

어떤 결정을 내릴 것인가

문제 해결을 위해 가능성 있는 제안들을 목록화한 후, 그 목록을 검토하는 시간이 필요한 것은 당연하다. 이때 각 제안들의 긍정적인 면과 부정적인 면, 강한 면과 약한 면 등 각기 상반된 면을 고려해보아야 한다. 중요한 점은, 자신이 실행에 옮기지 못할 것 같다고 해서 일찌감치 어떤 상황을 제외해버리면 좋지 않다는 것이다. 어떤 문제 해결 방법도 완벽하지는 않다는 것을 항상 기억해야 한다. 목록화된 사항들을 검토할 때는 다음과 같은 질문들을 염두에 두고 고려해보는 것이 좋다.

- 이 사항은 내가 목표에 도달하게 해줄 가능성이 어느 정도일까?
- 이 사항을 완수할 가능성은 어느 정도일까?
- 이 사항을 완수하기까지 어느 정도 시간이 걸릴까?
- 이 사항을 완수하기까지 어느 정도 힘과 노력이 필요할까?

- 이 사항을 완수하고 난 후에는 어떤 기분이 들까?
- 이 사항을 완수하는 과정에서 주변인에게 미치는 영향은 어떤 것이 있을까?

이익과 불이익 찾기

각 전략·전술적 사항에 대해 이익이 되는 점과 불이익이 되는 점을 시스템적으로 살펴보면 유용하다. 이를 효과적으로 실행하려면, 우선 A4 용지 위에 세로로 두 칸을 나누어 왼쪽에는 이익이 되는 점을 적고, 그 오른쪽에는 불이익이 될 점을 적어본다.

안네의 결혼생활에는 큰 문제가 있었다. 이의 해결 방안으로 그녀가 제시한 것 중 하나는 매우 심각한 것으로 바로 이혼이었다. 그녀는 이혼을 생각하면서 안정감을 잃어버렸다. 또한 시간이 갈수록 무엇이 옳고 그른지 명확한 판단을 내릴 수가 없었다. 마치 즐비한 나무만 보이고 숲은 볼 수 없는 것과 마찬가지였다. 그녀가 해결 방안으로 가장 먼저 생각해냈던 것은 부정적인 것이었다.

그녀는 먼저 이혼을 했을 경우 이익이 되는 점과 불이익이 되는 점을 하나하나 기록했다. 그리고 결혼생활을 지속할 경우 이익이 되는 점과 불이익이 되는 점에 대해서도 적어보았다. 이렇게 함으로써, 그녀는 두 가지 서로 다른 대안이 지닌 이점을 쉽게 비교할 수 있었다.

그녀는 이제 더는 같은 생각으로 방황하지 않고 있다. 어떤 문제가 발생했을 경우 새로운 관점과 가능성에 자신을 열어놓는 방법을 알았기 때문이다.

대안을 실행하기

문제 해결을 위해서 최선의 대안을 하나 찾았다면, 그것을 실행에 옮겨야 한다. 하지만 구체적으로 실행하기 전에 그 영향력을 생각해보는 것이 좋다. 예를 들어 일종의 시간 제한을 정해둔다. 만약 평가 작업을 너무 일찍 시작한다면, 자신이 행한 일의 결과가 미처 나오지 않은 이유로 부정적 평가를 내릴 수밖에 없다. 반대로, 평가하는 데 너무 오랜 시간을 끄는 것도 좋지 않다. 오히려 평가를 위해 사용하는 시간을 문제 해결에 사용하는 것이 좋지 않을까. 직장을 구하는 것이 목표인 사람이 단 2, 3일 후에 목표 수행에 대한 평가를 한다는 것은 좀 이른 감이 없지 않다. 새로운 목표를 정하고 다시 노력을 시작하기까지 몇 주를 더 기다려본 후에 해도 늦지 않다.

프랑크는 쉰여섯 살이 되는 나이에 직장을 잃을 거라고는 생각도 해보지 않았다. 그가 다니던 회사는 문을 닫을 예정이었고, 새 직장을 구하는 일 외에는 다른 대안이 있을 수 없는 상황이었다. 그는 여러 곳에 이력서를 보냈으나, 그를 보자고 하는 회사는 한 군데도 없었다. 프랑크는 시간이 흐르면서 점점 깊은 불안감에 빠졌다. 특히 면접에서도 제외되는 것을 나이 때문이라고 생각했던 그는 세상을 향해 이유 없는 적개심마저 품었다. 이러한 상황에 있는 사람이라면 좌절감을 느끼는 것이 당연하다. 그리고 직장을 잃어버렸다는 사실은 그에게서 자신감마저도 앗아가버렸다. 그의 좌절감은 보낸 이력서들이 되돌아올 때마다 더욱 커져만 갔다. 또한 기다리는 시간이 길면 길수록 일상은 더욱 견디기 힘들어졌다.

결국 그는 다른 방법을 선택했다. 이력서를 보냈던 회사에 더 적극적으로 전화를 해서 왜 자신에게 기회가 주어지지 않았는지 물어보기로 했던 것이다. 그는 여러 회사에서 정보를 수집했고, 덕분에 자신에 대해 더 많이 알게 되었다. 일자리를 찾는 방법에 대해서 이전보다 훨씬 많은 정보를 얻을 수 있었던 것은 물론이다. 그는 일자리를 찾을 때, 각기 다른 회사와 위치에 알맞게 자신의 능력을 적용해서 설명하는 것이 필요하다는 것을 알았다. 이전에는 그저 학력과 경력만 이력서에 적어 넣었지만, 지금은 지원하는 회사와 자리에 맞추어 자신의 능력과 책임감을 표현하는 일에 집중했다.

그 과정에서 그는 자문을 해보았다. 내가 할 수 있는 일은 무엇인가? 내가 원하는 것은 무엇인가? 자기 나이 또래에 있는 사람과 스무 살이나 어린 사람들을 비교했을 때, 그 자리에서 할 수 있는 일은 무엇인지, 그 이점은 무엇인지도 생각해보았다. 동시에 그는 지인들을 통해서 일자리를 구할 수 있는지 가능성을 알아보았다. 프랑크는 자신을 선전하고 판매하는 데 적극적으로 임했다. 그가 일자리를 찾을 수 있었던 것은 물론이다.

원하는 결과가 나타나지 않았을 경우 외부에서 도움을 받을 길은 없는지 찾아본다. 주변의 일반인도 좋고, 전문인도 좋다. 예를 들어 위의 프랑크의 경우처럼 옛 동료나 지인을 통해 조언을 얻고 도움을 받아 문제를 해결할 수도 있으며, 직업 알선기관에 문의해보기도 한다.

문제점들은 항상 크고 작은 다양한 형태를 보인다는 것을 기억해야 한다. 감당할 수 없을 정도로 커다란 문제에 직면했다면 잠시 문제점을 옆으로 미루어두고 이보다 규모가 작은 문제점을 풀어본다. 이렇게 해결이 쉽고 정도가 어렵지 않은 문제점들을 접하고 풀어나가는 일을 되풀이하다 보면, 자신감을 가질 수 있다. 이는 훗날 더 큰 문제점을 해결하는 데 도움이 된다.

시간이 흐르면서 문제점들은 점점 더 커지기 마련이다. 하나의 문제는 또 다른 문제와 겹치고, 이들은 결국 손을 쓸 수 없을 정도로 난해해진다. 그렇다면 어떻게 서로 다른 문제들이 겹치지 않도록 할 수 있을까? 이때 가장 먼저 생각할 수 있는 방법은 주변에 있는 작은 문제들부터 해결해보라는 것이다. 비록 우울증에 시달리는 상태라 해도 해결이 가능한 작은 문제들은 일단 스스로 해결을 시도해보는 것이 좋다. 예를 들어 식사를 마친 후 지저분한 접시들이 쌓이는 것을 어떻게 하면 방지할 수 있는가? 배수관에서 물이 새면 이를 어떻게 고칠 수 있을까?

가끔은 크고 작은 여러 문제가 겹쳐서 어디서부터 손을 대야 할지 난감한 경우도 있다. 어떤 문제들은 처음엔 너무나 크고 힘겨워 보이지만, 시간이 지나면서 저절로 해결되어버리기도 한다.

10장 | 수면과 불면

부인과 사별한 지 한 달이 지난 후, 랄프 로버츠는 난생처음 불면을 경험했다. 이렇게 불면증으로 반년을 보내고 나자, 그는 일상을 정상적으로 영위할 수 없을 정도로 쇠약해졌으며, 그런 자신을 받아들이고 이해하기조차 힘겨워졌다. 결국 1993년 여름, 그는 이 문제점을 해결하기 위한 노력을 시작했다. 그는 우선 시중에 나온 불면에 관한 책들을 사보았지만 도움은커녕 오히려 불면의 정도를 더할 뿐이었다. 불면증이 일상에서 경험하는 가벼운 증상이라고 하는 책도 있고, 병이라고 하는 책도 있었다. 심지어 어떤 책에서는 불면증을 아무 근거 없는 신화 같은 증상이라며 가볍게 다루었다. 시간이 지날수록, 그의 불면증은 정도를 더했고, 책에 기록된 내용은 이해할 수 없는 것들뿐이었다. 그의 주변에는 불면증의 원인과 증상을 정확히 알고 조언할 사람들이 전무했다. 그는 이제 무엇을 어떻게 해야 할지 감을 잡을 수 없었다.

스티븐 킹은 세계적인 베스트셀러 작가들 가운데 한 명이다. 그의 현대 공포 소설은 몇만 권이 팔렸으며, 많은 책들이 영화화되었다. 그의 책《불면증(Insomnia)》에서, 스티븐 킹은 주인공 랄프가 점차 불면증에 빠져드는 상태를 주제로 다루었다. 그가 아침에 일어나는 시간은 날이 갈수록 일러졌으며, 그렇다고 해서 저녁이 되어 더 일찍 잠에 드는 날도 없었다. 그는 불면증에서 벗어나려고 노력을 해보았으나, 도움이 되는 것은 없었다. 랄프의 불면증은 날이 갈수록 점점 악화되기만 했다.

수면 부족으로 인한 괴로움은 점점 더 깊이 일상으로 파고들었다. 그것은 마치 오층에서 마늘 굽는 냄새가 시간이 지나면서 건물 전체로 퍼지는 것과도 같았다. 그의 주변에 산재한 물건들은 색을 잃고 바래기 시작했으며, 결국에는 신문에 실린 흑백 사진처럼 회색으로 변해버렸다. 이제 그는 저녁 식사를 위해 냉동식품을 녹이는 일 또는 샌드위치를 구입하는 일조차 힘겹게 느끼게 되었다. 그의 일상은 고통 그 자체가 되어버렸다.

책의 주인공 랄프는 다행히도 마지막에 가서 자신의 문제를 해결할 수 있었다. 스티븐 킹의 소설 가운데 해피엔드를 기록한 몇 안 되는 작품들 가운데 하나다.

지구상의 전체 인구 가운데 약 3분의 1이나 되는 사람들이 가끔 수면과 관계된 문제를 경험한다. 그리고 10분의 1에 해당하는 사람들이 거의 매일 수면 과잉이나 불면을 경험한다. 이들 가운데 대부분의 사람들이 불면으로 인한 우울증에 시달리는 것으로 나타났다.

우울증과 불면증은 깊은 연관성을 지닌다. 불면은 우울증의 대표적인 증상이기도 하다. 수면 문제로 고통받는 사람들 대부분은 이른 아침 잠을 깨서 더는 잠을 이룰 수 없다고 하며, 또 어떤 사람들은 밤에 잠을 잘 수가 없다고 한다. 소수이긴 하지만 어떤 이들은 반대 증상을 보인다. 즉 불면이 아닌 수면 과잉 증상을 보인다.

또한 우울증에 시달리는 사람들 가운데 많은 이들은 규칙적인 수면 리듬을 지킬 수 없다고 호소한다. 이들은 설사 잠을 잔다 해도 깊은 잠을 잘 수 없어 많은 경우 꿈인지 생시인지 구별할 수 없을 정도라고 한다. 이는 우울증에 걸렸을 때 잠에서 쉽게 깨고 이른 아침 일어나는 원인이 된다.

우울증에서 벗어날 경우, 자연히 수면과 관계된 문제에서도 벗어날 수 있지만, 가끔은 이것이 불가능할 때도 있다.

어떤 사람들은 오랜 기간 지속된 수면 부족으로 의욕 상실과 기분 저하를 경험한다. 이는 결국 우울증으로 직결된다. 즉 불면이 우울증의 원인이 되는 것이다. 따라서 가끔은 불면을 앞으로 다가올 우울증을 알리는 일종의 경보 장치로 해석해도 될 때가 있다.

수면 과잉과 불면은 우울증을 이야기할 때 빼놓을 수 없는 중요한 주제다. 핵심은 바로 이들 문제점을 해결하려면 스스로 무슨 일을 할 수 있는지 찾아보는 것이다. 전문가들을 찾아 도움을 받는 것도 하나의 방법이다. 이때 잊지 말아야 할 것은, 수면 부족은 강도 높게 일상의 통제력을 앗아간다는 느낌을 줄 수 있다는 것이다. 따라서 수면이 무엇인지 정확히 알아두어야 하며, 스스로 자신의 수면 리듬에 영향을 줄 수 있는 가능성 또한 인식해야 한다.

우울증의 심연에 빠진 사람들은 이 책의 조언대로 행하기가 힘겨울 수도 있다. 그럴 경우, 수면과 관계된 문제를 해결하려면 우울증 정도가 조금 약해졌을 때를 기다리는 것도 좋다. 수면 과잉이나 불면 문제를 해결하고 나면, 우울증과 맞서 싸우는 일도 쉬워질 것이다.

수면, 가공의 요소와 실제적 요소

적당한 수면 시간

어느 정도 잠을 자야 적당한가 하는 것은 개인에 따라서 다르다. 일반적으로 신체는 피곤함의 정도에 따라 수면을 자동적으로 조절하는 능력을 지닌다. 대개 사람들은 여섯 시간에서 아홉 시간 잠을 잔다. 하지만 어른들의 평균 수명 시간은 일곱 시간 정도다. 하루에 서너 시간만 자도 거뜬하다는 사람이 있는가 하면, 어떤 사람은 열 시간 정도는 자야 개운하다고 한다.

자신에게 수면 문제가 있다고 믿는 많은 사람들 중 실제로는 그렇지 않은 경우도 있다. 그들은 일정한 수면 시간을 지켜야 한다는 긴장감과 강박관념 때문에 필요치 않은 잠을 자려 노력하기도 한다. 그런데 유념해야 할 것은 다음날 일상을 영위하는 데 필요한 수면 시간과, 피곤함을 완전히 없애는 데 필요한 수면 시간이 다를 수 있다는 점이다. 우리 몸에 필요한 수면 시간은 일반적으로 우리가 생각하는 것보다 적다. 즉 원하는 만큼 잠을 자지 못해도, 신체는 정상적으로 일상생활을 하는 데 아무 문제를 느끼지 않도록 만들어져 있다.

현대인들의 삶의 스타일을 살펴보면 이전 시대의 사람들보다 잠을 적게 자는 건 분명하다. 침대 옆에 자리한 조명만 보아도 그렇다. 이로 인해, 우리는 책을 읽거나 신문을 읽는 등 잠을 이루기 전까지 최소한 한 시간 정도는 더 소모하지 않는가.

대부분의 사람들은 나이가 들수록 수면 시간이 줄어드는 것을 경험한다. 그리고 밤에 잠을 자다가 깨는 일도 종종 있다. 조사 결과 약 마흔다섯 살 전후를 기점으로 밤에 잠에서 깨는 횟수가 현저히 많아진다고 한다. 같은 관점에서 열네 살 청소년은 여섯 살짜리 아이만큼 잠을 많이 잘 필요가 없다. 또한 60대가 20대보다 잠을 적게 자는 것도 사실이다. 나이가 들수록 아침에 일어나는 시간도 점점 일러진다. 우리는 나이와 관련해서 나타나는 신체적 변화를 자연스럽게 받아들일 수 있어야 한다. 그렇다면 수면과 관계된 쓸데없는 걱정을 할 필요가 없다.

불면은 위험한가?

많은 사람들이 적당한 수면을 취하지 않으면 위험하다고 생각한다. 하지만 인간의 신체는 수면 부족을 문제 없이 견뎌내도록 이루어져 있다. 즉 잠을 좀 적게 잔다 해도 일상을 영위하기에는 아무런 문제가 없다. 이틀 동안 한숨 자지 못한 사람은 신체적 변화를 경험하는데, 이 또한 특별히 해악적인 것은 아니라는 조사 결과도 있다.

수면 부족에 시달리는 사람들은 집중력 저하를 경험하고 일상의 단순한 일을 해내는 데 심각한 어려움을 표한다. 이것은 수면 부족과 관계된 중요한 문제라 할 수 있다. 예를 들어 이들은 집중력 저하로 운전을 하면서 사고를 내는 일이 잦다. 특히 일상에서 끊임없이 관심을 기울여야 하는 단순한 임무일 경우 더욱 집중하기가 힘들어진다. 시험 전날 걱정이 되어 잠을 설치는 사람이 많은데 이때의 수면 부족은 더욱 심한 긴장감의 원인이 되기도 한다. 하지만 일반적으로 중요한 시험과 같은 결정적 상황에서는 잠을 조금 적게 잔다고 해서 그 영향이 크게 나타나지는 않는다.

오랜 기간 잠이 부족한 일이 장기간 계속되면 의욕 저하와 기분 저하를 가져오지만, 그렇다고 해서 수면 부족 자체가 위험한 것은 아니다. 감기에 걸리면 몸이 피곤해지고 짜증이 나지만 감기 때문에 심각하게 걱정하지는 않는다. 시간이 지나면 나아지리라는 걸 알기 때문이다. 다음번 또다시 감기에 걸렸을 때도 마찬가지다. 대부분의 사람들은 감기를 아무렇지도 않게 자연스러운 태도로 받아들인다. 이와 같이 수면 부족 또한 문제점으로 인식하지 않고 자연스럽게 받아들이면 대부분의 경우 쉽게 수면 부족에서 벗어날 수 있다. 수면 부족 때문에 걱정을 하는 것은 문제를 더욱 악화시키는 요인이 된다.

의식적으로 알아채지는 못해도, 인간은 대부분 밤에 잠을 자다가 몇 번은 깨기 마련이다. 문제는 밤에 자다가 깨는 것이 아니라, 그 후 다시 잠을 잘 수 없다는 데 있다. 긴장을 하거나, 잠을 깬 사실을 걱정하는 것은 바로 재수면의 가능성을 줄이는 직접적 원인이 된다는 것을 알아야 한다.

수면 단계

정상적인 수면의 단계는 약한 수면에서 그 정도를 깊이 더해가는 것이라 할 수 있다. 앞서도 말했듯이 대부분의 사람들이 밤에 잠을 자다가 몇 번은 깨기 마련이다. 하지만 그들은 일반적으로 몇 초 후면 다시 잠에 빠지게 된다. 밤잠의 단계는 여러 가지가 있는데, 그 중 약한 단계에서는 수면 상태에서 벗어나기가 쉬운 것이 바로 그 이유다.

수면은 대충 다섯 단계로 나눌 수 있다. 첫 번째 단계는 졸림 상태다. 이것은 깨어 있는 상태와 수면 상태 사이에 있다고 표현할 수 있으며, 단 몇 분간 지속될 뿐이다. 다음 단계는 가벼운 수면 단계다. 이 상태에서는 누가 깨우면 눈을 뜨기 어렵다. 세 번째와 네 번째 단계는 깊은 수면 상태인데, 이 안정적이고 깊은 휴식 상태는 잠에 빠지고 난 후 약 서너 시간 지속된다. 어린아이들은 어른들보다 빠른 속도로 이 단계에 이르게 된다. 어른들은 아이들보다 이 단계에 이르기까지 약 삼십 분에서 한 시간 정도를 더 소요한다. 잠을 적게 잤다고 느끼면서도, 다음날 생활하는 데 조금도 불편하지 않은 것은 대부분 이 단계까지 거쳤기 때문이다. 시간과 에너지를 고려했을 때 효과적인 수면이라 해도 무리가 없다.

수면의 마지막 단계는 꿈을 꾸는 상태다. 잠에 빠진 사람이 이 단계에 들어섰다는 건 쉽게 알아차릴 수 있다. 잠자는 사람의 눈동자가 내리감은 눈꺼풀 밑에서 빠른 속도로 움직이면 이 마지막 단계에 들어섰다고 할 수 있다. 흔히 말하는 REM(Rapid Eye Movement) 모드는 이 단계를 말한다. 이때는 작은 소리나 움직임에도 쉽게 잠에서 깨며, 이 단계에서 꾸었던 꿈은 기억하기도 쉽다. 꿈을 꾸는 일은 수면의 마지막 단계뿐만이 아니라 다른 단계에서도 있을 수 있다. 하지만 다른 단계에서 꾸는 꿈은 일반적으로 마지막 단계의 꿈과 비교했을 때 매우 짧다.

REM 수면의 첫 번째 단계로 진입하기 직전의 시간은 우울증 하에서 짧아진다. 즉 우울증에 시달리고 있으면, REM 수면으로 진입하기 전에 경험하는 길고 깊은 잠을 자기가 어려워지는 것이다. 그리고 꿈을 꾸는 시간도 보통 사람들보다 더 길다. 종종 악몽에 시달리는 경우도 있다. 이때 항우울제와 수면제를 사용하면 REM 수면 시간을 줄일 수 있으며, 따라서 꿈을 꾸는 시간도 줄일 수 있다.

불면과 악몽의 원인

수면과 관계된 문제점의 원인은 여러 가지가 있으며, 대부분 복합적인 이유로 수면 과잉이나 불면을 겪는다. 많은 사람들이 살면서 수면과 관계된 어려움을 겪는다. 갓난아이, 질병, 걱정거리 등이 수면 문제의 원인이 된다. 가족 구성원 중 한 명이 세상을 떠났거나, 힘겨운 갈등 속에서 고민하는 상태 또한 수면에 영향을 줄 수 있다.

교대 근무의 형태로 직장 생활을 하는 사람들은 휴식을 원하는 자연스런 신체적 요구에 직면한다. 오랜 신체적 고통 또한 수면 문제를 유발할 수 있다. 어떤 약을 장기 복용했을 때 부작용으로 수면 과잉이나 불면이 나타나기도 한다. 그리고 우울증과 불안감이 이의 직접적인 원인이 되는 것은 물론이다.

수면 중 호흡곤란 또한 수면에 부정적인 영향을 주거나 불면의 원인이 된다. 이러한 상태에서는 허파에 충분한 산소를 공급하기가 어렵기 때문이다. 이때 잠에서 잠시 깨어도 완전히 깨는 것이 아니라 숨을 정상적으로 쉴 만큼 의식만 회복하고 다시 잠에 취한다. 이러한 증상이 있는 사람들은 반드시 의사와 상의해보는 것이 좋다. 어떤 사람들은 자신에게 이런 증상이 있다는 것조차 모르기에 오랜 기간 도움을 받지 못한 채 그냥 지내는 경우도 있다. 밤에 심하게 코를 골거나, 낮에 심각한 졸음 때문에 오랫동안 고생해왔다면 일단 수면무호흡증이 아닌지 의심해보아야 한다.

또 다른 원인으로, 수면 중에 경험하는 다리 근육의 강한 마비 현상을 들 수 있다. 우리는 대부분 이러한 마비 현상을 의식적으로 깨닫지 못한다.

불면증, 악순환의 고리를 끊으려면

수면과 관계된 여러 문제에는 공통점이 있다. 그것은 바로 당사자가 앞날을 점점 부정적으로 보고, 좌절감과 걱정에 더욱 깊이 빠져들며, 자신의 문제를 컨트롤하지 못하고 기피하려고만 한다는 것이다. 이러다 보면, 밤에 잠을 자는 것이 어렵게만 느껴지고 그럴수록 긴장감과 불안감이 커지게 된다. 따라서 이제는 불면보다는 불면에 대한 불안감 자체가 핵심적인 문제로 등장한다. 가끔은 수면과 관계가 있는 물질적인 것을 대상으로 불안감이 생겨나기도 한다. 예를 들어 침대만 보면 걱정과 좌절감이 드는 것이 바로 그것이다.

먼저 우울증을 치료한다

만약 불면의 핵심적 원인이 우울증이라면, 불면증보다는 우선 우울증부터 치료해야 한다. 우울증을 치료하기 위한 약들은 대부분 불면증에도 효과를 보인다. 하지만 모든 항우울제가 동일한 효과를 지닌 것은 아니다. 어떤 약들은 오히려 부작용으로 불면을 유발하기도 한다. 이때 항우울제로 불면을 경험한다면 반드시 의사와 상의해야 한다.

우울증 정도가 약해진 다음에도 종종 불면이 지속되는 경우가 있는데 이럴 경우, 불면의 원인을 다른 곳에서 찾아보아야 한다.

수면제 복용량을 줄인다

수면제는 일반적으로 불면을 치료하기 위한 것이다. 적지 않은 사람들이 신경안정제나 수면제를 사용한다. 단기적으로 볼 때 수면제 사용은 불면의 시기를 이겨내는 데 적절한 것으로 여겨질 수도 있다. 이때 수면제를 사용하는 기간은 2~3주를 넘기지 않도록 해야 한다.

하지만 수면제를 장기적으로 복용하면 건강에 치명적이 될 수도 있다. 낮 시간에 심각한 피곤함을 느끼는 등 부작용도 고려하지 않을 수 없다. 수면제를 일정 기간 이상 복용하면 몸에는 이에 대한 내성(tolerance)이 생겨나게 된다. 따라서 밤잠을 자려고 더 많은 양의 수면제를 복용해야 하는 일이 지속된다.

어떤 약을 오랫동안 장기적으로 복용해왔다면 하루아침에 복용을 중단하는 일은 좋지 않다. 이 경우, 의사와 사전에 상의해서 점차 복용량을 줄이는 것이 최선의 방법이다. 수면제 복용을 중단하고 난 다음, 며칠 동안은 잠을 자는 것이 쉽지 않다. 하지만 시간이 점차 흐르면서 수면 리듬은 정상을 되찾을 테고 따라서 걱정할 필요가 조금도 없다. 이는 신경안정제 복용도 마찬가지다. 복용을 중단한 후 단기적으로 불안감을 경험할 수도 있는데, 이것은 전형적인 금단현상의 한 예라 할 수 있다. 금단현상은 중독증에 빠져들고 있었다는 신체적 경보 현상의 일종이라고도 볼 수 있다. 따라서 금단현상을 이겨내지 못해 다시 약물을 복용한다면 원천적인 문제는 끝까지 해결할 수 없다.

실행 지침

잠이 쏟아지고, 잠을 잘 수 있을 것 같을 때만 침대에 들자 이전에 잠자던 시간과 비교해 침대에 있는 시간을 줄여보는 것도 좋다. 불면증에 시달리는 많은 사람들이 잠을 자보겠다고 노력하면서, 혹은 오늘은 잠을 잘 수 있을 것이라는 희망을 가지고 너무 이른 시간에 침대로 향한다. 때문에 어떤 사람들은 실질적인 수면 시간은 서너 시간에 불과한데 거의 10~12시간을 침대에서 보내기도 한다. 이 경우 정말 잠이 온다고 생각될 때만 침대에 가야 한다. 졸음이 올 때 침대에 가면 기대 이상 빠른 시간에 잠에 빠질 수도 있다. 그렇다면 적은 시간을 자더라도 깊은 잠을 잘 수 있다. 졸음이 오지 않는데도 침대에 가서 잠을 자려고 억지로 노력한다면 그저 침대에 누워 이런저런 생각만 하게 되는 경우가 대부분이다. 그렇다면 신체는 이미 휴식을 취한 상태라 더더욱 잠이 오지 않는 것이 당연하다.

잠자는 시간과 기상 시간을 규칙적으로 정해보자 수면 시간이나 피곤함의 정도에 관계없이 매일 아침 같은 시간에 기상을 한다면, 시간이 지나면서 수면 리듬이 정상화되는 것을 경험할 수 있다. 이 때문에 피곤함과 무기력함을 느껴 주말을 이용해 모자란 잠을 보충하면 문제가 악화될 수도 있다. 그렇게 되면, 다시금 저녁 시간에 잠자리에 들기가 어렵게 되고, 최악의 경우 다가올 한 주 내내 수면 문제로 고생할 수도 있다. 이렇게 몇 주 동안 규칙적으로 정해진 시간에 자리에서 일어나는 일을 지속한 다음에는 주말에 한 시간 정도 잠을 보충해준다.

낮잠을 피하자 낮잠을 자면 밤잠을 청하는 데 어려움을 느끼게 된다. 특히 삼십 분 이상 낮잠을 자거나 깊이 잘수록 더할 것이다. 불규칙적인 낮잠을 자는 것도 마찬가지다. 만약 꼭 자야겠다면 삼십 분 이상은 피하고 매일 같은 시간에 낮잠을 자는 것이 좋다. 하지만 오히려 낮잠을 자두면 밤에도 편히 잠을 이루는 경우가 있다. 만약 불면을 경험하고 있다면, 다음 몇 가지 예들을 직접 실행해보자. 우선 일주일 동안 20~30분 동안 낮잠 자는 시간을 정해놓고 매일 규칙적으로 그 시간에 잠을 청해보자. 그 다음 주에는 낮잠을 일절 자지 않도록 노력해보자. 그리고 밤잠의 양상을 기록해보자. 이렇게 함으로써 자신에게 최선으로 작용하는 리듬을 찾아보는 것이 좋다.

매일 적어도 삼십 분 이상 낮 시간에 집 밖으로 나간다 매일 햇

빛을 쬐는 것은 생각보다 중요하다. 가능하면 눈을 뜬 직후, 오전 시간에 밖으로 나가는 것이 이상적이다.

주류를 수면제로 사용하는 일은 피한다 비록 알코올이 긴장을 풀고 안정감을 주는 데 도움을 준다 해도, 술을 마시면 불안정한 수면을 취하게 된다. 수면 도중 잠에서 깨는 일이 자주 발생하게 된다.

카페인이 함유된 음식을 피한다 카페인(커피, 차, 콜라, 초컬릿 등)은 잠에 빠지기까지 시간을 연장하는 역할을 한다. 그리고 잠을 자다가도 자주 깨게 만들기 때문에 깊은 잠을 잘 수 없게 하는 것은 물론이다. 따라서 특히 저녁 시간에 카페인이 함유된 음식을 멀리하는 것이 현명하다. 카페인은 뛰어난 효력을 발휘하며 그것도 아주 오랜 시간 발휘한다. 예를 들어 커피를 한 잔만 마셔도 몇 시간 동안 효력을 경험할 수 있다. 때문에 점심 식사 후부터는 커피를 마시지 않는 사람들도 있다. 실제로 잠자리에 들기 여섯 시간 전에는 커피를 마시지 않는 것이 좋다. 물론 이를 실행하기 힘들다는 사람도 있다. 저녁 시간에 마시는 커피를 선호하는 사람들이 많기 때문이다. 이 사항을 실천하기 위해 우선, 몇 주 동안 커피를 조금도 마시지 않겠다고 결심하고 실행에 옮겨보자. 카페인이 수면에 어떤 영향을 미치는지 몸소 확인할 수 있을 것이다. 한두 주 후에 이전보다는 긴장감도 덜 느끼고, 잠도 더 깊이 잘 수 있었다면, 커피를 완전히 마시지 않거나 양을 줄여야겠다는 생각이 들 것이다. 카페인에 중독이 된 상태라면 갑자기 커피를 멀리하는 일은 바람직하지 않다. 매일 커피를 습관적으로 마시다가 갑자기 커피를 마시지 않는다면, 처음 한 주 동안은 두통이나 피곤함에 시달리게 된다. 이 경우, 약 한두 주 정도 시간을 두고 천천히 커피를 멀리하는 방법을 사용하는 것이 좋다.

잠자리에 들기 전에는 흡연을 삼간다 카페인과 마찬가지로, 니코틴은 혈압과 심장 박동을 자극하는 역할을 한다. 흡연자는 밤 잠을 자는 도중에 자주 깨는 경향이 있다. 이것은 수면 중에 경험하는 약한 금단현상 때문이다. 이때 잠에서 깨지 않으려고 담배를 피우는 일은 피해야 한다.

잠자리에 들기 전에는 운동을 삼간다 신체적으로 건강한 상태를 유지하면 일반적으로 잠도 잘 자게 되어 있다. 규칙적인 운동은 깊은 수면을 유지하는 데 도움을 준다. 하지만 잠자리에 들기 직전에 하는 운동은 수면을 방해한다. 따라서 운동을 할 때는 이른 아침이나, 이른 저녁 시간을 이용하는 것이 좋다. 일반적으로 운동 후 네 시간이 지난 후 잠자리에 드는 것이 이상적이다.

안정된 정서와 기분으로 잠자리에 들도록 노력한다 침대까지 걱정거리를 들고 가지 않도록 노력하자. 자기 전에는 오늘 했던 일을 다시 살펴보고, 내일 할 일을 계획하는 것으로 족하다. 특별히 생각나는 것이 있으면 메모를 해두는 것도 좋다. 침대에 누워 있는데도 머리에서 떠나지 않는 걱정거리가 있다면, 자리에서 일어나 그 걱정거리를 기록해보자. 문제점이 있으면 배우자와 상의해야 한다. 하지만 이때 잠자리에 든 후에 문제점에 대해 대화하는 것은 피해야 한다. 꼭 해야 할 중요한 이야기라면 되도록이면 잠자리에 들기 전에 하는 것이 좋다.

건강한 수면 환경을 만든다 크기가 넉넉한 침대와 편안한 매트리스를 마련하는 것도 도움이 된다. 침실은 조금 어두운 듯한 것이 좋고, 조용해야 하며, 통풍이 잘되어야 한다. 실내온도는 거실보다는 약간 낮게 유지하는 것이 좋다. 기온이 너무 높거나 너무 낮아도 수면에 방해가 될 수 있다. 필요시에는 빛과 소음을 피하게 해줄 눈가리개와 귀마개를 사용하는 것도 도움이 된다. 시계는 눈이 잘 가지 않는 곳에 놓아두는 것이 좋다. (서랍이나 침대 밑에 넣어둔다.) 시간에 너무 얽매이면 시계조차 스트레스를 조장하는 요인이 될 수 있기 때문이다.

저녁 시간에는 과식을 피한다 잠자리에 들기 한두 시간 전에 과한 식사를 하면 수면에 방해가 된다. 초컬릿과 단 음식 또한 수면의 방해 요인이 된다. 하지만 배가 고픈 채로 침대에 들어가는 것은 피해야 한다. 이는 신체를 활동적으로 만들기 때문이다. 잠자리에 들기 직전 따뜻한 우유, 치즈나 과자류 등의 가벼운 간식을 먹는 것은 오히려 수면에 도움을 준다. 밤에 자다가 깨었을 때 음식을 먹는 것은 좋지 않다. 습관이 될 가능성이 많기 때문이다.

잠자리에 들기 전에 규칙적으로 할 수 있는 일을 정한다 잠자리에 들기 전에 가벼운 일을 규칙적으로 함으로써, 이를 신체에 보내는 신호로 사용하자. 즉 스트레스성 활동은 피하고 긴장을 풀 만한 일을 하는 것이 좋다. 예를 들면 목욕, 독서, TV 시청 등이다. 대문을 점검하고, 양치질을 하는 일을 이에 포함시켜도 된다. 자다가 깨었다면 앞서 말한 행위를 되풀이해보는 것도 다시 잠자리에 드는 데 도움이 된다. 이러한 행위들을 해도 도움이 되지 않았다면, 다른 비슷한 일을 시도해본다.

안정을 취한다 잠자리에 들기 전 가벼운 스트레칭을 함으로써 신체의 긴장을 풀어준다. 복식호흡, 요가, 명상 등도 좋다.

다음날 계획은 취소하지 않는다 하루 저녁 밤잠을 못 자서 다음날 피곤함이 몰려와도, 이미 세워놓았던 계획은 절대 취소하지 말자. 직장 일이나, 친척 방문, 친구들과의 만남을 미리 계획해놓았다면 아무리 피곤해도 이행하도록 노력해야 한다. 물론 몸이 말을 듣지 않겠지만 일단 계획해놓았던 일은 시행해보겠다는 의지가 필요하다. 일단 계획들을 실천하고 나면, 그다지 나쁘지 않았다는 생각이 들 것이다. 앞서도 언급했듯 수면 부족 자체는 일상에 그다지 큰 영향을 미치지 않는다. 이러한 긍정적인 경험을 하고 나면 불면에 대한 걱정을 조금은 잠재울 수 있다. 물론 이것은 수면 문제를 해결하는 지름길로 작용할 것이다.

물론 사람들은 각기 다르다. 그리고 불면의 원인이 다르듯, 그 치료 방법도 다를 수 있다. 요점은, 시행착오를 거치더라도 자신에게 가장 알맞은 방법을 스스로 찾아내야 한다는 것이다. 예를 들어 어떤 사람들에게는 독서나 잠자리에서의 라디오 청취가 오히려 수면의 방해 요소로 작용하기도 한다. 이런 사람들은 침대 외에 다른 곳에서는 비교적 쉽게 잠을 이루는 특징이 있기도 하다. 이들은 침대에 들면 곧바로 불을 끄고 잠을 자도록 노력한다.

많은 사람들이 불면 때문에 불안해한다. 즉 오늘 밤도 잠을 이루지 못하면 어떻게 하나 하는 생각 때문인데, 이때는 오히려 독서 등을 통해 자연스럽게 마음을 진정시킨 후, 잠을 자도록 노력하는 것이 도움이 된다. 가끔은 패러독스적인 지침이 긍정적인 효과를 가져오기도 한다. "절대 잠을 자면 안 된다!"라는 말을 머릿속에 두고서 책을 읽거나 라디오를 들으면 놀랍게도 어느 순간 갑자기 잠에 빠져드는 것을 경험할 것이다. 마치 보너스처럼.

오랫동안 지속되는 불면의 절망적인 면을 들라면, 그건 바로 우리 삶에서 가장 중요한 부분의 하나인 수면을 제대로 통제하지 못한다는 불만족감이라 하겠다. 따라서 이 장에서 설명하는 사항들은 바로 불면을 컨트롤할 가능성을 연습을 통해 높이라는 것이다. 그렇게 되면 일상의 전반적인 면에서도 긍정적인 효과를 가져올 수 있다. 하지만 이것은 시간을 요한다. 습관적으로 지속되던 행위들은 하루아침에 바꾸기가 그리 쉽지 않다. 따라서 불면 치유를 위한 노력을 하는 도중 초기부터 너무 큰 기대를 하지 않는 것이 좋다.

11장 | 우울증의 재발 막기

우울증은 힘겨운 상황이나 삶의 전환기에 가질 수 있는 의구심에 반응하는 심리적 반응이라 할 수 있다. 이 우울증을 이겨내는 방법으로는 심리 상담 또는 약에 의존하는 방법 등이 있다. 이렇게 시간이 흐르다 보면, 당사자가 우울증에서 완전히 벗어나는 경우도 있다. 하지만 많은 사람들이 재발을 경험한다. 길게는 몇 년 후에, 짧게는 우울증에서 벗어났다고 생각하는 즉시 재발을 경험할 수도 있다. 어떤 이들은 수없이 반복되는 재발성 우울증에 시달리기도 한다.

엘리자베스 워첼(Elisabeth Wurtzel)의 자서전 《프로작의 나라(Prozac Nation)》는 어떻게 우울증이 다시 찾아오는지 잘 보여준다. 그녀는 우울증의 재발을 부메랑에 비유했으며, 실제로 계속되는 우울증의 재발에 몇 년 동안 고생하기도 했다. 그녀에게는 우울증이 삶의 한 부분이나 마찬가지였다.

우울증 치유를 위해서 심리 상담을 받거나 약물 복용을 했던 사람들은 대부분 만족할 만한 결과를 얻어 치료를 중단하기도 하고, 어떤 이들은 재발 가능성은 생각도 하지 않는다. 물론 이렇듯 전문적인 치료에 의존하지 않더라도 대다수의 우울증 환자들은 시간이 지남에 따라 우울증에서 벗어날 수 있다. 이러한 주변 상황을 고려할 때, 우리는 얼마든지 긍정적 결과를 기대할 수 있으며, 우울증에 낙관적인 생각을 지닐 수도 있다. 이 장에서는 우울증 재발 가능성을 줄이려면 무엇을 어떻게 해야 하는지 살펴보겠다.

이전에 경험했던 우울증과 관련된 부정적 상황이 치료 후 얼마나 자주 일어나느냐 하는 것은 우울증 재발에 가장 큰 영향을 미친다. 이러한 상황이 많으면 많을수록 새로운 우울증을 경험할 가능성은 더 높아진다. 재발 가능성에 충분히 준비가 되어 있다면 이에 따르는 악영향을 약화시킬 수도 있다.

재발 방지를 위한 치유법

앞서도 말했듯이 우울증의 재발 가능성은 매우 높다. 여러 가지 이유가 있겠지만, 그 중에서도 가장 큰 이유는 당사자가 앞으로 우울증이 재발할 가능성을 의식적으로 항상 생각하거나, 이미 자신이 재발된 우울증에 걸려 있다고 생각하기 때문이다. 의욕 저하, 불면, 피곤함과 집중력 저하 등 우울증의 여러 증상은 제어하기가 힘들다. 이처럼 자신의 감정이나 기분, 신체적 증상을 통제하기 힘들다는 것을 느끼면, 두려움이 생기기도 하고 자신감도 줄어들기 마련이다.

우울증에서 빠져나온 후에 다시 이러한 증상들을 가지게 될 경우 사람들은 과잉 반응을 하게 된다. 이렇게 되면 끊임없이 부정적 생각에 시달리며, 결국은 우울증 재발을 피할 수도 없다. 물론 재발된 우울증을 스스로 제어하지 못한다는 단점이 생기기도 한다. 이러한 이유로 자책감이라도 느끼면 상황은 더욱 악화되기 마련이다. 절망감과 좌절감이 강해지는 것은 물론이며, 최악의 상황에선 극도의 불안감과 도덕심의 붕괴 현상마저 경험할 수 있다.

일상에서 번번히 느끼는 슬픔이나 기분 저하 현상을, 초기 우울증 현상과 구분하기는 그리 쉽지 않다. 다음은 이러한 딜레마를 설명한 엘리자베스 워첼의 글이다.

나는 기쁜 마음을 가지려고 온갖 노력을 다해본다. 하지만 이러한 나의 노력은 오히려 내가 불행해지는 데 결정적인 원인이 된다. 조금만 신경을 쓸 일이 있을 때마다, 그것이 은행의 긴 줄로 인한 짜증이든 실연으로 인한 심적 고통이든 우선 그 감정들을 이성적으로 구별해내려고 애를 쓴다. 나는 이러한 감정들이 우울증으로 이어질까봐 두렵다. 또한 일상에서 느끼는 기분 저하를 극복했다 해도, 그것들에서 완전히 벗어났다고는 말할 수 없음을 이제야 나는 알았다. 슬픔과 비탄을 객관적으로 투시하기는 어렵다. 그리고 그 슬픔을 느끼는 감정에도 여러 단계가 있다는 것을 이해하기도 어렵다. 그것은 마치 내 집이 소리 없이 불에 타들어가는 것에 비교할 수 있다. 가끔은 숲 전체가 걷잡을 수 없는 불길에 의해 순식간에 타버리는 것과도 비교할 수 있다.

"우울증의 재발은 예외가 없는 규칙이다"라는 말에서 볼 수 있듯이 우리 삶에서 나쁜 습관과 문제점들을 고치기는 매우 어렵다. 흡연자들은 금연을 하고 나서 잠시 만족을 하다가도 다시 흡연을 시작하는 경우가 비일비재하다. 특히 정신적인 고통으로 힘겨워하는 사람들은 비슷한 문제를 다시 경험하는 경우가 많다.

재발 방지를 위한 치유법은 우울증은 물론 주로 여러 가지 원인에 의해 중독 증상을 지닌 사람들을 대상으로 쓰인다. 이 책에서 설명하려는 재발 방지법은 혼자서도 얼마든지 시행할 수 있는 것이다. 기본적으로는 우울증 재발을 방지하고, 이와 관련해 질병에 대한 지식과 경험을 쌓게 하려는 것이 이 재발 방지법의 목적이다. 우선 병의 초기 증상을 발견하고 치료 계획을 세우며, 재발 위험은 어느 정도인지 살펴보아야 한다. 그러고는 계획을 위해 할 수 있는 일은 어떤 것이 있는지 스스로에게 조언할 프로그램을 만드는 것이 좋다. 예를 들어 예상 가능한 어려운 상황을 떠올려본 후에, 여기에 어떻게 반응할지 생각해보는 것도 좋다.

이는 앞으로 다가올 문제점을 준비하는 과정이라 생각하면 되겠다. 준비가 잘되어 있으면 실제로 문제가 닥쳐도 통제력을 가지고 긍정적인 대응을 할 수 있으리라는 느낌을 갖게 된다. 이러한 느낌은 우울증에서 벗어나는 데 아주 큰 역할을 한다.

재발과 역행을 구분하는 것은 매우 중요하다. 일시적으로 뒷걸음질을 하는 역행은 피할 수 없는 것이라 보면 된다. 따라서 일시적인 역행 신호를 감지했을 때는 두려움으로 대응하는 것보다 오히려 올 것이 왔다는 생각으로 자연스럽게 받아들이는 것이 좋다.

우울증이 재발하더라도 이전과 동일한 강도의 우울증을 경험하는 일은 거의 없다. 이미 우울증을 겪은 적이 있는 사람이라면 우울증이 어떤 것인지 잘 안다. 때문에 이전과 같은 상태로는 완전히 돌아가지 않는 것이 충분히 가능하다. 기본적으로 우울증을 대하는 태도는 이미 달라져 있을 테니까.

재발을 가져오는 문제점 파악하기

자신에게 우울증의 재발(또는 역행)을 유도하는 상황이 어떤 것인지 살펴보는 것은 아주 중요하다. 어떤 사람들에게는 수면 과잉이나 불면증이 우울증을 유도할 수 있고, 어떤 사람들에게는 수동적 태도 또는 외로움이 우울증을 유도할 수 있다. 직장이나 결혼생활에서의 갈등과 실패 또한 우울증의 직접적인 원인이 되기도 한다. 과중한 일로 자기 자신에게 시간을 낼 수 없는 상황도 이에 포함된다. 비관주의나 자기 자신을 과소평가하는 것도 마찬가지다.

우울증의 재발을 가져오는 상황이나 문제점들은 이전에 우울증을 경험했을 때와는 완전히 다른 새로운 것이 될 수도 있다. 살다 보면 새로운 좌절감이나 실패를 맛볼 때가 있기 때문이다. 이것은 일과 관련된 것일 수도 있고, 학업 때문에 자식들이 집을 떠나는 상황이 될 수도 있으며, 배우자의 은퇴가 될 수도 있다. 이때 중요한 것은 삶의 변화로 인해 어떠한 부담감이 생길 수 있는지 한번 생각해보는 것이다. 물론 대부분의 상황이 통제하기 힘든 것이라서 실망감과 좌절감을 줄 수 있으므로 이때 특히 이성적인 판단이 요구된다. 다음은 이와 관련한 기본적이고 중요한 질문들이다.

- 지난번에 우울증에 시달렸을 때는 원인이 무엇이었는가?
- 이번에 재발된 우울증은 원인이 무엇인가?
- 어떤 위험 신호에 주의해야 하는가?
- 어떤 전략이 우울증을 막을 수 있는가?

앞일을 예상하기란 불가능하다. 도전적인 상황은 끊임없이 다가온다. 따라서 우울증의 재발을 유도하는 결정적인 상황이 어떤 것인지 미리 알 수 없다. 여기서 관건이 되는 것은 어떻게 우울증의 재발 여부를 되도록이면 빠른 시기에 알아내느냐 하는 것이다. 그러나 이를 알아낸다 해도 어떻게 이를 방지할 수 있는지 알아내는 것은 쉬운 일이 아니다.

우울증을 여러 번 경험했던 사람들은 이전보다 더 쉽고 빠르게 새롭게 다시 찾아오는 우울증에 빠져들 가능성이 많다. 이는 거의 자동적으로 이루어지며, 때로는 특별히 고통스럽거나 슬픈 감정을 동반하지 않을 때도 있다. 그럴 경우, 최근의 정신적 변화나 신체적 변화를 주의 깊게 살펴보아야 한다. 사람들은 각자 다른 방법으로 우울증에 빠진다. 따라서 개별적인 경보 목록을 작성하는 것은 큰 도움이 된다. 다음은 이를 보여주는 예다.

- 쉽게 짜증이 난다.
- 불안하고 걱정이 많다.
- 사회적 활동에 참가하기를 꺼리게 된다.
- 수면 리듬과 식습관이 불규칙해진다.

- 쉽게 피곤해진다.
- 운동을 하지 않는다.
- 마감 시간 때문에 긴장하게 된다.
- 우편물을 열어보는 것이나, 세금을 내는 등의 일이 귀찮아진다.

이러한 목록은 우울증 상태가 아닐 때 작성하는 것이 더 좋다. 일단 우울증에 빠져들면 이러한 목록에는 신경을 쓸 수 없게 된다. 우울증의 해악이라면 주변 일을 즐기지 못하고, 자신의 상황을 더 나은 방향으로 발전시키려고 어떤 일을 하기에는 몸과 마음이 따라주지 않는다는 것이다. 따라서 미리 예상 가능한 부정적 상황에 대응할 방안을 마련한다.

준비와 계획

우울증과 맞서 싸우려면 우울증 증상에 대한 지식이 있어야 하고 이에 대응할 방안을 잘 알아야 한다. 이는 우울증 재발을 피할 수 있느냐 없느냐 여부를 결정하는 중요한 점이기도 하다. 따라서 자신의 문제점을 이겨내려면 어떻게 해야 할지 살펴보아야 한다. 이와 관련해 먼저 문제의 핵심어를 기록하는 방법을 생각할 수 있다. 이렇게 하는 것은 우울증 재발을 예상하고 사전에 준비하고 예방하려는 의도일 뿐 미리 걱정을 하려는 것이 아님을 알아야 한다.

다음은 우울증에 반작용하는 약물 복용과 관계된 경험을 바탕으로 적은 예다.

- 이전에 어떤 약을 복용한 경험이 있는가?
- 복용한 약들 가운데 어떤 약이 가장 좋은 효과를 가져왔는가?
- 어느 정도의 양을 복용했을 때 가장 좋은 결과를 가져왔는가?
- 약의 부작용에는 어떤 것이 있었는가?
- 약물의 효과는 어느 정도 시간이 지난 후에 볼 수 있었는가?

약물에 대한 경험과 함께, 무엇을 어떻게 다른 방법으로 시도해볼 수 있는가도 적어보는 것이 좋다. 우울증 재발 후에 이전과는 다른 의사를 찾아가게 된다면 위의 사항은 아주 중요한 정보가 된다. 좋은 의사라면 이러한 정보를 주의 깊게 받아들인 후, 자신의 경험을 바탕으로 치료법을 마련할 것이다.

우울증 재발을 위한 준비 과정에서 다음과 같은 질문에 답할 수 있어야 한다.

- 주변의 누구에게 도움을 요청할 수 있는가?
- 어떤 방법으로 도움을 요청할 수 있는가?
- 도움을 주기 위해 나 자신이 아닌 타인이 할 수 있는 것은 무엇인가?
- 가정과 직장에서는 어떻게 처신해야 할 것인가?
- 언제 전문적인 치료를 받아야 할 것인가?
- 우울증을 유발하는 부정적 생각들을 없애려면 내가 할 수 있는 것은 무엇인가?
- 부정적 생각들을 되새기고 자책을 하는 행위에 어떤 방법으로

한계를 두어야 하는가?

- 나 자신을 고립시키지 않으려면 무엇을 어떻게 해야 하는가?
- 만족감을 줄 수 있는 신체적 활동은 어떤 것이 있으며, 이를 위해 나는 무엇을 해야 하는가?
- 최선의 수면 리듬을 유지하려면 나는 어떻게 해야 하는가?
- 몸을 움직이고, 식욕을 돋우며, 신체적 건강을 돌보려면 나는 어떻게 해야 하는가?

무거운 우울증에 다시 빠져든 사람들은 가끔 자신을 향한 편지를 써보는 것도 권할 만하다. 이 편지는 되도록이면 우울증 초기에 쓰는 것이 좋다. 그렇게 하면 주변 상황이 아무리 어둡게 느껴진다 해도 스스로 무엇을 할 수 있을지 구체적인 생각이 떠오를 것이다. 가끔은 편지에 자신의 장점 서너 가지를 구체적으로 적어보자. 자신을 우울증에 걸린 당사자로 인식하고, 앞으로 닥칠 예상 가능한 어려움과 이에 대한 대비책에 대해 스스로에게 편지를 쓰는 것이다. 이때 우울증에 너무 집중한다면 긍정적인 면을 기록한 부분은 결국 쓸모없는 것이 되고 만다. 이 경우, 예를 들어 다음과 같이 시작하는 편지는 도움이 된다. "어두운 생각에 파묻혀 이 편지를 열어보고 싶지도 않겠지만, 어떤 일이 있든지 이 점 하나만은 기억해두는 것이 좋을 것이라 생각해……." 다 쓴 편지는 봉해서 잘 보관해두되, 우울증이 찾아왔다는 생각이 들 때 열어보면 된다.

어떤 사람들은 우울증이 너무도 갑작스럽게 재발하는 바람에 아무 대비를 못하는 경우도 있다. 이때는 스스로에게 도움이 될, 되도록이면 이성적이고 구체적인 질문을 만들어보면 좋다. 나는 지금 어떤 방식으로 나 자신에게 도움을 줄 수 있는가? 짬짬이 시간을 내어 현 상황을 돌아보고 최선을 다해 갑작스럽게 재발한 우울증에 대비하려는 시도를 해보는 것은 매우 중요하다. 작은 시간이라도 자주 짬을 내어 생각하다 보면, 결국에는 무시 못할 정도로 좋은 생각을 축적할 수 있을 테니.

주변에서 이미 우울증을 경험한 적이 있는 사람들에게서 도움을 받는 것도 좋으며, 시중에 나와 있는 관련 책자를 살펴보기도 한다.

한 걸음 떨어져서 바라보자

직장 상사에게 야단을 맞아 당혹감을 느꼈거나 심적인 상처를 받았다고 가정하자. 그리고 상사의 방을 나오는데 동료는 인사도 없이 무심하게 지나갔다고 가정하자. 그때 당신은 무슨 생각을 할 수 있을까? 또한 직장상사에게서 칭찬을 받고 나오는데 동료가 인사도 건네지 않고 무심히 지나가는 상황도 함께 생각해보자. 이때는 무슨 생각이 들까?

이러한 두 가지 상황에 대해 던진 질문에는 극히 다른 대답이 나올 수 있다. 첫 번째 상황에서는 동료에게서 받은 거부감 때문에 심적 상처를 받을 수 있을 것이고, 두 번째 상황에서는 무심히 지나가는 동료의 반응을 그다지 대수롭지 않게 여길 수 있다.

우울증에 빠져 있으면, 이러한 상황에서 걱정을 하고 상처를 받기 마련이다. 그리고 같은 상황이 반복된다 해도 여기서 헤어나오기가 어렵다. 가끔은 이러한 상황에 맞추어 이전에 경험했던 다른 일까지도 머리에 떠올리게 된다. 동시에 그 동료의 사소한 얼굴 표정이나 눈짓, 손짓에까지도 마음을 쓰는 일이 생긴다. 바로 이것이 우울증 때문에 겪을 수 있는 감정의 소용돌이다.

나만의 생각이라는 것을 전적으로 믿을 수 없는 것이라고 말할 수는 없다. 다만 우리가 참고로 하는 것이긴 하되, 백 퍼센트 사실적 현상이 아니라는 것을 말하려는 것이다. 한 예로, 우울증에 걸렸을 때 다시는 상태가 호전되지 않을 것이라는 생각 같은 것이다. 이때의 생각은 가끔 선명하게 다가오기도 한다. 그리고 어두우며 부정적이다. 또한 이로 인한 절망감은 때로 생사를 넘나들 정도의 고통을 동반하기도 한다. 하지만 훗날 우울증에서 벗어났을 때 이를 되돌아보면 그 생각들이 잘못되었음을 단번에 알 수 있다. 그리고 당시 그 어두운 생각을 벗어나는 게 불가능하다고 생각했던 자신의 태도도 명확히 설명할 수 없을 것이 분명하다.

앞에서 이러한 생각을 발견해내는 것이 얼마나 중요한지 그리고 이러한 생각에서 빠져나오기 위해 무엇을 해야 하는지 제시했다. 하지만 이러한 어두운 생각들이 소용돌이처럼 휘몰아치면 거기서 벗어나기는 무척 힘들다. 냉소적인 자아비판과 비관적 생각들은 너무나 강력한 영향력이 있기 때문이다. 우울한 생각을 되풀이해서 하는 것은 아픈 상처를 악화시키며 긍정적인 생각을 차단하는 장벽이 될 뿐이다.

지속적인 재발을 경험할 경우, 우울증은 불쾌한 습관처럼 삶에 자리할 것이 분명하다. 비록 우울증에서 벗어나 있을 때도 습관처럼 여겨지기 시작한 우울증의 불쾌한 증상들이 언제나 가슴 한구석에 자리하고 있는 것처럼 생각될 것이다. 이러한 상황에 들어서면, 우울증의 재발 현상은 자신의 의지와는 달리 더욱 자주 나타난다. 즉 자신의 의지와는 상관없는 자동적인 것이 되어버린다. 그렇다면 당사자는 우울증과 평생을 함께해야 할지도 모른다. 무기력증, 기분 저하, 자책감은 서로 꼬리에 꼬리를 물고 더욱 강하게 나타나고 오랜 습관처럼 되어버린 부정적 생각들은 의식을 장악한다. 부정적 생각을 하면, 자연히 현실에서 동떨어진 생활을 하게 된다. 긍정적 상황에 대한 기억들이 머릿속에 들어올 자리가 없어진다.

습관적인 우울증은 거대하고 강렬한 폭포에 비유할 수 있다. 이 폭포는 기억과 생각, 느낌과 감정으로 이루어져 있으며, 이는 우울증과 연결되어 있다. 결국 폭포수는 점점 더 강해지고 우리는 그 거센 물살에 눈 깜짝할 사이에 실려가버린다. 하지만 이 폭포수 뒤에 서 있을 줄 아는 방관자적 자세를 하면 거센 물살에 떠내려가는 일은 없을 것이다.

집중력 훈련

존 티즈데일(John Teasdale), 마크 윌리엄스(Mark Williams), 진들 시걸(Zindel Segal) 등 세 교수는 몇 년간 우울증에 관해 연구해왔다. 그들은 끊임없이 연속적으로 재발되는 우울증에서 스스로 빠져나오는 프로그램을 개발했다. 이 프로그램에 참여한 사람들은 과거와 미래는 완전히 배제하고 오직 현실에만 집중하도록 노력했다. 일종의 명상 요법이라고도 할 수 있는데, 그 목적은 심신의 안정을 취하되, 무슨 일인가 일어나면 즉각 반응하고 대처하도록 훈련하는 것이었다.

실제로 스트레스를 받는 원인의 대부분이, 현실에 일어나는 일들에 즉각 올바르게 반응하지 못하기 때문이라 해도 과언이 아니다. 예를 들어 사람들은 아침 식사 자리에서 신문을 읽으면서 입에 들어가는 음식 맛을 생각한다. 당신은 신문을 읽으며 신문을 읽은 다음 무엇을 할 것인지 생각하지 않고 신문 자체에만 집중해본 적이 있는가? 사실 일상에서 집중력 증가를 위한 훈련을 하는 방법은 의외로 간단하다. 즉 식사를 하면서 음식의 맛과 씹히는 질감, 소리에 집중하고, 커피의 맛을 음미하며, 식사 자리에서 오가는 대화에 충분히 집중하면 된다. 또한 옷을 갈아입을 때나 장을 볼 때, 심지어는 휴지통을 비울 때도 이 한 가지 일에 집중을 한다. 바로 지금 내가 하는 일에 정신을 집중하면 되는 것이다.

이러한 집중력 훈련은 외부적 여건뿐 아니라, 생각이나 감정에도 해당이 된다. 의식에 떠오르는 생각들을 하나하나 짚어내되 그 개별적 사고를 하나하나 분석해서는 안 된다. 그저 의식적으로 그 생각들을 분리해내고 현실에 비추어보는 것만으로도 충분하다. 생각은 한 자리에 머무르는 것이 아니라 의식 속에서 흐른다. 벌판에 누워 하늘에 흐르는 구름을 바라보는 것과 비슷하다고 생각하면 된다.

이와 같은 방법으로 신체에 일어나는 변화와 반응에도 집중을 해보자. 혈액순환, 호흡, 심장 박동, 앉은 자세, 어떤 특정한 감정에 반응하는 자신의 신체적 움직임……. 이렇게 하다 보면, 숨을 쉴 때도 의식적으로 이를 조정하는 일은 없지만 아랫배 부분이 움직인다는 것을 알 수 있다. 이때 항상 자문을 해보는 것이 중요하다. 지금 바로 여기서 무슨 일이 진행되는 걸까? 그러려면 항상 의식적으로 깨어 있는 상태가 중요하다.

순간순간에 집중을 하다 보면 쉽게 긴장감과 피로감을 느낀다. 그런데 이런 집중력 훈련은 마음의 안정이 이루어졌을 때는 하지 않아도 된다. 우리는 이미 우리 자신을 잘 알게 되었으며 우울증에 대해서도 더욱 건설적인 대처 방법을 선택할 수 있게 되었으니까.

그렇다면 앞서 설명한 것들은 우울증을 없애는 데 어떤 도움을 줄 수 있을까? 우선, 현재 자신의 정신적·신체적 변화와 주변 상황에 집중하는 훈련을 하다 보면 시간이 흐름에 따라 자동적으로 이에 익숙해질 수 있다. 그렇다면 다음 단계에서는 현재 주위의 상황이 자신에게 어떤 영향을 미치는지도 생각해볼 수 있게 된다.

신체와 정신에 고통을 주는 부정적 생각들과 감정에 그때그때 손을 써놓지 않으면, 이들을 통제하고 제어할 능력마저 점차 잃어버린다. 물론 그 부정적 생각과 감정은 점점 더 힘을 얻을 것이다.

여러 번 무거운 우울증을 겪은 사람들은 부정적인 생각이 들 때마다 이를 피하려 하거나 억지로 과소평가하려는 심리를 가진다. 하지만 이러한 심리 또한 고쳐야 할 우울증 증상이다. 그렇지 않으면 습관적인 자책감과 의구심은 점점 더 커져만 갈 것이다. 비록 초기에는 정도가 약한 자책으로 시작한다 해도, 강도가 세지고 마침내 순식간에 걷잡을 수 없을 정도로 심한 자책감으로 변한다. 이것이 깊은 우울증으로 이어지는 것은 당연하다. 이와 마찬가지로 비교적 정도가 가벼운 기분 저하가 부정적인 생각으로 바뀌는 것도 쉬운 일이다. 우울증으로 인한 부정적 생각과 느낌, 감정과 신체적 반응은 모두 상호 연결되어 있다. 이들을 하나하나 고쳐나가지 않으면, 나중에는 한데 모여 거대한 폭포수처럼 변해버린다.

또 다른 대안을 생각해보면, 이와는 반대로 자신의 생각과 감정을 받아들이고, 이에 대해 신경을 쓰지 않는 것이다. 이것은 수동적이며 무기력한 태도로 우울증 치료를 포기하는 것과는 다르다. 자신의 생각과 감정을 관조하는 것은 오히려 능동적 방법이라 할 수도 있다. 우선 현재의 생각과 감정을 기록할 때 이에 대한 어떠한 두려움이나 걱정을 가지지 않고 관조할 수 있다면 시간을 가치 있고 효율적으로 사용할 수 있다. 즉 어떤 일을 부정적으로 생각하고 걱정하는 대신, 이를 관조하고 객관적으로 볼 수 있다면 그 해결 방법을 찾는 일도 더 빠른 시간 내에 효과적으로 이룰 수 있다.

우선 머릿속에 있는 부정적인 생각들을 멀리서 희미하게 들려오는 라디오나 TV에서 들려오는 소리라 생각해보자. 당신은 그것이 무엇에 관한 것인지 잘 안다. 그리고 마음만 먹으면 더 가까이 다가가서 귀 기울여 들을 수도 있다. 당신은 그 소리를 계속해서 들으면서 그것이 자신의 것이라는 생각은 하지 않는다. 자신의 아픔이나 부정적인 생각과 연결할 필요도 없다. 가끔은 이전에 이미 들어보았던 소리들도 들려온다. 하지만 지금은 그 소리들, 즉 자책감과 비관적 생각들이 당신의 내면에서부터 자라나기 시작한다. 무슨 이유로, 그리고 어떻게 그 소리들이 시작되었는지와는 상관없이 이제는 자꾸만 되풀이해서 들려온다. 그러고는 부정적 생각들에 그 의미를 더하기 시작한다.

이것은 우울증이 내는 목소리다. 그것은 당신의 건강과 만족스러운 상태에 상처를 내려고 덤벼든다. 당신은 이제 라디오 건전지가 다 닳아 저절로 그 소리들이 사라질 때까지 기다리기로 결심했다.

현재의 문제점들에 거리감을 두고 조망하려면 습관처럼 오랜 세월 되풀이되어온 부정적 사고방식과 거리감을 두어야 한다. 그 후에, 자신이 가졌던 부정적 생각들에 대해 옳고 그름을 따지고 그것들과 어떤 관계를 유지해야 하는지 결정하는 일은 오직 자기 자신에게 달려 있다.

12장 | 가족 구성원의 우울증

불화가 우울증을 부른다

토니 아놀드(Tonni Arnold)는 《마리에의 발라드》라는 책에서 화가 크뢰이에르(P. S. Krøyer)가 겪는 우울증과 이를 옆에서 지켜보고 함께 아파하는 그의 아내 마리에에 대해서 썼다.

그의 얼굴에는 돌처럼 무뚝뚝한 표정만이 남았으며, 몸 움직임은 너무도 느렸다. 마리에는 남편을 이해하려고 말을 걸어보았지만, 돌아오는 대답은 언제나 초점 없는 눈빛과 함께 멍한 듯한 말뿐이었다. 그의 이러한 태도 때문에 아무도 그에게 힘을 북돋는 말을 건네지 않았으며, 그의 기분을 돌려보려고 노력하는 사람들은 점점 줄어들기만 했다. 심지어는 아내인 마리에마저도 이제 더는 손을 쓸 수가 없다고 생각했다. 안나와 마이클 부부가 찾아와서 그의 기분을 돌려보고 또 위로도 해주려고 애썼지만, 소용이 없었다. 그는 전형적인 우울증 상태를 보이며, 그 자리에서 빠져나가기만을 원했다. 그는 가장 가까운 자리에 있는 사람들의 손마저 거부했던 것이다.

우울증에 시달리는 사람들은 자신이 가족들에게 짐이 될 뿐이라고 생각하기 쉽다. 불행히도, 어떤 면에서 보면 이것은 틀린 말은 아니다. 우울증에 걸린 사람과 함께 살아가기란 결코 쉬운 일이 아니다. 하지만 여기서 우리가 생각해야 할 것은 그 어려운 상황이 우울증이라는 병 때문이지 결코 그 사람 자체 때문은 아니라는 점이다.

우울증과 가족 관계에 대한 조사에서 다음과 같은 점을 발견할 수 있다. 가족 구성원 간 갈등이 깊어질수록 우울증은 더 심하게 나타난다. 주변에 심각한 우울증을 앓는 사람이 있으면, 이의 영향을 받아 자신도 모르는 사이에 불안감을 느끼고 결국은 우울증에 빠져드는 경우가 흔하다. 실제로 부부가 우울증에 빠져 있을 때는 이혼 가능성도 그렇지 않은 부부보다 현저히 높게 나타난다. 우울증에 시달리는 여성의 반 이상이 부부 관계에 문제가 있다고 하는 것만 보아도 잘 알 수 있다.

우울증은 인간관계에서 오해와 비판, 실망감과 좌절감을 가져오는 직접적 원인이 된다. 이는 부부 관계를 악화시키며, 우울증에 빠지게 하는 결정적 원인이 되기도 한다. 이와는 반대로, 부부 관계가 원만한 가정에서는 우울증을 경험할 위험이 비교적 낮다. 배우자가 있는 사람들은 상대방에게서 이해와 존중을 받는다. 따라서 부부 관계가 원만한 사람들은 상대적으로 우울증에 빠져들 확률이 적다고도 볼 수 있다.

마릿의 예

마릿은 기혼 여성으로 열한 살 된 아들 올라브를 두고 있다. 그녀는 교육자지만 지난 몇 달 동안 병가를 받아 집에서 생활하는 중이다. 그녀의 남편 페터 또한 교육자이며, 마릿과는 다른 직장에서 일을 한다. 일년 전, 마릿은 직장에서 불쾌한 일을 경험했다. 그녀는 자신이 가르치는 학생의 부모에게 선생으로서 자질이 부족하다는 말을 들었다. 시간이 지나면서 일은 원치 않게 커졌고 학교 교장이 사임을 해야만 했다. 그 후 그 학교에서는 교육 방침을 개선했으며 곧 그 일은 사람들의 기억에서 사라졌다.

하지만 마릿으로서는 그 일을 잊을 수 없었다. 이전까지만 해도 그녀는 자신의 직업에 만족하고 일에 최선을 다했다. 하지만 그 일이 있은 후 마릿은 자신의 능력과 자질에 의구심을 가지게 되었다. 때문에 매일 수업을 준비하는 데 더 많은 시간을 할애했으나 이전보다 나아진 것이 없다는 생각은 여전했다. 아이들에게 꾸중을 하는 일도 두려워졌으며 동료들과 보내는 시간도 점점 불안하게만 느껴졌다. 그녀는 혹여 자신에게 돌아올지 모르는 비평과 비판이 두려웠다.

가정생활 또한 점점 힘들어졌다. 밤잠을 이루지 못하는 날이 점점 많아지는가 하면, 하루를 시작하는 일이 너무 힘겨워 눈을 뜨고서도 자리에서 일어나지 않는 일이 잦아졌다. 몸은 점점 피곤해졌으며, 대부분의 집안일을 남편과 아이에게 맡기기 시작했다. 그녀는 자신의 주변 상황이 마음에 들지 않았고, 짜증을 내는 일도 많아졌다. 긍정적이고 활동적이던 그녀는 점점 수동적이고 부정적인 사람이 되어버렸다. 그녀는 시간이 날 때마다 자신의 힘겨움을 하소연했으나, 아무도 그녀를 동정하지 않는다는 생각에 불행하다는 느낌만 받을 뿐이었다.

몇 달 후, 그녀는 병을 사유로 학교에 휴가를 신청했다. 그러고는 아침에 자리에서 일어나지도 않은 채 침대에서 누워 지내기가 일쑤였으며, 심지어는 집에 누가 찾아와도 잠옷만 입고 맞이하는 일이 다반사였다. 식사 시간에도 남편과 아이만 식사를 했고, 마릿은 입맛을 잃은 채 그저 가끔 생각이 날 때만 조금씩 먹었다. 친구들이나 가족들과의 만남도 거부한 그녀는 점점 다른 사람들과의 만남에도 자신을 잃어갔다.

페터는 점점 부부 관계와 가정생활에 확신을 잃어갔다. 그는 이렇게는 더 견디기 힘들다고 생각했지만, 그가 빠져나갈 구멍은 없었다. 올라브 역시 마찬가지였다. 그는 친구들을 집으로 데려오지 않게 되었으며 기회만 있으면 혼자 지내려고 했다. 학교에서도 마찬가지였다. 이들의 가정은 붕괴 일보 직전이었다.

불행 중 다행으로 마릿은 전문가의 도움을 받기 시작했다. 상담가는 마릿은 물론 그녀의 남편과 아이까지도 함께 치료를 받으라고 권했다. 그가 한 일은 다음과 같은 것이었다.

- 가족 구성원에게 우울증에 대한 정확한 정보를 주는 것.
- 가족 구성원이 현재 자신의 위치와 상황을 정확히 인식하도록 도움을 주는 것.

● 가정생활이 다시 원만해지도록 토론 등을 통해 도움을 주는 것.

다음은 이들과 행한 대화의 한 부분이다.

상담가 우선 모든 가족 구성원이 마음을 열고 대화하는 것이 중요
합니다. 페터부터 시작해볼까요?

페터 쉽지 않은 일이에요……. 마음을 열라고요? 아뇨, 그건 정
말 어려운 일입니다. 왜냐하면…… 젠장. (두 손으로 머리를
감싸고 바닥을 바라봄) 사실, 저는 더는 어떻게 해볼 여력이
없습니다. 모든 것을 다 해봤지만 결과는 마찬가지였어요.
마릿에게 일어난 일 때문에 온 집안이 지옥 같습니다. 밤에
잠도 잘 못 잘 뿐 아니라, 직장에서도 일을 제대로 해내기가
어렵습니다. 그래요, 올라브가 걱정이 안 되는 것도 아니
고…….

상담가 그렇군요. 올라브는 어떤 생각인지 궁금하네요. 집에서 어
떻게 생활하는지 말해줄 수 있어요?

올라브 저는 기회만 있으면 집 밖으로 나가요. 대부분 친구 집에서
지내지요. 거기선 지내기가 그럭저럭 괜찮아요…….

상담가 왜 시간만 나면 집에서 나가고 싶은 거죠?

올라브 그건…… 엄마 때문이에요. 집에 있으면 너무 힘들어요.
(울먹이기 시작함) 엄마는 이제 제 생각을 하지 않는 것 같
아요. 아빠랑 저는 엄마를 시도 때도 없이 보살펴주어야 하
고, 아빠가 너무 피곤해하는 모습도 보기가 괴롭고…….

상담가 자신은 어떤가요?

올라브 그저 슬플 뿐이에요. 하지만 친구들과 있을 때는 집에서의
일을 잊어버리려고 노력하지요. 학교에서도 예전 같진 않아
요. 성적은 자꾸만 떨어져요. 집에서는 숙제도 하기 힘드니
까요.

이 경우처럼 우울증은 한 가정을 파멸로 몰아넣을 수 있다. 물론
자신의 우울증 때문에 다른 가족들이 고통받으며 생활한다는 것을
직접 듣는 것도 결코 쉬운 일은 아니다. 마릿은 가족들에게서 버림받
았다는 느낌을 가질 수도 있었을 것이다. 더는 가정생활에 적응할 수
없다고 느꼈을 수도 있다. 물론 다른 사람들이 자신을 충분히 이해해
주지 못한다는 원망의 마음도 들었을 것이다. 상담가는 마릿의 남편,
아들과 더 많은 이야기를 한 후, 다시 마릿에게 돌아왔다.

상담가 남편과 아이들 말을 들으니 기분이 어때요?

마릿 저는…… (울기 시작함)…… 무슨 말을 해야 할지 모르겠
어요. 희망이 보이지 않아요. 어쩌면 페터와 올라브에게는
제가 없는 것이 더 살기 편할지도 모르겠어요. 그들에게 그
저 짐만 될 뿐이니…….

상담가 그건 당신의 우울증 때문이지, 당신 때문에 그런 건 아니에
요. 저는 당신이 가족들에게 짐이 된다는 이유로 그들을 떠
나는 것이 좋을지도 모르겠다는 생각에 찬성하지 않습니다.
제가 보기에 당신은 이 상황에 큰 불안감과 의구심을 가지

는 것 같아요.

마릿　그래요. 하지만 저는 이 상황에서 어떻게 벗어날 수 있을지 아무 생각도 할 수가 없답니다.

상담가　그것 때문에 당신이 저를 찾아오신 것 아니었나요? 지금부터는 당신이 우울증에서 벗어나 어떻게 하면 다시 예전과 같은 생활로 돌아갈 수 있을지 생각해봅시다. 어쨌든 오늘의 대화를 통해 모두 당신이 다시 건강해져서 예전처럼 함께 행복하게 지내기를 원한다는 사실을 확실히 알게 되었지요?

가까운 사람의 우울증으로 인한 어두운 감정들

가족 구성원 가운데 한 명이 우울증에 시달린다면, 이 상태는 다른 구성원들에게도 쉽게 전염이 된다. 우울증에 걸린 어머니를 보살펴주는 딸, 우울증에 걸린 내성적인 아들을 걱정하는 아버지, 배우자의 문제점을 해결해주는 데 아무 도움도 되지 못한다고 느끼는 아내나 남편 등이 그 예다. 대부분의 경우, 이들은 자신이 어느 정도로 우울증에 가까이 다가가 있는지 모른다. 그리고 더 손을 쓸 수 없을 정도로 문제가 커지면 그제야 자신의 문제점 또는 우울증에 대해 생각을 해보지만 그때는 이미 늦었다. 많은 이들이 쉴 새 없이 변하는 자신의 감정을 컨트롤하기 힘들다고 토로한다. 한순간 슬픔을 느꼈다가, 이는 곧 좌절감이나 울분으로 바뀐다. 지금부터는 주변의 가까운 이들이 우울증에 걸렸을 때, 이에 영향을 받는 사람들의 예를 살펴보고 이들이 어떤 어두운 감정에 빠져드는지 알아보자.

의구심

지난 몇 달 동안 프랑크는 아그네스가 변했다는 것을 눈치 챘다. 그 속도는 너무나 빨라서 두려울 정도였다. 그들은 함께 이십여 년을 살아왔지만, 지난 몇 달 동안만큼 아그네스의 말수가 적었던 때는 없었다. 특히 막내 욘이 군대에 입대하고 나서부터는 아그네스의 상태가 더욱 심각해졌다. 그녀는 혼자만의 세계에 사는 것만 같았다. 누가 질문을 할 때만 겨우 대답을 할 정도였고, 그녀 스스로 말을 꺼내는 일은 거의 없었다. 친한 친구를 만나는 일도 거부했으며, 그들을 만나러 외출을 하는 일은 생각조차 할 수 없었다. 밤에 홀로 깨어 우는 일이 잦아졌으며, 프랑크가 그녀를 위로라도 할라 치면 그를 밀쳐버리기가 일쑤였다. 그가 아그네스에게 말을 붙일 때마다, 그녀는 시간이 필요하다며 혼자 있고 싶다고 했다. 그리고 때가 되면 다시 예전처럼 좋아질 수 있을 거라고 했다. 하지만 성탄절이 되어 아이들이 집에 와도 그녀는 변하지 않았다. 오히려 그 반대였다. 결국, 프랑크는 아그네스의 우울증은 시간이 지나도 저절로 해결되지 않으리라는 것을 인식하게 되었다.

위의 사례처럼 주변에 우울증을 겪는 사람이 있으면, 우선 의구심부터 가지게 된다. 사랑하던 사람이 등을 돌리고 혼자만의 세계에 빠진 모습을 보면서, 그들의 관계에 금이 가는 것은 아닌가 걱정하고 의심하기 때문이다. 도대체 무슨 일이 생긴 것일까? 왜 그 혹은 그녀는 이토록 모든 일에 불만을 표하는 걸까? 그들은 가끔 이렇게 자문을 하기도 하지만 답을 얻기는 힘들다. 모든 일이 의문투성이가 돼버린다.

울분

나는 이 상황을 어떻게 헤쳐나가야 할지 모르겠다. 이바르는 이제 집 안일에는 아무 신경도 쓰지 않는 것 같다. 때문에 그를 대신해서 모든 일에 내가 책임을 져야만 한다. 물론 나는 그가 고통받는 것을 잘 안다. 그런데도 그는 나를 포함한 주변인이 자기에게 아무 관심을 보이지 않고 신경도 쓰지 않는다고 불만을 표한다. 나는 이제 그런 그의 태도에 질려버렸다. 내가 무슨 말을 해도 그는 내 말을 왜곡해서 부정적으로 해석해버린다. 내가 화를 내는 것은 당연하지 않은가. 가끔은 화가 나다 보니 그에게 소리를 지르고 싶을 때도 있다. 그런 그 때문에 사람들을 집으로 초대하는 일도 기피하게 되었다. 그리고 시간을 내어 친구들을 방문할 때도 그를 혼자 두고 외출한다는 사실 때문에 죄의식을 느낀다.

위의 사례처럼 주변인들은 짜증과 울분을 자주 느끼게 된다. 그들은 우울증에 걸린 당사자의 수동적 태도와 사소한 문제를 과장해서 생각하는 태도, 그리고 끊임없는 자기비판에 질려버린다. 그들의 반응은 대부분 처음에는 울분으로 시작했다가 곧 죄의식으로 바뀐다. 만약 우울증에 걸린 당사자가 짜증을 내거나 눈물이라도 보이면 상황은 더욱 복잡해져버린다. 우울증 당사자는 자신이 무시당하고 거부당했다고 불평을 한다.

우울증에 걸린 당사자가 자신의 상황을 과장되게 내보이지 않고 자연스럽게 해결하려고 노력한다면, 주변인들 또한 얼마든지 도움과 용기를 주려고 시도할 것이다. 하지만 우울증이 심할 경우에는 이것이 쉽지 않다. 따라서 가족과 가까운 친구들은 좌절감에 빠지고 짜증을 내기 마련이다. 그들은 상황이 더 나아지지 않는 것을 이해하기 힘들어하며, 어떻게 해도 우울증 당사자의 부정적인 생각과 기분을 없애는 데 도움이 되지 않는다고 불평한다.

때로는 가족이나 친구들이 끊임없이 노력하는 경우도 있지만, 이 경우에도 몸짓이나 얼굴 표정을 통해 무의식적으로 표출되는 짜증을 감추기는 힘들다. 우울증에 걸린 당사자들은 이에 예민하게 반응하며 때로는 자기를 위로하고 도와주려는 주변인들의 말이나 행위가 거짓된 것이라 믿어버린다. 그들의 친절한 말투 뒤에 거부감과 자기를 무시하는 감정이 있다고 생각하는 것이다. 결국 우울증에 걸린 사람은 주변인을 믿지 못하고 혼자만의 세계로 발을 들이민다. 이러한 행위는 주변인들조차 고개를 돌리도록 만들고, 그들에게 더욱 강한 좌절감을 가져다주는 악순환의 원인이 된다.

불안감

어느 이른 봄날 아침, 그녀는 지저귀는 새소리를 들으면서 갑작스레 울음을 터뜨렸다. 그녀는 새소리 때문에 우울해졌다고 말했다. 나는 그녀를 이해할 수 없었다. 지금도 마찬가지다. 지저귀는 새소리에 우울해지는 사람도 있었던가? 과연 그것이 가능한 일인가? 이에 대해 그녀와 이야기하는 일은 쉽지 않았다. 왜냐하면 나는 아직도 그녀를 이해하지 못하기 때문이다. 때문에 나는 그녀에게 다가갈 수도 없다. 가끔 그녀의 기분이 최악의 상태에 있을 때는 나는 안중에도 없는 것 같고 내 생각은 하지도 않는 것 같다. 그런 상태가 좀 지속되면 별안간 그녀의 기분은 바뀐다. 가끔, 그녀의 기분이 좋을 때도 있다. 그때의 그녀는 완전히 다른 사람처럼 보인다. 하지만 나는 언제 그녀의 기분이 좋아질지 예상할 수가 없다. 그리고 설사 기분이 좋다 해도 그 상태가 오래 지속되지는 않는다. 바로 그것 때문에 나는 좌절감이 든다. 나는 그녀의 기분과 연관하여 몇 분 후에 무슨 일이 일어날지 도무지 알 수가 없다. 때문에 갑자기 어떤 상황의 한가운데 준비 없이 서 있는 듯한 느낌이 들 때가 많다. 나는 그녀의 기분과 태도 변화를 예상치 못하기 때문에 항상 불안감을 느낀다.

인용문은 한 우울증 환자의 배우자가 쓴 글이다. 우울증을 가진 사람들과 함께 생활하는 사람들은 미래를 불안해하고 걱정한다. 이유는 바로 그들이 사랑하는 사람들이 예전처럼 행복해질 수 없지는 않을까 하는 생각 때문이다. 우울증에 걸린 주변인이 자살을 생각하거나, 이전에 자살을 시도한 경험이 있는 사람이라면 주변인들은 너무나 큰 짐이 되어버리는 이런 불안감과 걱정을 품고 살아가야 한다.

성적 좌절감

우울증은 의욕 저하와 존재 가치의 상실감을 동반한다. 때문에 우울증에 시달리는 많은 사람들이 성적 욕구를 거의 느끼지 않는다는 사실은 그리 놀랄 만한 점이 아니다. 남성들은 발기부전 등의 문제에 시달리며, 여성들은 오르가슴에 도달하는 데 어려움을 겪는다. 가끔은 우울증을 치료하려고 복용하는 약의 부작용으로 이러한 상태를 경험하기도 한다. 부부 가운데 어느 한 사람이 우울증에 시달리면, 그 성적 관계에도 문제와 갈등이 유발된다. 이때의 느낌은 고통스러울 정도로 강하다. 두 사람의 외적인 관계가 허물어지는 것도 시간 문제다. 어느 한 사람이 성적 문제를 가지면, 상대방은 그것을 자신에 대한 거부감으로 해석하는 경우가 다반사이기 때문이다.

절망감과 체념

시그리는 끊임없는 걱정에 시달린다. 홀로 사는 그녀의 아버지는 모든 희망과 삶에 대한 열정을 포기한 지 오래다. 그녀의 아버지는 기회만 되면 더는 살기 싫다는 말을 입버릇처럼 하곤 했다. 그녀는 매일 저녁 아버지 집에 가서 식사를 준비하고 청소를 한다. 그리고 아버지에게 밖으로 나가서 다른 사람도 만나 보라고 권하지만 아무 소용이 없었다. 그녀는 노력했으나 상황은 조금도 변하지 않았다. 그녀의 아버지는 자신의 감정을 조금도 표현하지 않았으며, 그저 침묵으로 일관할 뿐이었다. 어느 날 저녁, 그녀의 아버지는 시그리에게 더는 자기를 괴롭히지 말라고 하면서 자신이 원하는 것은 평화롭게 이 세상을 떠나고 싶은 것뿐이라고 말했다.

우울증에 걸린 사람이 가족 구성원 가운데 있으면, 나머지 사람들 또한 알게 모르게 영향을 받기 마련이다. 그래서 가끔은 가족 전원이 무기력증과 기분 저하에 시달릴 때도 있다. 이들은 우울증에 걸린 가족에게 용기도 주고, 위로도 해주며, 삶의 긍정적인 면을 보여주려고 노력하지만 아무 소용이 없다는 것을 알게 된다. 가족들은 결국엔 체념하며, 이러한 감정들은 시간과 함께 확대된다. 의욕과 관심의 저하, 그리고 짜증은 우울증 환자와의 거리감도 유발한다. 우울증 환자는 이를 자신을 향한 거부감으로 해석해서 정신적 상처를 입기도 한다. 이때 중요한 것은 우울증 환자가 자신의 수동적 태도와 부정적 생각들이 우울증의 한 부분이라는 것을 인지하는 것이다. 그리고 주변 사람들은 우울한 분위기나 우울증 환자의 분위기에 휘말리지 않도록 노력하는 것이 매우 중요하다. 절망감은 전염성을 가지고 있기 때문이다.

우울증을 정확히 아는 것도 도움이 된다. 우울증에 대한 정확한 지식은 병을 이성적으로 이해하는 기반이 되며, 우울증에 걸렸을 때 무엇을 피해야 하고 또 어떨 때 받아들여야 하는지도 알 수 있게 해준다. 주변에 우울증으로 시달리는 사람들이 있다면, 가끔은 이들과 떨어져 홀로 시간을 보내면서 긍정적인 생각과 경험을 만드는 데 노력한다.

우울증 부모의 자녀 양육을 위한 지침

우울증에 빠져 생활한 지난 몇 달 동안, 나는 특정 그룹에 속한 사람들에게 존경하는 마음을 가지게 되었습니다. 그들은 바로 조그만 아이들을 자식으로 둔 우울증에 걸린 부모였지요. 그들은 우울증 때문에 자신의 일을 해내기도 힘든 상황이었지만, 엄마 아빠 역할을 그 누구 못지않게 훌륭히 수행하더군요. 의욕 저하에도 상관없이 아이들을 사랑과 배려로 보살피는 그들을 보니 존경하는 마음이 들지 않을 수 없었습니다. 자신의 삶은 혼동과 혼란 그 자체였지만, 아이들에게는 따스하고 화목한 가정환경을 만들어주는 데 혼신의 힘을 다하고 있었습니다. 나는 그들을 존경하지 않을 수 없어요. 우울증 때문에 온 세상이 어둡게만 보이고 온몸이 찢어지는 고통을 당해도 아이들에게는 최선을 다하는 모습…… 정말 감동하지 않을 수 없습니다.

– 에벤 순뷔(Even Sundby), 《행복약(Lykkepillen)》 중에서

우울증에 걸린 부모들은 자식들의 상태에 자책감을 느낄 때가 많다. 그들은 자신들 때문에 아이들이 상처를 받게 될까봐 노심초사한다. 그래서 우울증에서 벗어나려 노력하고 가끔은 이에 성공했다는 생각도 한다. 하지만 이런 기분은 그리 오래가지 않는다. 그들의 불안감과 초조함은 충분히 이해할 만하다. 실제로 우울증에 빠진 부모들은 아이들을 보살필 여력이 없다. 이들에게는 자신의 이야기를 진지하게 들어줄 사람, 따스한 마음으로 인내심을 가지고 자신을 보살펴줄 주변인이 필요하다. 하지만 대부분의 사람들이 우울증에 빠진

주변인을 인내심을 가지고 오랜 시간 지속해서 보살펴주기가 쉽지 않다. 우울증은 바로 이러한 취약점을 이용해 그 당사자를 더욱 심하게 공격한다. 따라서 그들은 더욱더 현실에서 벗어나고, 내성적이 되며, 짜증을 잘 내는 수동적인 사람이 되어버린다. 우울증에 걸리면 아이들의 상태도 간과하게 되고, 그들이 무엇을 원하는지 생각할 힘이 없어진다. 때문에 자책감이 생기며, 이 자책감으로 인한 기분 저하는 아이들을 대할 때 짜증스런 표정으로 나타나는 등 악순환을 불러온다.

어른들의 우울증이 궁극적으로는 아이들에게도 짐이 되는 것은 사실이다. 특히 우울증이 심할 경우, 그리고 끊임없이 재발할 경우에는 더욱 그러하다. 훗날 이런 아이들은 부모의 우울증에 대해 이야기할 때, 그 당시 자신이 받았던 고통이 결코 가벼운 것이 아니었다고 토로한다. 이러한 상황을 경험했던 아이들은 훗날 성인이 되었을 때 그 자신이 우울증을 비롯한 또 다른 정신적 문제에 시달리게 될 확률이 높다. 여기엔 여러 가지 이유가 있겠지만, 어떤 아이들은 유전적인 요인 때문에 성격상 쉽게 상처를 받고 더 빨리 우울증에 빠져드는 경향이 있다.

부모의 우울증은 부부 관계 악화 또는 가정경제 악화라는 결과를 가져오기도 한다. 물론 부모로서의 역할을 제대로 해내는 데도 이 우울증은 방해 요소로 작용한다. 그들은, 자식들이 해야 할 일과 해서는 안 될 일의 한계를 정하는 데 어려움을 겪으며, 아이들이 규칙적이고 건강한 일상생활을 하도록 효과적으로 보살펴주지 못한다. 그들은 아이들이 무엇을 원하는지, 또 무엇이 필요한지 살펴보고 이를 해결하는 데 능동적으로 대응하지 못한다. 정신적으로도 아이들과 교감을 나누지 못하는 것은 물론이다.

마음을 터놓고 대화하기

그렇기는 하지만 이러한 악순환에서 벗어나기 위해 가족들이 할 일은 적지 않다. 이는 우울증에 걸린 당사자들은 물론 배우자나 다른 가족 구성원들도 마찬가지다. 가장 중요한 것은 우울증에 걸린 당사자의 행동이나 표정에 아이들이 솔직한 반응을 하고, 그 상황을 이해하도록 도와주는 것이다. 즉 아이들 또한 자신의 생각이나 경험을 이야기할 기회를 부여받아야 한다. 어머니나 아버지의 우울증에 아이들은 어떻게 반응하며, 우울증으로 인한 어른들의 표정이나 행위를 아이들은 어떻게 받아들이는가? 그것은 짜증이나 울음 또는 내성적 행동 등 여러 가지 형태로 나타날 수 있다.

이에 대해 아이들과 마음을 터놓고 나누는 대화는 매우 중요하다. 대부분의 아이들은 부모의 아픔과 고통에 과잉 반응을 보인다. 어떤 아이들은 불쾌한 기분을 속으로 삭이려고 노력한다. 때문에 가끔은 불안감과 초조함을 표시하기도 한다. 또 어떤 아이들은 침묵으로 일관한다. 자신의 울분과 슬픔 또는 실망감을 표현하면 오히려 부모에게 짐이 되지 않을까 하는 걱정 때문이다. 그들에게 말과 행동의 모델은 언제나 어른들이기에 이들은 우울하고 내성적인 성격의 소유자가 될 가능성이 높다.

부모들은 자신의 우울증 때문에 아이들과 터놓고 대화하는 일이 그리 쉽지 않다. 특히 고통스러운 경험과 기분을 가진 직후라면 오히려 그것을 숨기려고 더욱 애쓸 것이다. 이야기를 하더라도, 아이들보다는 오히려 다른 사람들을 찾아나서는 일도 있다. 그들은 자신의 우울증이 아이들에게 좋지 않은 영향을 미치리라 생각하고, 아이들조차 우울증에 '전염'될까봐 걱정을 한다. 하지만 아이들이 자신의 우울함에 반응하는 바로 그 순간, 아이들에게 자신의 처지를 이해할 기회를 주는 것은 매우 중요하다. 순간적인 고통이 문제를 유발하는 것은 아니다. 하지만 고통을 나누는 일을 피한다면 결과는 더욱 악화될 뿐이다.

자녀들과 정보 공유하기

아이들이 부모의 처지와 우울증에 대해 완전히 알아야 할 필요는 없다. 하지만 아이들은 감정적 문제에 매우 예민하기에 주변에 무슨 일이 어떤 이유로 생겨났는지 정확한 정보를 주는 것이 좋다. 집안 분위기가 저하되어 있을 때, 대부분의 아이들은 그것이 자기 잘못이라고 생각하는 경향이 있다. 때문에 어른들은 적어도 그 상황이 아이들의 잘못 때문이 아니라고 확실하게 말해줄 필요가 있다. 아이들은 부모의 우울증에 아무런 책임이 없다. 하지만 아이들과 함께 우울증에 대해 필요한 정보를 공유한다면, 아이들 또한 당연히 부모의 처지를 이해할 수 있을 것이다.

예를 들어 다음과 같은 말을 해주는 것도 생각해볼 수 있다. "우울증에 걸리면 슬픈 생각이 자주 난단다. 그리고 많이 피곤해. 그래서 이전처럼 너와 함께 장난을 치고 놀아주는 일이 힘들단다. 물론 너희 생각을 조금도 하지 않는 건 아냐. 오히려 그 반대지. 나는 항상 너희를 생각하고 사랑한단다. 점점 나아질 거야. 기분도 좋아질 거고, 피곤함도 점점 사라질 거야. 그리고 시간이 조금 더 지나면 이전처럼 다시 행복하게 지낼 수 있을 거야. 조금만 더 기다려주렴." 아이들이 생각하는 바를 잘 들어주는 것도 중요하다. 그리고 궁금한 것이 있으면 언제든지 질문을 하라고 용기를 북돋아주는 일도 필요하다.

안정감과 친밀감 주기

아이들이 일상에서 안정감을 가지도록 도와주는 것은 매우 중요하다. 가정에서는 물론 학교, 그리고 친구 관계나 친척 관계에서도 그러하다. 때문에 아이들로 하여금 되도록이면 자주 집 밖에 나가서 또래 아이들과 함께 시간을 보내도록 권유하는 것이 좋다. 아이들은 부모의 갈등과 말다툼에 예민하게 반응한다. 부모의 갈등이 표면화되고 심한 말다툼을 하면, 그것을 보는 아이들은 오랜 시간이 지나도 그 장면을 잊지 못하는 경우가 많다. 따라서 이러한 일이 자주 발생하면, 아이들 정서에 큰 해악으로 작용한다. 아이들은 이러한 상황에 결코 적응하지 못한다. 가정에 문제가 있으면 아이들 또한 문제아로 변하기 쉽다. 부모로서 아이들에게 사랑과 자랑스러움, 신뢰감을 보여주는 것은 그 무엇보다도 중요하다.

주변 사람들의 배려가 중요하다

가족 구성원 가운데 한 명이 우울증에 시달린다면, 다른 가족 구성원들과는 직접적 관계가 없다고 해도 그 영향이 미치는 것은 당연하다. 가족 간의 갈등으로 인한 적개심과 냉정한 태도 때문에 그 구성원들이 우울증에 시달리는 경우도 있다. 부부 관계에서는 한쪽의 불륜이나 무미건조한 일상 때문에 앞날에 희망이 보이지 않는다고 생각될 경우 우울증에 걸릴 소지가 많다. 실제로 어떤 사람들은 결혼생활을 하면서도 사랑의 부족과 공동 관심사의 부재, 또는 상대방을 향한 배려와 존중 부족 때문에 극도의 외로움을 느낀다. 이러한 상황에서는 우울증을 방지하기 위해 함께 이야기하고 노력해야 한다.

우울증에 걸린 사람의 주변인들이 어떻게 처신해야 할지 명확하고 일정한 규칙은 없다고도 할 수 있다. 여기서는 이러한 상황을 겪었던 사람들의 경험담을 바탕으로 몇 가지를 조언하고자 한다.

권고 사항

- 관계가 평소처럼 지속되도록 노력하자.
- 상대방의 고통과 슬픔을 이해하도록 노력하자.
- 불필요한 부정적인 생각에는 시간을 할애하지 말자.
- 가끔 도움을 줄 일은 없는지 물어보기도 하면서 긍정적인 분위기를 조성하자.
- 상대방에게 자신이 항상 배려한다는 것을 확신시켜주면서 상대방을 존중하도록 노력하자.

금지 사항

- 우울증 당사자 앞에서 우울증에 대한 적개심을 표현한다.

- "이제는 정신 좀 차리자"라고 표현한다.
- 상대방이 우울해할 때, 그 부정적인 효과를 비판한다.
- 상대방의 감정을 고려하지 않은 말들을 함으로써 상대방을 위축시킨다.

도움이 되는 말

- 나는 항상 당신을 생각해요. 그러니 이 세상에서 혼자라는 생각은 하지 마세요.
- 당신이 우울증에서 벗어나도 나는 항상 변함없이 이 자리에 있으면서 당신을 보살펴줄 거예요. 당신도 그럴 수 있기를 바라요.
- 당신이 고통받는다는 것을 나는 잘 알아요.
- 당신의 고통 때문에 나까지 고통스러워한다고는 생각하지 말아요. 나는 잘 견뎌낼 수 있으니까요.

도움이 되지 않는 말

- 나는 당신이 항상 강한 사람인 줄로만 알았어요. 이 정도 일로 이렇게 고통을 받을 줄은 몰랐지 뭐예요.
- 당신 자신을 스스로 불쌍하다고 생각하는 일은 이제 그만두세요. 이 세상 모든 사람이 한 번쯤은 우울증을 겪기 마련이니까요.
- 당신이 감사해야 할 일들은 이 세상에 너무나 많아요.
- 나는 당신이 우울증에 빠진 모습을 더는 못 보겠어요. 내게도 한계가 있다고요.

우울증 당사자가 해야 할 일

- 우울증에 대한 지식과 정보 습득하기.
- 이성적이고 현실적으로 기대감과 목표 설정하기.
- 일상의 의무와 규칙적인 일들을 소화해내기.
- 우울증에 대한 과잉 반응 피하기.
- 타인에게 도움 청하기.

용기를 주기

우울증에 걸린 사람들에게 용기를 북돋아주고 지속적인 배려를 해주는 것은 결코 쉬운 일이 아니다. 설사 따스한 조언을 해주고 구체적으로 도움이 되는 제안을 해보더라도, 당사자에게서 돌아오는 이해 부족과 무기력함에 포기하게 되는 경우가 대부분이다. 우울증에 걸린 사람들은 조언이나 질문에 짜증이나 침묵으로 반응할 때가 많다. 그럼에도 우울증에 걸린 당사자에게 사랑과 배려를 표하는 것은 매우 중요하다. 그들은 때로 따스한 말투와 사소한 도움도 아주 크게 받아들일 때가 있다. 비록 그 순간에는 자신의 도움과 조언에 아무런 반응을 얻지 못했다 해도, 상대방은 그것을 기억하고 있다. 틀림없이 그들은 외로움을 덜 느끼게 될 것이며 자신의 가치를 인정해주는 사람도 있다는 생각에 반가워할 것이다. 조언을 할 때는, 우울증에 걸린 당사자의 처지에서 생각해보는 태도가 필요하다. 심각한 우울증에 걸린 사람들은 자신의 인간적 존재 가치에 회의를 느끼고, 인생이 무가치하며 미래는 절망적이라고 생각한다. 그들은 가끔 강한 자책감과 수치심, 적개심을 보이기도 한다.

인내심을 갖고 기다리기

사랑하는 사람이 우울증에 걸린다면 우리는 그들이 우울증에서 벗어나게 하려고 무슨 일이든 할 것이다. "그녀의 예전과 같은 웃음을 단 한 번이라도 볼 수 있다면……." "그를 침대나 소파에서 일으켜 세울 수만 있다면……." 하지만 심각한 우울증에 빠진 사람들은 좀처럼 변화시키기가 힘들다. 인내심과 이성적이고 현실적인 기대감을 가지고 도움을 주며 지켜보는 수밖에 없을 것이다.

가끔은 자기 자신이 복잡한 문제와 갈등 때문에 심각한 우울증에 시달린다고 가정해보자. 다리를 부러뜨린 사람에게 주변 사람들이 몸을 움직이는 일을 하라고 요구하지는 않을 것이다. 물론 주변 사람들은 환자가 호소하는 아픔과 고통을 들어주는 데도 익숙해져 있을 것이다. 환자는 짜증을 내고 눈물을 흘릴 때도 있을 것이다. 이때 주변인들이 "얼른 나아지도록 노력하라"고 다그친다면 오히려 악영향만 미치는 것이다. 이와 같이, 우울증에 걸린 사람들에게도 충분한 시간을 주며 인내심을 가지고 기다려주는 것이 필요하다. 먼 길을 가려면 한 걸음 한 걸음 차례차례 천천히 내짚어야 한다. 좋은 날이 있으면 나쁜 날도 있기 마련 아닌가. 결코 고통과 어려움을 무시하거나 사소한 것으로 생각하면 안 된다.

도움을 요청하도록 지원하기

우울증에 시달리는 많은 사람들은 자신의 고통을 호소하며 도움을 요청하는 일이 거의 없다. 그렇게 해도 소용이 없으며, 아무도 자신을 이해하거나 도움을 주지 못한다고 생각하는 것은 우울증의 주요한 특성이라 할 수도 있다. 어떤 이들은 자신이 우울증을 겪고 있다는 것을 절대 인정하지 않는다. 그들은 우울증에 걸렸다는 사실을 자신이 약하다는 증거라고 생각하며, 심지어는 수치스럽게 여기기도 한다. 그리고 홀로 문제를 해결하려고 노력한다. 이들은 주변인들이 우울증에 대한 지식을 가지고 전문적인 도움을 주려 시도하면 할수록 더더욱 자신의 우울증을 거부하고 반박한다.

우울증에 걸린 사람들이 도움을 요청하도록 지원하는 것은 매우 중요하다. 그럴 때면 심리학자나 의사, 간호사, 성직자 등 타인의 도움을 요청하는 것도 현명한 방법이다. 이런 사람들을 집에 초청해서 치료를 의뢰하는 것도 좋다. 물론 아이들이 집에 있을 때는 이러한 방법이 좋지 않을 때도 있다.

주변인들이 치료 과정과 호전 여부에 대해 정확한 정보를 가지는 것은 매우 중요하다. 물론 어떤 식으로 주변인들이 도움을 줄 수 있는지 정보를 얻는 것도 중요하다.

스스로를 돌보기

니나는 얀이 매일 저녁 TV 앞에서만 시간을 보내는 것을 매우 못마땅하게 생각한다. 그녀는 예전처럼 둘이 함께 무엇을 할 기회가 조금도 없다는 것에 절망했다. 그녀가 어떤 일을 함께 해보자고 제안을 해도, 그는 여지없이 이를 거부했다. 그녀는 얀이 이전에 좋아했던 일을 함께 해보자고도 했지만, 결과는 마찬가지였다. 얀은 자신이 외출하고 싶지 않은 심정을 니나가 이해해주지 않는다고 불평했다. 그리고 자신이 얼마나 피곤한지 전혀 배려를 해주지 않는다고도 불만을 표시했다. 그런 일이 있은 후, 얀은 계속 침묵으로 일관했으며 내성적인 사람으로 변해갔다. 니나는 그런 얀을 보면서 어느새 자기 자신도 수동적인 사람으로 변해가는 듯 여겨졌다.

주변인들은 우울증에 걸린 사람들에게 어떤 일을 함께하자고 권유하는 것이 너무나 어렵다고 호소한다. 우울증에 걸린 사람들은 스스로를 고립시키며 활동적인 일에 참가하는 것을 거부한다. 그들은 대부분의 시간을 혼자 보내며 사소한 일과 미래의 불확실성을 걱정하며 지낸다.

어떻게 하면 긍정적인 경험을 유도할 수 있는지 숙고해보는 일은 매우 중요하다. 최선의 방법은 가족이나 친구와 함께 활동적인 일을 함께하는 것이다. 우울증에 걸린 당사자가 일상의 사소한 일들을 규칙적으로 해내도록 도움을 주고, 타인과 접촉할 기회를 만들어주어야 한다. 가정에 우울증으로 인한 구멍이 생겼을 때는 이를 메워주어야 한다. 어려운 시기를 함께 극복하려면 이러한 결정을 내리는 것이 매우 중요하다.

광범위한 우울증 증세에 도움을 얻는 방법

3부

우울증에 시달리는 많은 사람들이 도움을 청하는 일은 생각지도 않는다. 이들은 의사와 직접 대면을 해도 우울증에 시달린다고 인정하는 일이 드물다. 이는 잘못된 판단이다. 도움을 받을 가능성을 처음부터 배제하면 시간이 지날수록 더욱 고생을 하게 마련이다. 우울증에 시달린다는 생각이 들면 지체 말고 전문가의 도움을 받는 것이 좋다. 여기서는 어떤 방법으로 도움을 청해야 하는지, 또 어떤 도움을 받는 것이 좋은지 살펴보자.

13장 | 자살에 대한 생각과 자살

자살이라는 것은 한번 실행하면 되돌릴 수 없는 것이다. 이 세상 그 어떤 것도 이보다 더 외로운 행위가 될 수는 없다. 그렇다면 사람들은 무엇 때문에 자살을 하는가? 무엇이 그토록 고통스러워 자살을 유도하게 하는가?

많은 사람들이 이에 대한 대답을 시도해보았다. 사회학자 에밀 뒤르켐은 이를 사회적 관점에서 살펴보았다. 그는 연대감과 결속력이 강하고 도덕성이 높은 사회일수록, 그 구성원이 자살을 할 확률이 적다고 했다. 그것은 서로를 배려하는 구성원 각자의 능력과 관계가 있다고 해도 될 것이다.

심리학자 윌리엄 제임스는 1897년에 쓴 유명한 에세이집에서 '인생은 살 만한 가치가 있는 것인가?'라고 물었다. 이 질문에 대한 대답을 스스로 찾아본 그는 같은 책에서 우울증을 경험하지 않은 사람들에게는 확실히 인생은 살 만한 가치가 있는 것이라고 썼다. 하지만 저자 자신에게는 그 대답이 당연한 것으로 여겨지지 않는다고 덧붙였다. 그는 우울증에 빠져 스스로 목숨을 끊으리라 생각했던 적도 있다고 고백했다.

〈실비아 플라스〉라는 시를 쓴 시인 A. 알바레스(Alvarez)는 우울증 때문에 자살을 한 대표적인 사람이다. 우울증 때문에 자살을 생각해본 적이 있는 그는 이를 주제로 책을 썼다. 그는 왜 사람들이 스스로 목숨을 끊으려고 생각하는지 그 상황을 이해해보려고 노력했다. 이 책에서는 각각 다른 시대와 문화 속에서 자살에 대해 바뀌어온 사람들의 생각과 태도를 기술했다. 알바레스는 우울증에 걸린 사람들은 자살에 대한 어두운 생각이 깃들인 '닫힌 세계'에서 살아간다고 했다. 그리고 그 세계의 '피할 수 없이 치명적인 이론' 속에서 사람들은 자살을 생각한다고 했다.

자살을 생각해본 사람들은 세상 한구석에 내몰린다는 생각을 자주 한다. 직면한 어두운 상황과 문제점들의 해결 방법이 항상 자살로 나타나는 것은 아니지만, 이러한 문제점들이 오래 지속되고 결국 한계에 이르면, 그들은 자살을 생각한다. 이에 도전하고 삶을 지속하려면, 용기를 내어 주변인에게 도움을 청해야 한다.

우울증으로 인한 자살

우울증과 자살에 대한 생각 또는 자살 그 자체는 밀접한 관계가 있다. 우울증에 시달리는 사람들 대부분이 자살을 하는 것은 아니며,

자살을 하는 많은 사람들의 자살 이유가 우울증 때문만은 아니다. 하지만 우울증에 시달리는 사람들은 한 번쯤 자살에 대한 생각을 해본 적이 있을 것이다. 어떤 사람들은 자살을 구체적으로 생각해보기도 했을 것이다. 그러나 실제로 자살을 하는 사람의 수는 비율로 보았을 때 그리 많은 것은 아니다. 노르웨이에서는 매년 500~600명이 자살을 한다. 통계적으로 보면 이것은 다른 국가와 비교했을 때 그다지 높은 수치는 아니라고 할 수 있다. 하지만 여기서 숫자가 중요한 것은 아니다. 우리는 자살을 한다는 것 자체를 심각하게 생각해보아야 한다. 특히 자살을 행한 당사자의 친구들이나 가까운 주변인들이 겪을 그리움과 죄책감, 고통은 평생 지속될 것이다.

통계적으로 볼 때, 자살을 하는 남자들은 여자들보다 세 배나 많다고 한다. 하지만 자살을 생각하거나 자살 시도를 하는 여자들은 남자들보다 훨씬 많다. 이는 남자들의 결단력이나 충동성이 여자들보다 강하다는 데서 그 이유를 찾아볼 수 있다. 여자들은 자살 시도를 하면서 수면제 등을 과다 복용하는 일이 잦은데, 이는 현대 의학의 도움 덕분에 자살로 이어질 확률이 그리 높지 않기 때문이다.

자신의 삶을 더는 정상적으로 꾸려나갈 수 없다는 생각을 하면서도 자살을 두려워하는 것은 매우 정상적이다. 그들의 생각을 살펴보면 대충 다음과 같다. 즉 '사는 것이나 죽는 것이나 다를 것이 없으니 오히려 목숨을 유지하는 것도 나쁘지 않다'라든가 '이 세상에서 내가 없어지면 그녀가 얼마나 슬퍼할까' 같은 생각이다. 조사 결과 이러한 생각 덕분에 자살 유혹을 접는 사람은 꽤 많은 것으로 나타났다. 많은 이들은 우리 사회에 만연한 자살에 대한 '터부'적인 태도를 직시하고 있으며, 만약 자신이 자살을 할 경우 그 결과로 고통받을 주변인을 고려한다. 자살을 금기시하는 사회적 풍조 때문에 우리는 공개적으로 이에 대해 이야기하는 것을 꺼린다. 따라서 우리는 많은 사람들이 자살 생각을 한다는 것을 알지 못하며, 이 세상에서 자살을 생각하는 사람이 자기 혼자뿐이라고 생각하기 쉽다. 하지만 생각의 흐름은 자유롭다. 그리고 생각을 실천으로 옮기는 일이 항상 쉬운 것만은 아니다.

우울증에 걸린 사람들은 가끔 자신이 원하지도 않고 적절한 이유가 없는데도 자살을 생각하는 경우가 있다. 일상을 어떤 식으로 경험하고 받아들이냐에 따라 생각은 얼마든지 바뀔 수 있다. 어떤 사람들에게는 우울증이 자살의 직접적인 원인으로 작용하기도 한다. 이들 중 대부분은 자신들의 생각에 두려움을 느끼며 가까운 친구나 가족들에게 이러한 생각에서 벗어나도록 도움을 요청한다. 이들은 자신의 생각이 최선의 해결책이 아니라는 것을 잘 안다. 어떤 사람들은 자살이라는 것이 자신이 선택할 수 있는 단 하나의 마지막 해결책이라 생각하기도 한다. 그들은 최악의 경우, 자신이 스스로 선택할 수 있는 대응책이 자살이라 믿고, 이러한 생각에서 위로를 받는다. 그렇긴 하지만 이 생각을 구체적으로 실천에 옮기는 것을 꺼리는 것이 일반적이다. 다음은 이런 생각을 표현한 한 여성의 글이다.

가끔은 자살에 대한 생각을 해본다. 나는 현실이 괴롭고 고통스러울 때, 내일을 맞는 것이 두려워 자살 유혹을 느낀다. 하지만 사실을 말하자면 나는 자살을 하고 싶은 생각이 조금도 없다. 비록 지금 이 순간은 고통스러울지 몰라도 자살은 절대 그 해결책이 될 수 없다. 그렇지만 나는 자살에 대한 생각이 가끔은 위로가 된다고 고백한다. 따라서 때로는 죽음이 이전처럼 두렵게 느껴지지 않을 때도 있다.

우울증에 시달리는 수많은 사람들 중 실제로 자살을 행하는 사람은 매우 적다. 그렇다고 해서 우울증에 걸린 사람들이 자살을 이야기할 때 이를 무시해서는 안 된다. 우리는 대화를 통해서 그 사람의 자살 유혹이 단지 생각에 그치는 것인지 그렇지 않으면 구체적인 계획까지 있는지 알아낼 수 있다. 고통받는 사람이라 해도 그와 함께 자살을 주제로 이야기하는 것은 위험하지 않다. 오히려 가끔은 이런 이야기를 해보는 것이 도움이 될 때도 있다. 그럴 경우, 당사자들은 상대방이 자신을 배려하고 도움을 주려고 노력한다는 것을 알 수 있으며 이를 일종의 위로로 여기고 안도감을 느끼기도 한다.

구체적인 자살 계획

스스로 목숨을 끊는 것을 고려하기까지에는 수많은 생각과 감정이 자리한다. 의구심, 자멸감, 절망감, 자책감은 물론 후회와 울분, 적개심 등이 그것이다. 이제 자신의 기본적인 일상을 꾸려갈 수 없다는 생각과 삶에 도전하며 사는 것이 고통스럽다는 생각이 핵심적인 이유가 된다. 물론 대부분의 경우 죽음이 그 해결책이 되지 못한다는 것을 인식하지만 희망 없이 사는 삶과, 더는 좋아질 기미가 없는 삶에서 자살이라는 것은 일종의 달콤한 유혹으로 다가오게 마련이다. 다음은 우울증에 걸린 한 여성이 한 말로 이와 같은 상황을 적절히 표현한 것이라 할 수 있다. "죽고 싶다는 생각을 여러 번 해보았지만, 항상 죽음의 상태에 있기를 원하는 것은 아니다."

구체적 자살 계획까지 세운 경우라면 상황은 심각하다. 다음은 이혼을 경험한 한 남자의 예다.

나는 최근 자살을 하고 싶다는 생각을 자주 하게 되었다. 더는 살고 싶은 생각도 없으며, 삶의 의미도 전혀 찾아볼 수 없다. 이혼을 한 후, 나는 절망에 빠져 산다. 이혼을 한 것은 전적으로 나의 잘못이다. 하지만 이제 와서 상황을 바꾸는 것은 불가능하다. 나는 어떻게 하면 스스로 목숨을 끊을 수 있을지 구체적으로 생각해보았다. 차를 몰고 절벽에서 떨어지든지, 스스로 목을 매는 경우도 생각해보았다. 내 경우에는 차를 몰고 죽음에 이르는 것이 더 나을 것 같다. 그렇다면 사고로 보일 수도 있으니까 아이들이 받아들이기에도 별 무리가 없다. 나는 이미 차를 몰고 갈 길까지도 봐두었다.

앞서도 말했듯이 이미 자살을 하기 위한 구체적인 방법을 생각해 보았다면 상황은 심각하다고 할 수 있다. 그 구체적인 계획에는 언제 어떻게 자살을 이행할지, 또는 어떤 방법으로 자살에 필요한 약이나 도구를 구할지 등이 포함되어 있다. 심리학자로서 나는 상담을 하러 온 사람들에게 항상 자살에 대한 생각을 해보았는지, 또는 구체적으로 자살 계획을 세워본 적이 있는지 물어본다. 만약 그렇다고 하면 나는 먼저 그가 어떻게 일상생활을 하루하루 꾸려나갈 수 있는지 가볍게 이야기를 해본다. 이럴 경우, 가족이나 가까운 친구들의 도움이 절실하다. 물론 전문가의 도움이 필요한 경우도 있다. 자살을 구체적으로 생각해보았다면, 지금 당장 용기를 내어 주변인에게 도움을 청하는 것이 좋다. 홀로 해결할 수 있다는 생각은 금물이다.

자살 시도

자살을 시도한다는 것은 삶에 위협을 가하는 것이다. 자살이라는 것은 자신의 모든 것을 포기하고 올바르지 못한 방법으로 해결을 하려는 것이나 마찬가지다. 고통받는 중에는 죽음을 원하는 상태와 도움을 요청하는 상태를 구별하지 못할 때가 있다. 가끔은 이 두 가지 상태가 혼합되어 나타나기도 하기에 당사자는 자살 유혹을 더욱 크게 느끼며, 자살이 단 하나의 해결책이라고 생각한다.

때로는 술기운으로, 때로는 위험과 고통을 이겨내려는 반응의 일종으로 충동적인 자살을 시도하기도 한다. 이때 술을 깨고 나면 자살 생각이 사라지는 것은 당연하다. 그럴 때면 스스로도 자살을 시도하려던 상태를 이해 못하는 경우가 있다. 때로는 심각한 우울증으로 자살을 시도하는 사람들도 그 순간이 지나면 그것이 잘못된 것이었다고 생각할 때가 많다. 이 경우, 시간이 지났다고 해도 심적 안정을 유지하면서 우울증에서 벗어나도록 노력해야 한다.

대부분 사람들의 자살 시도는 일회성에 그친다. 하지만 어떤 경우에는 자살에 대한 유혹이 사라지지 않아 연속으로 자살을 시도하기도 한다. 가끔 이러한 연속적 자살 시도는 자신이 받은 부적절한 대우에 반발하며 주변인에게 어떤 방법으로든 자신의 존재를 알리려는 방법으로 쓰이기도 한다. 이 경우, 자살은 절대 좋은 방법이 되지 못한다.

자살을 하겠다고 주변인들을 위협하는 것은, 그들에게 심각한 부담으로 여겨지게 마련이다. 그 이유가 무엇이든 주변에 이러한 사람이 있다면 신속히 전문적인 도움을 받도록 조치해야 한다. 끊임없이 주변인의 자살 위협을 받는 사람들의 정신적 부담감 또한 결코 적지 않기 때문이다.

생각에서 실천까지

우울증 때문에 스스로 목숨을 끊는 사람들의 경우, 바로 당사자의 결단력과 논리적인 사고가 가장 취약할 때 삶에서 가장 중요한 결정을 내린다는 취약점이 있다. 우울증에 걸린 사람들은 자신의 능력과, 상황에 대처하는 자신의 반응이 가져오는 결과, 그리고 미래의 가능성을 이성적으로 생각하기 힘들다. 그것은 우울증의 자연스러운 증상이라고도 할 수 있다. 우울증은 자신과 주변인들의 경험 가운데서 부정적인 면만 보이게 한다. 우울증에서 벗어난 후 우울증에 빠졌을 당시 내렸던 것과 똑같은 결정을 하는 사람은 거의 없다. 우울증에서 벗어나면 주변 상황을 더욱 현실적으로 보는 눈이 생긴다. 스스로의 목숨을 끊는 것은 시간이 지나면 해결될 문제를 다시는 되돌릴 수 없는 극적인 방법으로 다루는 것과 마찬가지다.

우울증에 빠졌을 때는 자살을 함으로써 가족과 주변인들에게 미칠 영향을 조금도 생각하지 않는다. 어떤 사람들은 자신이 행하는 자살이 주변인들에게 절대 부정적인 영향을 미치지 않는다고 생각하기도 하지만 그것은 잘못된 생각이다.

우울증에 시달리는 사람들이 자살을 할 때, 그것을 결코 충동적이라 볼 수 없다. 그들은 대부분 자살에 대한 생각을 오랜 시간 해왔다. 우울증의 원인이 무엇이든 간에, 그들은 자살을 함으로써 문제를 피하려고 한다. 이것은 우울증의 한 증상으로 현실을 왜곡해서 보는 것이다. 따라서 문제점은 확대되어 보이고, 해결책은 보이지 않는다. 어떤 사람들에게는 이러한 고통이 말할 수 없이 커서, 가능한 해결책이라고는 오직 자살밖에 없다고 생각한다. 이때 처음에는 희미하게 생각되던 것이 시간이 흐르면서 구체적인 방법으로 떠오르는 것은 흔한 일이다. 그리고 우울증 당사자는 이에 대해 더욱 구체적으로 생각하는 데 집중한다. 나중에는 어떻게 실행을 하면 되는지 구체적인 계획까지 세운다. 이 과정에서 생각을 멈추지 않으면, 자살이 단 하나뿐인 해결책이라 여기는 저항할 수 없는 불행한 논리가 우울증 환자의 생각을 지배한다.

다음은 자살을 시도했던 한 우울증 환자의 경험담이다. 여기서 생각이 어떻게 발전해나가는지 엿볼 수 있다.

— 제가 언제 스스로 목숨을 끊어야겠다는 생각을 하기 시작했는지는 정확히 알 수 없습니다. 사실, 그 생각을 처음 했을 때는 그저 두렵기만 했습니다. 자살에 대한 생각은 저에게는 일종의 위로로서 생겨났다 사라졌다를 반복했습니다. 하지만 그때까지만 해도 자살은 제가 진심으로 원하는 것이 아니었습니다. 그렇게 시간이 좀 흐르고 보니, 자살은 어느새 생각의 수준을 넘어서고 있었습니다. 즉 언제부터인지 자살을 하나의 현실적 가능성으로

생각하기 시작했던 것이지요. 그 생각의 변화는 제가 죽음을 두려워하지 않음과 동시에 일어났습니다. 죽음이 유혹으로 다가왔던 것이지요. 영원한 안식을 구할 수 있는 곳……. 저는 그때부터 자살을 하기 위한 구체적인 방법을 생각하는 데 많은 시간을 보냈습니다. 동시에 저는 더욱 저 혼자만의 세계에 빠져들었습니다. 자살 시도를 하기 몇 주 전에는 제 주변에 무슨 일이 일어나는지 아무 관심도 없었습니다. 저는 고통을 느낄 수도 없고 언제나 행복해질 수 있는 곳으로 가고 싶었습니다.

— 자살을 시도하기 전에 당신의 주변인들이 그 결과에 어떻게 반응할지는 생각해보셨습니까?

— 아뇨, 저는 제가 목숨을 끊는 것이 가족들에게 아무런 의미도 되지 못할 거라고 생각했습니다. 이런 점에서 볼 때 참으로 이기적이라고 할 수도 있겠습니다만, 그 당시 저는 오직 제 자신 그리고 제 삶만 생각해야 했습니다. 지금 생각해보니 참으로 무섭기 짝이 없지만, 그때는 다른 방법을 찾을 수 없었습니다. 만약 그때 누군가 제 곁에서 모든 게 잘될 거라고 용기를 주었다 해도 저는 그들을 믿지 않았을 겁니다.

— 아무도 당신을 도와줄 수 없었다는 말인가요?

— 적어도 자살 시도를 하기 전 며칠 동안은 말이지요. 그때는 저를 도와주려고 하는 그 어떤 사람들의 말도 믿지 않았을 겁니다. 하지만 자살에 대한 생각이 구체적으로 잡히지 않았을 때 누군가 저를 도와주려고 했다면, 그리고 제게 직접적으로 질문을 하고 저의 문제에 대해서 함께 대화할 기회가 있었다면, 아

마 저는 자살 시도를 하지 않았을 겁니다. 당시에는 구체적 자살 계획을 세우진 않았지만 저는 이미 제 생각을 스스로 긍정적으로 돌리기에는 힘이 부족했으니까요. 저는 제 자신의 가치에 대해 믿지 않았습니다. 모두 저를 업신여기는 것만 같았습니다. 그때만큼 외로운 적도 없었습니다.

자살, 터놓고 말하기 어려운 주제

자살에 대한 생각은 그 당사자는 물론 주변인들조차 터놓고 이야기하기에 어려운 주제임이 틀림없다. 그것은, 자살을 생각하는 것 자체가 수치스럽고 모욕적이며, 죄스럽다고 여기는 사람들이 대부분이기 때문이다. 자살에 대한 생각은 결코 유쾌하지 않으며, 많은 사람들이 이에 대해 터놓고 이야기하는 걸 불안하게 여긴다.

누군가 자살 생각을 해보았다고 고백하면, 그 말을 듣는 사람은 매우 당황할 것이다. 어떻게 조언해야 할지도 확신하지 못하며, 실제로 그 일이 일어나면 어떻게 하나 하는 생각에 불안해하기도 한다. 그러한 상황은 생각만 해도 그저 끔찍할 뿐이다.

나는 무엇을 해야 할지 확신할 수 없었다. 베릿이 자살을 생각한다고 말했을 때, 나는 그녀가 그런 생각에서 빠져나오게 하려고 시도해보았지만 무엇을 어떻게 하면 될지 알 수가 없었다. 나는 그녀가 정말 스스로 목숨을 끊으면 어떻게 하나 싶은 생각에 불안하기만 했다. 그녀가 그런 생각을 하는 것이 꼭 내 잘못인 듯 여겨지기도 했다. 나는 그녀의 남편에게 말을 해볼까 생각도 해보았지만, 그렇게 하면 베릿은 내게 화를 낼 게 틀림없었다.

주변인 가운데 자살을 생각하는 것처럼 보이는 사람이 있다면 그 당사자와 직접 대화하는 것이 좋다. 당사자에게서 그것이 사실이라는 대답을 듣는다면 무엇 때문에 더 살고 싶지 않은지, 왜 자살이 최선의 방법이라 생각하는지 대답을 들어보아야 한다. 이러한 주제로 대화하다 보면, 당사자가 왜 삶에서 벗어나고 싶어하는지 알 수 있고, 궁극적인 도움도 생각할 수 있다.

당사자와 함께 앉아 그의 이야기를 들어주는 것만으로도 큰 도움이 된다. 대화는 앞으로의 계획을 생각해보는 것으로 마무리할 수 있다. 자살에 대한 생각으로 괴로워하는 사람은 미래의 가능성과 해결책을 생각하는 데 어려움을 겪는다. 따라서 주변인과 대화하다 보면 아무런 희망이 없는 것 같은 현재에서 어떻게 벗어날 수 있을지 긍정적인 방법을 모색할 수 있다.

당사자가 구체적인 자살 계획까지 가지고 있다면, 홀로 그 생각에만 몰두하지 말라고 당부하는 것이 좋다. 당사자가 다른 사람들에게 말하지 말라고 했을지라도, 그의 말을 존중하는 것은 잘못된 의리며 잘못된 생각이라 할 수 있다. 당사자의 말을 들어줄 때는 되도록이면 다른 사람에게도 도움을 요청하라고 권유하는 것이 좋다. 자살을 생각하는 사람을, 다른 사람의 도움을 받으라며 홀로 놓아두는 일은 피해야 한다.

자살을 생각하는 사람을 위한 조언

라스 멜룸은 자살을 생각하는 사람들을 오랫동안 도왔다. 그는 다음과 같이 조언한다.

- 위험 경보로 작용하는 상황을 심각하게 받아들이기.
- 당사자에게 도움이 필요할 때 언제든 도와줄 수 있도록 가까운 곳에서 보살펴주기.
- 자살을 생각하는지 가끔 직접적으로 물어보기.
- 간접적이고 비유적인 말로 대화하는 것을 피하고, 되도록이면 직접적으로 터놓고 말하기. 물론 비밀을 지키겠다는 약속을 피하고 거짓된 확신을 주는 것을 피해야 함.
- 당사자가 자신의 기분과 감정을 설명할 때 경청하기. 그의 말을 있는 그대로 받아들이고 선입견과 도덕성을 바탕으로 그의 말을 판단하는 것을 피하기.
- 이해하려고 노력하며, 이해한다는 표현을 직접적으로 해주기.
- 너무 성급한 조언을 피하기.
- 현재의 어려운 상황은 언젠가는 끝이 날 것이며, 도움을 받는 일 또한 가능하다는 것을 말해주기.
- 자살을 도와줄 도구나 약물을 당사자 주변에서 없애기.
- 타인들 또한 도움을 주도록 가능성을 열어놓기.

14장 | 누가 도와줄 수 있는가?

우울증에서 벗어나는 중요한 첫 발걸음은 타인과의 접촉이라 할 수 있다. 자신의 기분과 감정을 말로 표현하고, 타인이 보이는 반응과 대화를 통해 우울증에서 쉽게 벗어날 수 있다. 우선 가족 중 한 사람이나, 주변에서 믿을 수 있는 친구들을 찾아보자. 물론 자원봉사 기관들과 전문적인 기관들의 도움도 살펴보는 것이 좋다.

심리 치료를 위해서는 환자의 참여가 필요하다

14장에서는 우울증의 어느 단계에서 의학적 치료가 필요한지 살펴보겠다. 사실, 대안 요법이나 민간 요법 또한 어떤 의미에서는 심리 치료의 일부로 이용될 수 있다는 점을 간과해서는 안 된다. 하지만 많은 사람들에게 심리 치료라는 말은 아직도 낯설기만 하다. 대부분의 사람들은 신체적 이상이 발견될 때 의사에게 치료를 받는다. 이때 의사가 주는 약을 복용하기도 하고 며칠 쉬라는 권유를 받기도 한다. 심리 치료도 마찬가지다. 하지만 심리 치료에서는 의사의 말 못지않게 환자의 적극성과 참여가 필요하다.

심리 치료에 임하는 자세

우울증과 관련한 심리 치료에는 여러 가지 방법이 있다. 관련 심리 치료사는 내담자에게 앞으로의 치료 방향을 정확히 일러주어야 한다. 물론 내담자 자신의 적극적인 협조도 요구된다. 다음은 이에 대해 우리가 살펴보아야 할 사항들이다.

- 심리 치료는 도움이 되는 방향으로 긍정적으로 이루어져야 한다.
- 내담자의 고통을 어떤 방법으로 이해하고 또 치유해나가야 하는지 정확한 정보를 공유해야 한다.
- 내담자는 상담 시간 외에도 주어진 치료법을 진행하도록 적극 참여해야 한다.

어떤 방법으로 치료가 이루어지든 간에, 내담자와 심리 치료사의 긍정적 관계는 매우 중요하다. 다음은 어떤 경우 치유 가능성이 높아질 수 있는지 보여주는 예다.

- 서로에게 관심과 존중을 보인다.
- 희망과 현실적 낙관성을 잃지 않도록 노력한다.

- 어떤 상황에서도 이해력을 잃지 않는다.
- 고통스러운 상황에 대응하기 위해 용기를 준다.

최근의 조사에서 우울증으로 찾아온 사람들에게 어떤 수준의 치료를 원하는지 물어본 적이 있다. 그 대답은 아마도 도움을 요하는 다른 사람들에게도 중요한 정보가 될 수 있을 것 같다. 다음은 모든 정보를 요약해서 간추린 것이다.

— 먼저 함께 터놓고 대화하기에 편안한 분위기를 만들려고 노력해야 할 것입니다. 앞으로 우리가 할 이야기들은 매우 개인적인 것이기 때문에 제게서 얻는 정보는 어떠한 방식으로도 공개를 하지 않으며, 이곳에서 치료할 때만 이용할 것을 요청합니다.

— 저를 대하는 당신의 태도는 제게 매우 중요합니다. 우선 저를 존중해주시고 제 이야기에 귀를 기울여주시기 바랍니다. 제 문제점을 결코 가벼운 것으로 치부하지 마시고 제가 처한 현재의 상황을 이해하는 데 시간을 내어주십시오.

— 제 문제점에 대해, 그리고 어떤 방법으로 이를 풀어나갈지에 대해 터놓고 의견을 나누어주시기 바랍니다. 저는 당신이 모든 것을 다 안다고 생각지 않습니다. 그러니 당신 또한 모든 것을 다 잘 안다며 일부러 말과 행위를 가장할 필요는 없습니다. 만약 당신의 한계가 있다면 그 또한 제게 알려주셔야 할 것입니다. 제게도 당신의 도움을 기본적으로 평가하면서 이를 바탕으로 문제점을 생각해볼 기회가 있어야 한다고 생각하기 때문입니다.

— 당신은 이미 저와 비슷한 상황에 있는 사람들을 많이 만나 보았
으리라 생각합니다. 따라서 저는 당신의 경험과 지식에 입각해
서 제게도 구체적이고 도움이 되는 정보를 주시길 원합니다. 동
시에 당신의 조언과 치료법을 선택할 권리가 제게 있다는 것을
알아주셨으면 합니다.

— 저는 상담 의뢰자와 치료자라는 우리의 관계를 유동적으로 생각
해주셨으면 합니다. 당신이 이론에만 치우쳐 선입견을 가지고
저를 대하는 것도 원하지 않습니다. 제 처지에서 세상을 바라보
도록 가끔 노력해주셨으면 합니다.

— 당신의 조언을 따르는 것이 중요하다는 것은 잘 압니다. 한 단계
의 치료가 끝나면, 제가 어떤 방법으로 그것을 실행했는지, 또
그 결과는 어떻게 나타났는지 꼼꼼하게 짚어주시기 바랍니다.
그렇다면 저 또한 이 과정이 얼마나 중요한지 또 저를 도와주려
는 당신의 의지가 어느 정도인지 알 수 있을 것입니다. 가끔은
제가 당신의 조언을 따르지 못할 때도 있을 것입니다. 그럴 경우
에도 저를 충분히 이해해주셨으면 합니다. 그리고 대안적인 도
움 또한 주실 수 있기를 바랍니다.

내담자들은 각각 다른 목적과 바람을 지닌다. 어떤 사람들은 활동
적인 조언을 원하는가 하면, 어떤 사람들은 수동적이고 조용한 상태
에서의 치료를 원하기도 한다. 우울증이 깊을수록 이러한 심리 치료
사의 역할은 더욱 중요하다. 상담 의뢰자의 우울증이 차도를 보이면,
그때는 더 독립적인 방식으로 치료를 의뢰자에게 일임한다.

심리 치료의 첫걸음은 우선 의뢰자의 생각과 감정을 언어로 표현하는 것이다. 그리고 치료자는 이를 최대한 이해하도록 노력하고 이에 대한 대안을 제시하는 데 충분히 도움을 주도록 최선을 다해야 한다. 특정 치료법으로 효과를 얻지 못했다고 생각된다면, 가까운 주변인들과 이에 대해 의논한다.

치료 후 효과가 없다고 생각되면?

치료가 얼마나 오래 지속될지 미리 알 수는 없다. 치료 기간은 증상의 강도 여부에 따라, 또 주변 상황의 여건에 따라, 우울증 외에 또 다른 심리적 질환이 있느냐 여부에 따라 달라진다. 치료자는 상담 의뢰자와 가까워지고 그의 문제에 어느 정도 가까이 다가가면, 의뢰자에게 예상 가능한 치료 기간도 이야기해주어야 한다. 상담 의뢰자로서는 측정 불가능한 치료 기간을 앞에 놓고 평생 치료만 받으러 다닐 수는 없는 문제다. 만약 예상했던 치료 기간 내에 우울증에서 벗어날 수 없다면, 치료자와 터놓고 앞으로의 방향을 다시 이야기해보는 것도 좋다.

치료를 받은 후에도 원하던 결과를 얻지 못하는 이유 가운데 하나로, 상담 의뢰자와 치료자의 불만족스러운 관계를 들 수 있다. 치료를 의뢰했을 때, 치료자가 의뢰자의 문제와 상황을 잘 이해하지 못하거나 관련 지식의 미비, 휴머니즘의 부족 등으로 의뢰자를 존중하지 않을 때도 이에 관해 대화하는 것이 좋다.

우울증에 시달리는 중이라면, 불만족스러운 치료 결과도 자신의 책임이라 자책하는 경우가 있다. 이럴 경우 치료자를 향한 불만도 증가할 것이다. 하지만 심리 치료는 치료자의 지식과 기술에 의한 것만은 아니다. 심리 치료사의 중요한 역할 가운데 하나는 주변인에게서 이해와 존중을 얻지 못한다고 생각하는 이에게 그 이해와 존중을 보여주는 것이라고 할 수 있다. 이때 치료자와 의뢰자의 협력은 매우 중요하다. 끝까지 문제를 함께 풀어나가는 것이 불가능하다고 여겨질 때는 치료자를 바꾸는 것을 고려한다.

의뢰자와 치료자가 문제점을 함께 이해하고 치료 과정에 함께 집중하는 일은 매우 중요하다. 우울증에서 벗어나기라는 너무도 당연한 과제가 이러한 협력의 목적이 된다. 가끔은 의뢰자가, 치료자가 치료 과정을 필요 이상 오랫동안 진행한다고 느낄 때도 있을 것이다. 정보 미비와 두 사람 간의 불안정한 연락 체계는 대화를 통해 시정해야 한다. 치료자가 의뢰자에게 필요 이상의 감사 표시를 무언으로 요구하거나 결과를 두고 두 사람이 엇갈리는 반응을 보일 때도 터놓고 대화함으로써 이를 해결하는 것이 좋다. 열린 마음과 공통된 동기, 긍정적인 결과를 향한 의지를 가지는 것은 두 사람이 함께하는 치료 과정에서 매우 중요하다.

15장 | 항우울제

의사를 찾아 우울증을 호소할 경우 당장에 약물 치료를 받을 수 있는 경우는 흔치 않다. 또한 약물 치료를 권한다 해도 다른 심리 치료와 병행하라고 조언하는 경우가 대부분이다. 이 장에서는 우울증 치료를 위해 쓰이는 약의 종류에는 어떤 것이 있으며, 약물 치료를 위해 의사는 어떤 점을 먼저 고려해야 하는지, 그리고 더 나은 결과를 위해 의사와는 어떠한 방법으로 협력할 수 있는지 살펴보겠다. 덧붙여 우울증 치료를 위한 자연 요법에는 어떤 것이 있는지도 알아보겠다.

우울증 치료에 쓰이는 여러 가지 약

우울증 치료에 쓰이는 약의 종류는 다양하다. 하지만 대부분 약의 목적과 효과는 비슷하다. 의사가 환자에게 약을 권할 때는 여러 가지 사항을 염두에 두어야 한다. 먼저 환자의 우울증이 어디서부터 시작되었는지, 가장 눈에 띄게 나타나는 증상은 어떤 것이 있는지 알아보아야 한다. 그리고 환자가 이전에도 우울증을 경험한 사실이 있는지, 있다면 그 당시 복용했던 약은 어떤 것이었으며 환자에게 어떤 효과를 가져왔는지도 알아야 한다. 약물 치료를 할 때 무엇을 먼저 고려해야 하는지는 후에 다시 설명하겠다. 우선 어떤 약물 치료법이 가장 흔히 사용되는지부터 알아보자.

선택적 세로토닌 재흡수억제제(SSRI)

가장 많이 사용되는 의약품 그룹으로는 소위 SSRI(선택적 세로토닌 재흡수 억제제, Selective Serotonin Reuptake Inhibitor)라고 불리는 것이 있다. 이 그룹에 포함되는 약으로는 렉사프로(Lexapro), 세로자트(Seroxat), 푸로작(Prozac), 졸로푸트(Prozac), 듀미록스(Dumirox) 등이 있다. 세로토닌은 혈액 속에 포함되는 복합아민으로, 뇌세포 간의 자극을 연결해주는 여러 개의 시그널 요소 중 하나다. 이 SSRI 그룹에 속한 약물들은 신체에 세로토닌이 필요할 때 공급하는 역할을 한다. 이전에는 이들 약을 복용하면 단순히 뇌세포 간의 세로토닌을 증대시키는 것으로 이해를 했으나, 최근의 연구에서는 이들의 작용이 이보다 훨씬 복잡한 것으로 나타났다. 어쨌든 이 그룹에 속한 약들의 효과는 전체적으로는 비슷하게 나타나지만 세세한 부분은 다르게 나타난다. 이팩사(Efexor) 또한 이 그룹에 속한 약들과 비슷한 효과를 나타낸다. 즉 세로토닌과 노르아드레날린에 영향을 준다.

약을 복용해서 그 효과를 경험하기까지는 적지 않은 시간이 필요하다. 이는 처음부터 필요한 정량을 다 복용하는 경우나 적은 양부터 천천히 시작하는 경우도 마찬가지다. 물론 언제 약효가 나타나는가는 약의 종류에 따라 다를 수 있다. 하지만 대개의 경우 2~4주 정도면 약의 효력을 볼 수 있다. 약효에 만족하지 못한다면 의사와 상의한 후 복용량을 늘리거나, 다른 약으로 바꾸어보는 것도 좋다.

이러한 약들은 충분한 임상실험을 통해서 최근에 소개된 것들이며, 제조업체들은 이들 약에는 부작용이 거의 없다고 말한다. 하지만 사람에 따라 부작용을 경험하기도 하는 것은 사실이다. 대개의 부작용은 복용 초기에 주로 나타나며 시간이 갈수록 없어지지만, 이 부작용이 지속적으로 나타나는 경우도 있다. 항우울제들이 보이는 일반적인 부작용으로 어지럼증, 설사, 두통 등을 들 수 있다. 이러한 부작용은 복용 초기에만 나타나고 곧 사라진다. 소수이긴 하지만 이런 약을 복용하면서 불안감, 불규칙적인 수면, 마른 입, 피부병, 발한, 성욕 저하 등의 부작용을 경험했다는 사람들도 있다.

일단 이러한 약을 복용했다면, 최소한 6개월은 지속적으로 복용해야 효과를 볼 수 있다. 이는 재발을 방지하기 위해서다. 이전에 우울증의 잦은 재발을 경험했다면 더욱 오랜 기간 지속적으로 복용해야 한다. 약 복용을 중지하고자 한다면, 이전에 복용했던 기간과는 상관없이 천천히 양을 줄여가는 방식으로 해야 한다.

삼환계 항우울제

이 그룹에 해당되는 약으로는 이미프라민(Imipramin), 에나폰

(Enafon), 그로민(Gromin), 센시발(Sensival) 등이 있다. 이들 약은 앞서 소개한 SSRI 그룹에 속하는 약들보다 이전에 소개되었다. 그렇다고 해서 이들 약의 효력이 나쁘다는 것은 아니다. 이 그룹에 속하는 약들은 세로토닌과 관련이 있을 뿐 아니라, 또 다른 시그널 작용을 하는 요소와도 관련이 있다. 이들 약이 효력을 나타내는 기간 또한 2~4주 정도다. 복용 초기에는 정량보다 적은 양으로 시작해서 점차 양을 늘려가는 것이 좋다. 이 그룹에 속한 약들은 심신의 긴장을 풀어주는 데 큰 역할을 하므로 불안감과 불면증 등을 겪는 우울증 환자에게 긍정적으로 작용할 수도 있다. 이 그룹의 약들을 섭취했을 때의 주된 부작용은 마른 입, 발한, 소화불량, 배뇨불량, 어지럼증, 피곤함, 구토증, 현기증, 수전증, 비만 등을 들 수 있다. 또한 정량보다 많은 양을 복용할 때는 매우 위험하다. 때문에 자살을 시도하는 사람들이 이를 이용하는 사례도 자주 보고된다.

그 밖에도 우울증 치료를 위해 사용되는 약들은 많이 있다. 오로릭스(Aurorix), 미안세린(Mianserin), 톨본(Tolvon) 등이 그것이다. 특히 미안세린과 톨본은 동일한 효과를 나타내며 우울증 증상 가운데 불안감과 불면증에 효력을 보인다.

약물 치료, 언제 시작해야 좋은가?

우울증을 치료하는 과정에서 약물 치료 여부를 결정하기란 그리 쉬운 일이 아니다. 또 언제 어느 시점에서 약물 복용을 시작해야 하는지 알아내기도 어렵다. 이를 위해 우선 자신이 선택할 수 있는 약은 어떤 것이 있으며, 그들 각각의 약이 가진 긍정적인 면과 부정적인 면은 어떤 것인지 그 효과를 정확히 알아야 한다. 물론 약물 치료 외에 선택할 수 있는 대안적 치료법 또는 부가적 치료법도 생각해보아야 한다. 예를 들어 약물 치료를 심리 치료와 병행할 수도 있으며 약물 치료와 심리 치료 중 단 하나만을 선택하는 방법도 있다. 물론 약물 치료를 단 하나뿐인 선택이라고 생각하는 경우도 있다.

전문가들은 깊고 오랜 우울증과 재발 가능성이 높은 우울증에 시달리는 사람일수록 약물 치료를 권고한다. 특히 우울증으로 인한 신체적 변화가 있을 경우엔 더욱 그러하다. 무기력증, 식욕 저하, 불면 또는 수면 과잉이 그 예다. 특히 심각한 우울증으로 집중력 저하 현상이 나타나고 자살 생각을 하는 단계에 이르면 더욱 약물 치료를 권한다. 우울증과 조울증을 약물로 치료하는 방법은 이러한 상태에서 벗어나는 데 큰 도움이 된다.

아동 우울증의 약물 치료

그렇다면 아동의 우울증에는 어떻게 대처해야 할까? 아동 우울증을 약물로 치료하는 것에는 이론이 있을 수 있다. 조사 결과, 아동 우울증 치유를 목적으로 사용하는 약물에는 플라세보 효과 말고는 그다지 큰 효과가 없는 것으로 나타났다. 즉 아동 우울증에는 플라세보 효과만 이용해도 충분한 치료 효과를 볼 수 있다. 또한 나이가 어릴수록 약물 부작용을 견뎌내기가 힘들다.

따라서 아동과 청소년의 우울증을 대상으로 약물 치료를 하는 행위는 신중하게 고려해보아야 한다. 적어도 첫 단계에서는 더욱 깊이 심사숙고할 필요가 있으며 되도록이면 약의 복용을 피하는 것이 좋다. 군이 약물 치료를 해야 할 상황이라면 다음과 같은 질문에 대답한 뒤 치료를 시작한다.

- 우울증의 원인이 학교에서의 문제점, 외로움, 고립감, 가족 내 갈등, 부모의 이혼 등 약물 치료를 하기 전에 해결 가능한 것은 아닌가?
- 불면, 신체적 고통, 식욕 저하, 비만 등 눈에 띄는 신체적 변화가 심각한가?
- 이미 10~15시간 정도 심리 치료를 받았고, 가족 요법을 이행한 후에도 우울증이 계속되는가?
- 자신이 약물 치료를 원하는가?

약물 치료를 결정하는 지식과 정보의 중요성

우울증에 대한 지식과 치료법에 대한 정보를 가지고 있으면 약물 치료를 선택할지 여부를 스스로 결정하는 데 큰 도움이 된다. 어떤 사람들은 정확하고 충분한 관련 지식을 가지고 있어도 막상 선택을 하려면 쉽지 않다고 토로한다. 그럴 때는 주변인은 물론 전문가와 상의해보는 것이 좋다. 만약 약물 치료로 효과를 보고 궁극적으로 우울증에서 벗어날 수 있었다면 점차 복용량을 줄여가며 복용을 중지해야 한다. 또한 약물 치료로 아무 효과도 보지 못했다면 의사와 상의한 후 복용을 중지하거나 다른 약을 선택하는 것이 좋다.

약물 치료와 관련해서 약을 선택할 때는 먼저 다음과 같은 질문을 스스로 해본다.

- 나는 지금까지 우울증에서 벗어나려고 어떤 노력을 해왔던가? 그리고 어떤 점이 내게 도움이 되었는가?
- 약물 치료와 병행해서 심리 치료를 받을 수 있는 마음 자세는 되어 있는가?
- 나의 우울증은 일상을 영위하는 데 어느 정도 영향을 주는가?
- 약물 치료를 거부한다면 내가 사용할 대안은 어떤 것이 있는가?

다음은 이와 관련된 한 예다.

토릴은 두 자녀를 둔 서른일곱 살 기혼 여성이다. 그녀는 도서관에서 사서로 일하지만, 현재는 우울증 때문에 병가를 낸 상태다. 그녀는 몇 달째 심리 치료를 받으러 다녔지만 특별한 효과를 보지 못했다. 우울증은 더욱 깊어지기만 했고 일상은 더욱 힘들게만 여겨졌다. 토릴은 이제 몸을 움직이는 것조차 힘들어져서, 남편이 모든 집안일을 해야 할 정도가 되었다. 그녀는 아이들도 충분한 관심으로 보살펴주지 못하고 있다. 그녀는 자신의 가치를 잃었다고 생각했으며 점점 깊어지는 절망감에 빠졌다. 더는 살아갈 여력이 없다는 생각조차 하게 되었다. 이러한 그녀의 상황을 이해한 심리 치료사는 약물 치료를 권유했다.

— 현재의 상황을 들어보니 당신의 우울증 치료를 위해서 약물 치

료를 병행해야 할 것 같습니다. 어떻게 생각하시는지요?

— 잘 모르겠어요……. 아니, 정말 모르겠어요. 하지만 약물 치료를 해도 나아질 거란 생각은 들지 않는군요. 물론 우울증 약에 대해서 들어보긴 했지만 신뢰가 가지 않아요.

— 그건 왜죠?

— 부작용도 두렵고, 중독이 될까봐 겁이 나기도 해요.

— 그것이 약물 치료에 반대하는 가장 큰 이유인가요?

— 그런 것 같아요. 또 다른 이유를 들면, 그건 바로 제 자신이 지금 너무 허약한 상태에 있다는 거예요. 심신이 허약하니 약도 소용없겠다는 생각이 드네요. 또, 약을 복용하면 제가 약하다는 것을 스스로 인정하는 것이나 마찬가지예요. 남들이 들으면 어떻게 생각할지 두렵기도 해요.

이 같은 토릴의 생각은 우울증에 시달리는 대부분의 사람들이 가진 매우 일반적인 것이다.

모든 약에는 부작용이 있다. 하지만 약의 종류와 그 약을 복용하는 사람에 따라 부작용은 다르게 나타나며, 아무런 부작용이 나타나지 않기도 한다. 약에 대해 정확한 지식을 가지고 있지 않으면 선택 또한 올바르게 하지 못할 가능성이 높다. 일단 부작용을 열거해놓은 리스트만 보아도 두려움이 생길 것이며, 근거 없는 걱정을 하게 될 것이다. 따라서 약물 치료를 받을 때는 해당 약품에 대한 정확한 정보를 의사에게 요구하는 것이 좋다. 그런데도 여전히 걱정이 된다면 약물 치료를 조금 미룬다.

약에 중독이 되어 일단 그 약을 복용하면 병이 나아도 약 복용을 중지하지 못할까봐 두려워하는 사람들도 있다. 물론 약 가운데는 중독성이 있는 것도 있고 그렇지 않은 것도 있다. 항우울제는 대개 물리적 중독은 거의 보이지 않는다. 어떤 사람들은 자신의 우울증이 직장에서의 힘겨운 상황이나 가족 간의 갈등으로 인한 것임을 알기에 약물 치료를 하는 것이 과연 현명한가 걱정하기도 한다. 즉 약을 복용함으로써 심리적으로 중독이 되면 물리적 문제가 해결된 다음에도 약 복용을 중지하는 게 어려워질까봐 걱정한다. 물론 이것이 틀린 생각은 아니다. 하지만 여기서 다른 면을 간과할 수는 없다. 만약 약물 치료가 도움이 된다면, 즉 약 덕분에 우울증에서 벗어날 수 있다면 오히려 직장에서의 문제점이나 가족 간의 갈등을 더 쉽고 원만하게 풀어낼 수 있지 않을까.

우울증에 시달리는 사람들은 자신이 결코 우울증에서 벗어나지 못할 거라고 부정적으로 생각하는 경우가 많다. 이것은 매우 일반적인 현상이다. 그리고 약물 치료를 받게 되면, 스스로 우울증에서 벗어날 의지와 힘이 없기에 약에 의존하는 것이라고 생각해버린다. 앞서 예로 든 토릴의 경우가 대표적이다. 이처럼 우울증으로 인한 부정적인 생각이 들 때 자신의 생각에 대한 객관적인 원인과 결과를 살펴보면 도움이 된다. 예를 들어 다음과 같은 질문을 스스로에게 해보자. '신체에 나타나는 일반적인 질병 때문에 약을 복용하는 것을 부끄럽게 생각하는 사람이 있는가?'

약물 치료 여부를 결정하고 약을 선택할 때 되도록이면 정확하고 풍부한 지식을 이용하거나 참고하는 것이 좋다. 앞서 토릴의 경우, 심리 치료사에게 앞으로 사용할 약에 대해서 풍부한 정보를 건네받았고 복용을 시작했다. 그리고 복용시에는 충분한 시간을 두고 그 효과를 정확히 평가하도록 도움을 받았다. 그녀의 우울증은 가족 간의 갈등으로 인한 것이었기에 그녀의 배우자와도 대화가 필요했다. 물론 약을 복용하는 것 때문에 약한 사람으로 비치기를 원하지 않는 그녀를 고려해서 치료자는 그녀의 배우자와 가까운 친구들에게 공개적으로 약에 대한 의견을 말할 기회도 가졌다. 결과적으로, 토릴은 그녀가 복용할 수 있는 약의 목록을 받았고, 자신의 의견과 생각을 표출할 기회도 얻었다.

약 복용에 어떻게 적응할 수 있을까?

의사가 약물 치료를 결정하는 건 우울증에 걸린 당사자의 상태가 심각하다고 여겨질 때 가능하다. 이때 의사는 우울증 환자의 전반적인 생활 상태와 건강 상태, 심리적 상태를 면밀히 조사해보아야 한다. 많은 의사들이 우울증 정도를 측정할 때 MADRS(Montgomery-Asberg Depression Rating Scale) 시스템을 사용하며, 0부터 6까지의 수치로 강도를 구별한다. 이는 환자의 우울한 기분이 어느 정도인지 제3자의 관점과 환자 자신의 관점에서 측정하며, 밤잠과 식욕, 집중력, 동기력, 우울증으로 인한 생각의 부정적 강도, 자살에 대한 생각 등을 그 바탕으로 한다. 이러한 여러 사항을 종합적으로 살펴본 후, 결과로 나타난 수치를 통해 의사는 환자의 우울증 정도를 객관적으로 결정할 수 있게 된다. 이러한 시스템은 우울증이 재발했을 때 이전 상황과 비교할 자료로 사용할 수 있다는 장점이 있다.

우울증 환자의 주변인 가운데 우울증에 시달리는 사람이 있는지 알아보는 것도 매우 중요하다. 그리고 그들이 우울증 치료를 위해 약물을 복용한 사실이 있는지 여부도 알아보아야 한다. 만약 가족 가운데 이미 우울증에 걸렸던 사람이 있고 또 약물 치료를 한 전력이 있다면 그것과 똑같거나 비슷한 약을 사용하는 것도 당사자에게 심리적으로 도움이 될 것이다. 물론 당사자가 이전에 사용했던 약에 대해서도 정확한 정보를 얻어야 한다. 약물 치료를 하기로 결정했다면, 우울증 환자는 다음과 같은 사항을 정확히 알아두어야 한다.

- 약의 양과 복용 방법.
- 언제 효과를 볼 수 있는지 대강의 시기.
- 예상 가능한 부작용.
- 약 복용을 오래 지속했을 때 조심해야 할 점.
- 예상 가능한 약 복용 기간.

일단 약을 복용하게 되었다면 의사와의 협력이 중요하다. 예상 가능한 효과를 보지 못했다는 생각이 들면 의사와 상의한 후 복용량을 조정하거나 다른 종류의 약을 시도해본다. 처음으로 시도한 약이 제대로 효과를 나타내지 않는 경우는 흔히 있다. 이에 대해 우울증 환자는 부정적으로 대응하기 쉽다.

- 이 약을 복용해도 소용이 없을 줄 진작에 알았어!
- 지금 이 의사는 나를 도와줄 수 없는 무능력한 의사야!

이런 생각을 하게 되었을 때, 우울증 환자가 의사와 상의하지 않고 약 복용을 중단하는 경우도 있을 것이다. 그러나 일단 약물 치료를 하기로 결정했다면 인내심을 가지고 의사가 처방해주는 대로 정량을 정확한 방법으로 복용한다. 복용 후 6주가 지나도 효과가 없다고 느껴진다면, 약 복용을 계속할지 여부를 고려해본다.

우울증에 효과적인 세인트존스워트

독일에서는 우울증에 효과가 있다는 세인트존스워트(St. John's Wort, 라틴어 학명:Hypericum perforatum)에 대단한 관심을 보인다. 선명한 노란색 식물인 세인트존스워트의 즙은 항우울제와 같은 효력을 지닌다. 즉 이 식물의 즙을 복용하면 우울증과 관련이 있는 뇌 속 신경 체계에 영향을 미쳐, 궁극적으로는 우울증에서 벗어날 수도 있다고 한다.

세인트존스워트의 꽃봉오리를 찧으면 빨간색 즙이 나오는데, 사람들은 이것이 세례 요한이 사형을 당할 때 흘렸던 피를 나타낸다고 보고 이런 이름을 붙였다. 이 식물이 인간의 병을 고치는 데 많이 이용되니 악마가 이를 시기해서 바늘로 잎을 찔렀다는 옛이야기가 있는데, 이때 이 식물은 자신의 상처를 스스로 치유했다고 한다. 그 때문인지 세인트존스워트의 잎을 보면 아직도 상처가 남아 있는 것처럼 수많은 점이 보인다. 이 식물은 서양 역사상 무려 2천여 년 동안이나 자연의학 요법에 사용되는 중요한 재료로 쓰여왔다. 주로 외상 치료에 이용되었지만, 근래 들어서는 우울증에도 특히 큰 효과를 보인다고 알려져서 많은 유럽인들이 이를 이용한다.

아직까지 세인트존스워트가 우울증을 치료한다는 공식적인 의학적 근거는 마련되지 않았다. 그러나 지금까지의 많은 연구 조사에서 이 식물이 반우울증 작용을 한다고 발표된 바 있다. 다만 이 식물의 즙은 정도가 심각한 우울증에는 그리 큰 효과를 보이지 않는다고 한다.

화학적 의약품보다 부작용이 훨씬 적게 나타난다는 것은 세인트존스워트의 장점이다. 그러나 항우울제나 피임약 등 다른 화학약품들과 이 식물의 즙을 함께 복용할 때는 효과가 잘 나타나지 않을 수도 있다. 이미 항우울제를 복용하고 있다면, 이 식물의 즙을 함께 복용해도 되는지 여부를 사전에 의사와 상의한다. 이 식물의 즙과 화학적 약품을 함께 복용할 때, 둘 중 어느 하나를 중지해야 하는 경우가 생긴다면 의사와 상의해서 신중하게 양을 조절해야 한다.

약물 치료에 대한 여러 가지 의견

기적 같은 새로운 세계?

항우울제가 이른바 '행복약'이라는 애칭을 달게 된 데는 미디어의 영향이 크다. 이 이름은 올더스 헉슬리의 공상소설 《멋진 신세계》에서 비롯되었다. 이 책은 1932년에 출간되었으며, 정신적 평형과 하모니를 경험하려고 소마(Soma)라는 약을 사용한다는 내용이 담겨 있다. 이로부터 70년 후, 스웨덴의 아비드 칼슨(Arvid Carlsson)은 기본적으로 소마와 동일한 의약품의 개발에 성공했고 노벨 의학상을 수상했다. 그는 다음과 같이 말한다.

앞으로의 우리 생활에서 약이라는 것은 매일 마시는 커피와도 같은 것이 될 것이다. 현대 사회는 더 나은 생활을 위해 매일 약을 복용하는 것이 정상적으로 여겨지는 문화로 빠르게 진입하고 있다. 아마도 십 년 후면, 노인들의 기억력 향상을 증진시키는 약도 일반화될 것이다. 이는 새로운 의약품과 치료법이 우리에게 어떤 영향을 미치는지 보여주는 단적인 예다.

어떤 이들은 도덕성과 인간 가치 존중이라는 이유를 들어 심리적 고통을 화학적으로 치료해서는 안 된다고 주장한다. 비록 그 효과가 아무리 좋다고 해도 이를 피해야 한다는 것이 그들의 의견이다. 그들은 우리가 선택의 갈림길에 있다고 말한다. 즉 현대 사회에서 우리가 인간의 가치를 위협받는 지점에 서 있다고 보는 것이 그들의 시각이다. 이들은 우울증은 사회적 문제이며 이를 치유하려면 약 복용보다는 근본적인 변화가 있어야 하고, 인간적·사회적 규준은 느슨해지고 능률만을 우선시하는 사회가 그 구성원들의 정신적 고통을 증가시킨다고 본다. 또한 이들은 이른바 '행복약'은 물질주의를 추구하는 사회가 낳은 기형적 산물이라 말한다. 즉 우울증을 치료하기 위해서는 화학적 약을 복용하기보다는 우리 사회에 산재한 기본적 문제점부터 개선해나가야 한다는 것이 이들이 주장하는 바다.

우울증을 약으로 치료하는 데 찬성하는 전문가들조차 인간의 심리적 고통을 유발하는 것이 사회 저변에 깔린 문제라는 것과, 이를 개선해야 한다는 것에는 의견을 함께한다. 또한 정신질환에 시달리는 이들이 점점 더 증가하는 현대 사회에서는 개개인의 우울증을 치료하는 것으로는 근본적 도움이 되지 못한다고 말한다. 다음은 우울증에 대해 노르웨이 심리학협회에서 발표한 글을 발췌한 것이다.

일련의 사회적 관계는 그 구성원들에게 심리적 질환을 가져오는 원인으로 작용한다. 그리고 이러한 심리적 질환에 시달리는 사람들의 수는 최근 계속 늘어만 간다. 그것은 우리가 인간의 기본적 요구와 가치를 수용하지 못하는 사회에 살기 때문이며, 이러한 사회는 바로 우리가 만든 것이기도 하다. 이러한 사회 구조를 이해하고 자신의 삶을 스스로 컨트롤하며, 사회적 소속감과 구성원 간의 이해심을 증진시키는 것은 무엇보다도 중요하다.

이러한 관점에서 심리학자들의 역할은 중요하다. 이들은 사회 구성원의 기본적 요구에 부응하는 한편, 심리적 질환의 치료 및 예방 가능성을 제시할 수 있기 때문이다.

의약 제조업체의 문제점

전반적으로 의약 제조업체와 관련된 사항을 살펴보면 그다지 유쾌하지 않은 사실들이 많다. 특히 의약 제조업체 때문에 새로운 의약품에 대한 연구를 미처 끝내지 못하거나, 발표를 하지 못하는 전문가들도 생겨나고 있다. 심지어 특정 의약품의 효과가 실제보다 더 크게 부풀려져 발표되는 경우도 있다.

또 다른 문제점은 실제로 긴 시간을 들여 충분한 임상실험을 하지 않은 채 의약품이 소개되는 경우도 있다는 것이다. 개선할 점이 추가되지 않은 상황에서 이미 상품화되어버린 약들 때문에 이에 대한 확실한 정보를 가지기 어려우며, 때문에 그러한 약품은 신뢰하기도 쉽지 않다.

에이나르 크링글렌(Einar Kringlen) 교수는 이러한 상황을 개선하려면 정부가 해야 일이 세 가지 있다고 지적했다.

- 의약 제조업체와는 상관없이 별개의 객관적인 연구가 활성화되어야 한다. 하지만 필요시에는 의약 제조업체와의 협력도 이루어져야 한다.
- 의사들의 세미나나 후속적 연구 작업을 의약 제조업체가 아닌 정부에서 추진해야 한다. 또한 의사들은 진료 시간 중에 빈번히 있는 업체의 방문을 거부해야 한다.
- 의약계에 새로운 의제가 떠올랐을 때는 의약 제조업체가 아닌 정부에서 의사들에게 오리엔테이션을 해야 한다.

해악적 효과

SSRI 그룹에 속한 새로운 약에는 제조업체에서 발표한 부작용보다 훨씬 더 큰 부작용 가능성이 있다. 단기적인 부작용은 없다 해도, 장기적인 관점에서 볼 때 부정적인 효과를 가져올 가능성이 있으므로 많은 주의가 필요하다. 우선 이 약들에는 바리움(Valium)처럼 눈에 띄게 나타나는 물리적 부작용은 없다. 하지만 심리적 중독과 같은 부작용은 항상 있게 마련이다. 예를 들어 우울증에 걸린 사람들이 이러한 약의 복용을 중지하는 것을 꺼리는 이유는 약 복용의 중지와 함께 우울증이 재발할 가능성이 있다고 느끼기 때문이다. 때문에 적지 않은 이들이 특별한 효과도 보지 못하면서 약의 복용을 중단하지 못한다.

약물 치료에 대한 긍정적인 관점

우울증을 약물로 치료한다는 주장에 대해 긍정적으로 생각하는 사람들도 많다. 다음은 이들의 관점이다.

많은 사람들이 이전에는 우울증을 심각한 병으로 보지 않았던 것도 사실이다. 하지만 근래 들어 우울증으로 인한 여러 가지 증상을 약으로 치료할 수 있다는 것은 이미 입증되었다. 심리 치료만으로는 우울증을 치유하는 데 효과를 보지 못하는 경우가 많다. 이때 약물 치료의 기회를 부여하지 않는다면 이것은 도덕성의 문제까지도 야기할 수 있다. 또한 심리 치료를 행할 전문가가 수적으로 부족한 현실을 감안했을 때, 약물 치료의 기회가 용이해진다면 우울증으로 힘겨워하는 사람들도 줄어들 것이다.

많은 이들이 고립감과 수동적 태도 또는 우울증으로 인한 신체적 고통에서 벗어나는 데 약물 치료가 도움이 되었다고 증언한다. 이들은 항우울제를 복용함으로써 심리적으로는 완전히 우울증에서 벗어나지 못할 수도 있다는 일부의 의견에 강하게 반발하며 암 환자나 당뇨병 환자에게도 같은 말을 할 수 있을지 묻는다. 또한 이들은 심리 치료는 약물 치료와 병행했을 때 그 효과를 극대화할 수 있는데도 왜 우울증에 대해서는 이를 반대하는지 이해할 수 없다고 항변한다. 즉 우울증을 치료하는 데는 심리 치료와 약물 치료가 병행되어야 하며, 둘 가운데 하나만을 선택적으로 고르는 일은 있을 수 없다고 한다.

암이나 당뇨병 등 고질적인 신체적 질병에 시달리는 많은 사람들은 우울증에 빠져들 확률이 매우 높다. 특히 심장마비를 경험했던 사람들은 이후 우울증에 시달릴 가능성이 더 높다. 실제로 뇌출혈 환자들의 사망률은 우울증에 걸린 사람들과 그렇지 않은 사람들 가운데 우울증을 경험한 사람들에게서 훨씬 높게 나타난다. 심장마비를 경험했던 사람들 가운데 우울증 치료를 후속 조치로 부가해서 했던 사람들은 그렇지 않은 사람들보다 병의 호전 기간이 빠른 것으로 나타났다. 즉 이 환자들에게는 우울증 치료 여부가 삶과 죽음을 결정하는 중요한 사안이 되는 것이다.

많은 사람들이 우울증 또한 신체의 화학적 장애로 인한 것이므로 약물로 치료할 수 있다고 주장한다. 물론 현재 시중에 나와 있는 약들로 완전한 치유를 기대할 수는 없지만, 약물 치료를 일절 하지 않는 것보다는 훨씬 치유 효과가 크기에 긍정적으로 받아들여야 한다.

특히 우울증 정도가 심각한 경우에는 약물 치료의 중요성을 무시할 수 없다. 의약업계에 종사하는 전문가들은 대부분 이 말에 동의할 것이다. 최악의 경우가 닥치면 전기 충격〔전기 충격 요법은 '전기 경련 요법(ECT:Electroconvulsive Therapy)'이라고도 일컬어지는데 환자에게 자극을 가하기 위하여 뇌에 전기 충격을 사용하는 방법으로, 환자의 뇌에 전기 자극이 가해지면 뇌세포 간의 통신을 원활하게 하는 화학 물질이 뇌에서 분비되어 우울증을 감소시킬 수 있다고 한다—옮긴이)과 약물 치료를 병행해야 하는 경우도 있다. 이때 그 효과는 매우 긍정적으로 나타난다. 이에 해당되는 우울증 환자들은 혼자 힘으로는 아무것도 하지 못하고, 심지어는 자신의 몸을 움직이지도 못하는 사람들이다. 이때 적절한 치료는 한 생명을 구할 수도 있다는 사실을 주지해야 한다.

필자는 심리 치료와 약물 치료를 억지로 구분할 필요는 없다고 생각한다. 단, 심리 치료와 약물 치료를 병행할 때, 의약 제조업체의 입김에서 벗어나 객관적이고 자립적인 연구가 그 바탕이 되어야 한다는 생각에는 변함이 없다. 그러한 자립적 연구를 위해 제조업체의 직접적인 경제적 도움을 뿌리칠 대안이라면, 정부에서 그들의 거대한 수익에 더 많은 세금을 부과하는 것도 생각해볼 수 있다. 그리고 그 세금은 더 많은 사람들에게 치료 기회를 주도록 제도적 개선과 전문가들의 자립적 연구에 쓰여야 한다.

16장 | 조울증, 불안한 심리적 상태

심리학자 케이 레드필드 재미슨(Kay Redfield Jamison)은 극도의 조울 증세를 다음과 같이 표현했다.

조울증은 여러 형태로 나타날 수 있지만 특히 신체적 고통, 극도로 좋은 기분, 외로움 등으로 구분할 수 있다. 기분이 좋을 때는 이보다 더 좋을 수 없을 정도로 의기양양해지며, 창의적 생각과 긍정적 기분이 마치 폭죽이 터지듯 빠른 속도로 온몸을 파고든다. 수줍음도 사라지며, 말과 행동에도 자신감이 넘친다. 자신의 능력에 대한 확고한 믿음도 생겨난다. 하지만 어느 한순간 이 모든 것이 변해버린다. 머릿속에서 빠르게 회전하던 생각들은 어느새 통제할 수 없을 정도로 수가 많아지고, 따라서 명확하던 생각의 흐름은 어느새 혼란으로 바뀌어버리고 기억도 할 수 없게 된다. 좋은 기분으로 관심을 보이던 친구들 얼굴조차 두려움과 걱정으로 변해버린다. 조금 전에는 아무런 문제도 되지 않던 것들이 한순간에 반대가 되어버린다. 따라서 짜증을 내고 화를 내기도 하며 두려움을 표시한다. 이러한 상태는 지속되고, 결국은 기억력조차 희미해져 조금 전 자신의 행동과 말에도 자신을 하지 못한다. 이로 인해 가끔은 정도에서 벗어나는 행위도 하게 된다.

케이 레드필드 재미슨은 조울증과 관련한 세계적 전문가다. 그녀는 1990년에 출간된 거의 천 페이지나 되는 관련 전문서적의 공동 저자이기도 하며, 1995년에는 '나의 불안감'이라는 제목으로 조울증에 시달린 자신의 경험을 책으로 쓰기도 했다.

그녀는 조울증에 시달리던 당시 자신의 모습을, 가끔 모든 일에 두려워했으며 극도로 활동적이고 기분이 좋을 때도 많았던 것으로 기억했다. 그녀는 예민하고 감정이 풍부한 아동기를 거쳤으나, 성인이 되고 나서는 우울증에 시달리기 시작했다고 고백했다. 사회생활을 하면서부터는 조울증을 경험하기도 했다. 때문에 그녀는 스스로 조울증을 연구했으며, 자신의 병을 이해하고 그 고통을 받아들임으로써 오히려 그 병에서 벗어날 수 있었다고 기록했다.

재미슨에게 조울증은 삶에 대한 열정과 과장된 활동성에서 시작되었다. 특히 십대 후반에는 그녀의 에너지 때문에 주변 친구들조차 가까이하기 어려워했을 정도라고 했다. 며칠 동안 잠을 자지 않아도 생기가 넘쳤던 것은 물론이다. 이러한 상태가 몇 주 동안 지속된 후에는 서서히 감정과 기분이 내리막길을 달렸다. 어둡고 불안한 상태가 지속되면서, 결국은 일상생활을 정상적으로 영위하지 못할 지경에까지 이르게 된 것이다. 명확하고 창의적이던 사고는 방금 무엇을 읽었는지도 기억을 못할 정도로 흐릿해졌으며, 아침마다 찾아드는 피곤함과 무기력증으로 고통을 받게 되었다. 이 기간에는 그녀의 머릿속에 두려움과 의구심만이 존재할 뿐이었다. 그녀의 뇌는 더는 작동하지 않았으며, 비현실적이며 공상적 요소가 가득한 생각만이 희미하게 그녀를 감쌀 뿐이었다. 항상 부패와 죽음에 대한 생각이 머리를 떠나지 않았던 것도 물론이다. 필요치 않은 일에도 화를 내고 짜증을 내는 일이 잦아졌다. 그녀는 자신의 상태를 도무지 이해할 수 없었으며, 도움을 요청할 기력조차 잃어버렸다.

조울증 증세에는 어떤 것이 있는가?

극도의 에너지가 넘치는 조증(躁症) 상태

이 상태에 있을 때는 극도로 기분이 좋은 동시에 자신의 능력을 과대평가하는 경향이 있다. 스스로 통제할 수 없을 정도로 생각의 흐름이 빨라지며, 말도 많아지고 집중을 할 수 없을 때도 생긴다. 관심을 보이는 주제 또한 수시로 변하며, 성욕도 증대되고, 수면 시간도 짧아진다. 또한 미래에 대해 거창한 계획을 세울 때도 많다. 불가능한 것은 아무것도 찾아볼 수 없으며, 원하는 일에는 과감한 저돌성과 추진력을 발휘하기도 한다.

의기양양하며 매사에 자신감이 넘치는 것은 물론 끊임없이 몸을 움직여야 만족할 수 있다. 계획 없이 큰돈을 쓰기도 한다. 신용카드 사용 제한액에 도달하는 것도 시간 문제여서 오랫동안 모아왔던 돈도 하루 이틀이면 동이 나버린다. 당사자는 이러한 상태에 있는 자신이 정상적이라고 생각해버린다. 이때 주변인이 조언이라도 하면 짜증을 내고 그들이 자신의 앞길을 막는다고 생각한다. "생각을 느리게 하는 사람들은 바로 당신들이며, 내가 말을 빨리 하는 것은 절대 아니다"는 생각이 그들의 머릿속을 지배한다.

경조증 상태(hypomania)

조증보다 조금 약한 상태, 이른바 조증과 울증(鬱症)의 중간 상태에 있는 사람들이 있다. 이때의 증상은 창의성과 생산성의 증가와 좋은 기분이라고 할 수 있으며, 이때 가족이나 주변인들이 당사자의 변화된 태도를 언급해도 자신은 그것이 정상이라 믿는 경우가 많다. 이 상태는 심각한 우울증이나 조증으로 변할 때가 많다.

혼합 상태

조울증이라 함은 기분의 양극적 상태, 즉 조증과 울증이 혼합된 상태를 가리키는 병명이다. 일반적으로 이 양극적 기분의 변화가 개별적으로 나타나지만, 가끔은 이 두 상태가 혼합되어 나타나는 경우도 있다. 즉 조증 상태라고 해도 의구심과 우울한 기분이 동시에 느껴진다. 이들은 최고의 활동성을 보일 때도 불안감을 느끼고 불면을 경험하며 자살을 생각하기도 한다. 극적인 기분 변화가 단 하루 만에 나타나기도 하는 것이 이 상태의 특성이다.

정신병적 증상이 있는 조울증(bipolar affctive disorde with psychotic symptome)

심각한 우울증이나 조증에 시달리는 사람들은 환청이나 망상(妄想)을 자주 경험한다. 일반적으로 이들 정신적 질병의 증상은 특정 기분에 따라 일정하게 나타난다. 대개 망상은 조증 단계에서는 과대한 자신감으로 나타나며, 울증 단계에서는 자책감, 수치심, 무가치함 등의 형태로 나타난다.

망상은, 어떤 상황을 받아들이거나 경험하는 데 있어 비현실성을 바탕으로 하고 있어 타인과 생각이나 의견을 공유하는 데 어려움을 겪는 상태를 말한다.

환시, 환청, 또는 환각 현상은 현실에 존재하지 않는 소리나 사물, 또는 냄새가 실제로 존재한다고 믿고 또 경험하는 일종의 정신병적 증상이라 할 수 있다. 환청은 자신의 머릿속이나 외부에서 목소리가 들려온다고 믿는 상태며, 환시는 존재하지 않는 사물을 실제로 보았다고 믿는 상태다. 이 목소리가 당사자의 행위를 지시하거나 여러 목소리가 섞여 당사자의 행위에 대해 토론하거나 논평하는 경우도 있다.

평생 번갈아가며 나타나는 조울증 증세

조울증에는 여러 가지 형태가 있다. 고전적인 형태는 조증과 울증이 번갈아가며 나타나는 것이다. 일부는 극적인 조울 증세를 보이지는 않으나, 약한 상태의 조증과 깊은 우울증을 번갈아가며 보인다. 이 그룹에는 기분 변화가 일 년 정도 차이를 두고 천천히 일어나는 증세도 포함된다. 앞서 설명한 개별적 상태를 뚜렷이 구분할 만한 기간적 구분은 없다.

조울 증세는 평생을 두고 번갈아가며 나타난다. 이들 양극 상태의 중간 지점에서는 매우 정상적인 상태를 보이는 것이 일반적이다. 하지만 일부는 이 중간 상태에서도 약한 조울 증세에 시달리기도 한다. 평생에 몇 번의 조울 증세를 경험하는가, 그리고 또 어느 정도로 심각한 상태를 경험하는가, 그렇다면 그 각각의 증세가 지속되는 기간은 어느 정도인가는 매우 개별적이다. 대부분 조울증 초기에는 양극 상태의 기분 전환이 비교적 천천히 일어난다. 일반적으로 초기 두세 번의 조울 상태는 몇 년을 사이에 두고 일어난다. 하지만 재발할 때마다 조울 증세의 중간 상태에 있는 기간은 점점 짧아진다. 나중에 자세히 설명하겠지만, 조울 증세의 재발은 당사자와 주변인의 노력에 의해 얼마든지 줄일 수 있다.

조울 증세가 나타나는 기간은 며칠이 될 수도 있고, 몇 달이 될 수도 있으며, 때로는 몇 년이 될 수도 있다. 치료를 받지 않는 상태에서는 평균적으로 두 달 정도의 조증과 반년 이상의 울증을 경험하는 것이 일반적이다.

조울증은 대개 이십대를 전후로 나타난다. 이십대 이전에 나타나는 경우도 있지만, 일반적으로 사춘기 이전에는 조울 증세가 확연히 나타나지 않는 것이 대부분이다. 조울증에 시달리는 많은 사람들이 성장기에 우울증 등 심리적 고통을 경험했다고 고백한다. 또한 불안감과 과민한 활동력을 경험한 사람들도 있다. 이는 조울증 초기 증상이라고 볼 수 있다.

조울증 인구의 규모

전 세계 인구의 약 1.5퍼센트에 해당하는 사람들이 조울증을 경험해 보았다고 한다. 전문가들은 실제적으로 나타나는 수치는 이를 훨씬 상회할 것이라고 주장한다. 조울증에는 남녀 구분이 없다.

조울증에 시달리는 대부분의 사람들은 자신의 병에 대해 올바른 처방이나 치료를 받지 못하는 것으로 나타났다. 실제로 올바른 진단과 처방을 위해 도움을 청하기까지는 몇 년이 걸리는 경우도 많다. 최근 미국의 한 조사에서는 조울증 환자들이 올바른 진단과 처방을 받기 위해 전문기관에 도움을 청하기까지 평균 8년이 걸리는 것으로 나타났다. 더욱이, 전문기관에 도움을 청하는 것은 아예 생각지도 않는 사람들이 대다수였다. 어쩌면 이들은 전문기관의 도움 없이 스스로 문제를 해결할 수 있는 사람들일지도 모른다. 하지만 최근 조울증 치료법이 급속도로 발전하는 것을 생각하면 안타까울 뿐이다.

조울증 환자들의 높은 자살 시도율

적지 않은 사람들이 살면서 술과 관련된 어려움을 겪은 경험이 있다고 고백한다. 어떤 이들은 조증이 나타나는 시기에 자신의 충동적 사고와 행위를 통제하려고 술을 마신다고 했다. 이유를 막론하고, 특히 조울증에 시달리는 사람들이 술을 마시면 부정적 효과만을 가져올 뿐이다. 술은 안정적인 일상을 영위하지 못하게 하며, 새롭게 우울증이나 조울증을 유발하는 위험 요소로 작용한다.

또한 조울증 환자들의 자살 시도율은 매우 높게 나타난다. 실제 자살로 이어지는 경우도 많다. 특히 술을 복용했을 때는 더욱 그러하다. 미국인 작가 다니엘 스틸(Danielle Steel)은 저서에서 아들 닉이 겪은 조울증을 서술했다. 닉은 스무 살 되던 해 자살을 했다.

어떤 조사에서는 리튬(Lithium) 성분이 들어 있는 약을 복용한 조울증 환자들에게서는 상대적으로 자살 시도와 실제 자살율이 낮은 것으로 나타났다. 즉 우리의 생명을 구하는 약도 있는 셈이다.

조울증은 양극단적 증세를 보인다. 기분과 활동력의 극적 변화가 바로 그것이다. 이를 치유할 치료법은 없다. 약물을 복용하면, 극한적 정서에 균형을 잡아주어 안정성을 유지하는 데 도움이 되며 증세의 재발은 막을 수 있지만, 완전한 치료는 불가능하다. 최근에는 이러한 약물 치료와 더불어 부가적으로 사용할 수 있는 심리 치료법이 개발 되었다.

조울증은 정신질환 중에서도 가장 심각하게 생각되는 병 가운데 하나다. 하지만 이 병은 당사자의 창의적 능력과 예술적 능력을 극대 화하는 데 큰 역할을 한다는 장점이 있다. 실제로 조울증에 시달린 경 험이 있다고 고백하는 예술가들이나 지도자들이 많다.

기분 변화는 인간으로서 경험할 수 있는 자연스러운 현상이라고 도 할 수 있다. 하지만 극단적인 기분 변화는 정상적인 일상의 리듬 과 일치하지 않는다. 이것은 불안정성이나 약한 인성 때문에 나타나 는 결과라고는 치부할 수 없다. 오히려 그 반대라고 볼 수도 있다. 역 사적으로 큰 영향력을 지닌 강한 인성의 인물들 가운데 조울증 환자 가 많다는 건 결코 우연이 아니다.

조울증의 원인은 무엇인가?

이 병의 원인이 무엇인지는 아무도 정확히 알지 못한다. 하지만 이에 관해 연구해온 전문가들은 조울증을 유발하는 원인이 매우 복합적이라고 말한다. 즉 많은 경우 유전인자와 환경 요소가 결합되어 조울증의 원인으로 작용한다.

전문가들은 최근 알츠하이머나 헌팅턴 무도병〔상염색체 우성으로 유전되는 중추신경계 퇴행성 질환으로, 무도성(舞蹈性) 무정위 운동(손발이 춤추듯 마음대로 움직임)과 인지 및 정서 장애를 보이는 것이 특징이다―옮긴이〕이 어떤 유전적 요소로 발생하는지 밝혀낼 수 있었다. 하지만 조울증을 발병시키는 유전적 요소는 어떤 것이 있는지 아직 밝혀낸 바가 없다. 다만, 여러 복합적인 유전인자로 발병하는 것이라 짐작될 뿐이다. 관련 연구가 지속된다면, 어쩌면 가까운 미래에 조울증 발병 요소가 밝혀질지도 모른다. 그렇게 된다면 치료법도 급진적으로 개선될 것이 분명하다.

한 가지 분명한 것을 들자면, 조울증은 신체 내 화학적 요소의 불균형으로 발생하는 것이다. 즉 우울증과 마찬가지로, 뇌의 작용을 통제하는 화학적 시그널 요소에 불균형이 생기면 조울증 발생률도 높아진다고 할 수 있다. 특히 감정과 기분을 좌우하는 뇌세포들이 화학적 불균형을 이룰 경우 조울증 발생률이 높다. 하지만 앞서도 말했듯이 이러한 뇌 작용을 자세하게 분석한 연구 결과는 아직 찾아볼 수 없다. 그저 뇌의 화학적 불균형 때문에 스트레스를 받으면 당사자의 감정과 기분에 변화가 오게 된다는 것만 알려져 있을 뿐이다. 또한 조증과 울증이 무슨 이유로 번갈아가며 나타나는지 원인은 밝혀지지 않았다. 조울증에 대해서만은 과학적 분석이 아직 초기 단계에 머무르고 있는 것이다.

뇌 속의 시그널 요소가 불균형을 이루면, 결과적으로 신체적 불균형도 나타난다. 밤낮이 바뀐다든지 생체학적 리듬이 정상적으로 운영되지 않는 것이다. 이는 다시 뇌 활동에도 영향을 미친다.

밤낮의 적절한 균형이 이루어지지 않을 경우에는 정상적인 일상생활을 할 수 없다. 역으로 일상생활에 문제가 있을 때도 밤낮이 바뀌는 등 일상의 리듬이 파괴된다. 이사를 한다거나 직장을 옮기는 일, 출산 또는 가족 구성원의 사망 등이 그 예다. 기쁜 일이 그 원인이 될 수도 있으며, 슬픈 일이 원인이 될 수도 있다. 이러한 여러 가지 이유로 수면 시간이 불규칙해지면 일상의 리듬은 깨어진다.

유전적인 요소로 일상의 스트레스를 견뎌내지 못하는 사람들은 여러 질병에 노출되어 있다고 해도 과언이 아니다. 높은 콜레스테롤이나 고혈압과 같은 유전적 요소는 점차 심장에 전달되는 산소를 감소시켜 심장질환을 유발한다. 스트레스를 받으면 갑작스런 흉부 통증이나 산소 감소로 심장마비까지 유발한다. 심장질환을 치료하는 방법과 동일한 차원에서, 조울증 또한 재발의 위험을 감소시키려면 적절한 약물 복용과 치료를 병행해야 한다.

인간과 동물은 저마다 나름대로 생체 리듬을 지닌다. 생명을 유지하는 과정에서는 잠, 체온, 맥박, 신진대사와 적절한 영양 공급이 이루어져야 한다. 이는 일련의 순환 작용으로 나타나며, 서로 밀접한 연관성이 있다. 맥박은 심장의 작동과 밀접한 관련이 있지만, 어떤 것들은 신체 외부적 요소의 영향을 받기도 한다. 밤과 낮, 빛의 정도에 따라 피곤함의 정도가 달라지는 것이 그 예다. 동시에, 신체 내부적 리듬에 따라 수면 시간이 일정하게 지속되기도 한다. 이는 햇빛이 들지 않는 동굴 속에서 지내는 사람들이라도 시간이 되면 잠을 자는 등 시계가 없이도 규칙적인 리듬에 의해 생활하는 것에서 살펴볼 수 있다.

생체적 리듬은 초와 분, 달과 햇수 등 시간에 영향을 받는다. 철새들이 일정한 기간이 되면 남쪽으로 이동하는 것도 이 때문이다. 우선 밤낮의 변화에 따른 생체 리듬에 대해 생각해보자. 이것은 단지 빛과 어둠에 관한 것만은 아니다. 식사 시간과 일하는 시간, 취미생활 및 휴식 시간은 대개 하루 중 일정한 시간에 맞추어 이루어진다. 이러한 리듬 속에서 생활을 하다가 새로운 일을 하거나, 이사를 하는 등 생활에 핵심적인 부분이 변하면 생활 패턴도 달라진다. 인간은 습관적인 동물이다. 습관적 성향은 일상에 안정성을 주기도 하고 신체 리듬을 조정하는 데 도움을 주기도 한다.

따라서 이러한 리듬에 방해를 받으면 몸은 즉각적인 반응을 한다. 예를 들어 유럽에서 시차가 큰 미국 대륙으로 비행기 여행을 한다고 가정했을 때, 이에 적응하려면 며칠이 걸린다. 어떤 사람들은 다시 정상적인 리듬을 찾을 때까지 거의 의식을 잃을 정도로 피곤함을 느낀다고 한다. 하지만 시간이 지나면 신체는 새로운 생활 패턴에 다시 적응하게 마련이다.

조울증에 시달리는 사람들의 수면 리듬과 생체 리듬은 일반인과 큰 차이를 보인다. 역으로, 생활 리듬에 혼란이 지속될 때도 조울증 발생 가능성은 높다. 즉 생활 리듬을 일정하게 지킬 때 조울증 발생

가능성이 낮아진다고 해석해도 좋다.

케이 레드필드 재미슨은 다음과 같이 자신이 심각한 조울증에 접어들기 직전 상태를 설명했다.

여름이다. 나는 여름이 오면 잠을 거의 자지 않는다. 넘치는 에너지로 많은 양의 일을 해나가다 보면 결국은 아무것도 못할 정도로 기진맥진 해져서 몸을 움직일 수가 없다. 감정과 기분 또한 주체할 수 없을 정도로 예민해진다.

조울증의 다음 단계로 접어들기 전에 이를 예방하는 방법은 충분히 잠을 자는 것이다. 단 며칠간 수면 부족을 겪은 것으로도 새로운 조증으로 빠져들기에는 충분하다.

신체적 질병과 이의 치유를 위해 약을 지속적으로 복용할 경우 우울증이나 조울증 발생 위험이 높다. 이때 자주 나타나는 동질성이 있다. 그것은 바로 당사자의 수면 시간이 점점 줄어든다는 것이다. 어떤 사람들은 시험을 앞두고 느끼는 강박감 때문에 잠을 이루지 못한다. 밤새도록 울어대는 갓난아이를 돌보느라 밤잠을 자지 못하는 사람도 있다. 또한 특정 약을 먹거나 술을 마시면 잠을 적게 자는 사람도 있다.

지속적인 수면 부족은 조울증의 원인이 되는 동시에, 조울증 때문에 나타나는 증상이기도 하다. 이러한 해악적 순환을 겪으면 일상을 정상적으로 영위하지 못하는 것이 당연하다.

조울증 치료와 개선

조울증은 간단히 말하면 기분과 감정이 매우 열정적이거나 매우 우울하고 어두운 상태라 할 수 있다. 이를 개선하려면 술을 멀리하고 규칙적인 생활 리듬을 지켜야 한다. 가족과 친구들의 도움이 있다면 이 상태에서 더욱 빨리 벗어날 수 있다. 여기에 약물 치료를 더한다면 다음 단계로의 접근 또한 방지할 수 있다. 조울증과 관련한 약물 치료는 통증이 있을 때마다 복용하는 일반적인 두통약과는 달리, 규칙적·지속적으로 해야 한다.

약물 치료, 쉽지 않은 선택

케이 레드필드 재미슨은 조울증 치유 약의 발견 여부가 중요한 것이 아니라, 조울증 치료를 위한 약 복용을 꺼리는 것이 문제라고 말한다. 그녀 또한 약을 복용할 때 규칙적으로 매일 복용하는 것에 어려움을 느꼈다고 고백했다. 그녀는 연구의 일환으로 리튬을 일정 기간 복용하지 않는 일을 규칙적으로 반복했다. 그러자 조증과 울증의 변화가 더욱 빠른 기간 내에 심하게 다가온다는 것을 발견하게 되었다. 짧은 기간의 조증이 몇 차례 계속되는가 하더니, 그 다음에는 길고 깊은 울증이 따라왔다. 이때 깊은 의구심과 자살에 대한 생각이 떠나지 않았기에 그녀는 리튬을 정기적으로 복용하지 않으면 안 되겠다고 생각했다고 한다. 약 복용을 거부하는 것 또한 심각한 우울증의 한 증상이라고 볼 수 있다. 그녀가 '정상적'일 때는 조증의 기미보다는 오히려 차분하고 조용한 상태였으며, 일상을 정상적으로 영위할 수 있었고, 생각 또한 객관적·생산적으로 할 수 있었다고 한다. 그녀는 이러한 상태가 그리워 약을 복용하지 않으면 안 되겠다는 결심을 했다고 저서에서 토로했다.

리튬을 사용해 조울증을 치료할 때 가장 큰 문제점을 꼽으라면, 바로 당사자들이 처방대로 리튬을 복용하지 않는다는 점이다. 조증과 울증이 번갈아가며 나타나는 중간 시기에는 정상적인 상태가 되는 바람에 당사자의 약 복용 의지가 무너지는 데도 그 원인이 있다. 실제로 조울증 환자의 3분의 1~2분의 1 정도에 해당하는 사람들이 약 복용을 꺼리거나 정기적으로 복용하지 않는다. 그들은 다음과 같은 사항을 이유로 든다.

- 비만, 수전증, 갈증 등 불쾌한 부작용.
- 조증 상태에서 나타나는 창의적 사고방식을 갈망하는 당사자의 태도.
- 자신의 기분과 감정을 약을 이용해 인위적으로 통제하는 데 따르는 부정적 느낌.
- 장기적인 고통을 유발하는 질환을 가지고 있다는 사실을 스스로 인정하기 어려운 상태.

대부분의 환자들이 일련의 조울증 상태를 경험하고 나면, 처방에 따른 약을 복용하는 데 큰 어려움을 느끼지 않는다. 하지만 시간이 지날수록 규칙적으로 약을 복용하는 태도가 해이해지고 결국은 복용을 중지하는 일까지도 발생할 수 있다.

조울증 환자들처럼 극과 극의 기분 전환을 자주 경험하는 사람들은 선택을 하면서 명확한 결정을 내리는 데 어려움을 겪는다. 이것을 소위 '마이너스―마이너스' 갈등이라 일컫는다. 이들은 어떤 결정을 내리든 간에 불이익을 피할 수 없다고 생각한다. 이럴 경우 다음과 같은 사항을 고려해보는 것이 좋다. 즉 약을 복용함으로써 내가 희생해야 할 것은 무엇이며, 또 어떤 이익을 얻을 수 있는가?

이렇듯 삶의 방향을 바꿀 수도 있는 심각하고 중요한 결정을 내리는 데는 되도록이면 정확하고 많은 정보가 바탕이 되어야 한다. 약물치료에 어느 정도 발전이 있어왔는지, 또 접근이 가능한 치료법은 어떤 것이 있는지 관련 책자를 찾아보거나 신뢰할 만한 의사를 찾아 상의해보는 것이 좋다. 이 경우, 의사의 조언은 환자의 결정에 큰 영향을 미치므로 환자의 상태와 인격을 존중해서 최대한 많은 정보를 주어야 한다. 물론 환자로서도 시간을 두고 심사숙고해서 결정하는 태도가 필요하다.

조울증 상태를 개선하는 약물 치료법은, 항우울제와 리튬을 함께 복용하는 것으로 대표된다. 일반적으로 항전간제(antiepileptic drug) 또한 안정적 감정을 유지시켜준다는 점에서 같은 효과를 보인다. 일단 조울증 때문에 약을 복용하겠다고 결심했다면 시간을 두고 어떤 약들을 조합해서 복용해야 할지 의사와 상의한 후 심사숙고해서 결정해야 한다. 약의 효과는 사람에 따라 다르게 나타날 수 있기 때문이다.

리튬은 정신질환을 치유하기 위한 약이다. 이 약은 체내에서 필요로 하는 기본적 화학 성분을 가지고 있다. 신체에 필요한 기본 성분에는 산소와 수소 등도 있지만, 철분과 동 등 금속적 원소도 있다. 리튬은 나트륨과 칼륨 등과 함께 이른바 염기성 금속에 속하며, 성분 면에서는 소금과 비슷하다고 생각하면 된다. 리튬이 체내에서 어떤 작용을 하는지는 전문가들도 확실히 밝혀내지 못했지만 기본적으로 리튬은 체내에서 이루어지는 개별적 대사 작용에 적지 않은 영향을 미친다. 일반적으로, 리튬은 생활 리듬을 유지하는 데 도움을 주며, 이것이 조울증 치료에 핵심적인 역할을 한다고 전문가들은 생각한다. 또한 리튬 복용을 갑자기 중지할 경우에는 병의 재발 가능성이 매우 높은 것으로 알려져 있다.

전문가들은 리튬을 복용할 때 항우울제와 함께 복용할 것을 권장한다. 이는 감정과 기분에 안정성을 부여한다. 하지만 리튬과 함께 복용할 때 어떤 약들은 조증을 유발하는 원인이 되기도 하기 때문에 피해야 한다. 이미 언급했듯이 조울증에 걸렸다는 사실을 발견하기는 그리 쉽지 않다. 만약 섣부른 판단으로 기분 안정제(mode stabilizer)를 복용한다면 이는 오히려 더 큰 부작용과 문제점을 야기할 수도 있다.

자연 요법

오메가3와 같은 필수지방산은 조울증 치료에 효과가 있다고 한다. 이에 대해 의학적으로 공식화된 정보는 없지만, 고등어나 정어리 같은 생선에서 얻을 수 있는 지방질이 조울증 치료에 효과적일 수 있으므로 평소에 많이 먹는 것이 좋다. 미국 국립보건연구소에서는 조울 증세가 있는 임신한 여성에게 화학적 약 대신 오메가3로 알려진 필수지방산을 정기적으로 투여했고, 상당한 효과를 보았다고 발표했다. 조울증 치유를 위해 이 필수지방산을 적극적으로 권장하는 의사들은 이미 많다.

심리 치료는 조울증 치료에 필수다

조울증에 시달리는 사람들은 스트레스를 감소시키고 규칙적인 생활 리듬을 유지하기 위해 도움을 받아야 할 때가 많다. 이때 심리 치료는 필수다. 그렇다고 해서 심리 치료가 약물 치료의 대체 사항이 될 수는 없다. 이제부터 조울증 치료에 도움이 될 몇 가지 사항을 살펴보기로 하자.

원인에 대한 정확한 정보 수집

조울 증세와 관련된 문제가 유전적인 것인지, 스트레스를 유발하는 것들은 어떤 것이 있는지, 또 무엇이 조증과 울증의 기간을 연장하는지 정확하게 알아야 한다. 조울증 환자들은 치료를 통해서 규칙적인 일상을 영위하도록 도움을 받는다. 이러한 정보들은 당사자의 주변인들에게도 필요하다. 특히 무엇이 조울증을 유발하는지 알고, 이에 어떻게 대처할 수 있는지 알아두는 것은 매우 중요하다. 이러한 사항들을 알아둔다면, 삶의 패턴을 긍정적으로 변화시키려면 무엇을 하는 것이 좋은지 자연히 알게 된다. 즉 직장 일이 스트레스를 유발한다면 이를 해결하기 위해 무엇부터 해야 할지 생각하고 알아내는 것과 비슷한 이치다.

경고 신호에 신속하게 대처하기

어떤 사람들은 정상적 기간과 조울 증세가 나타나는 기간을 구별하는 데 어려움을 겪기도 한다. 이때 매일의 일과와 자신의 감정 변화를 세세히 기록해두면 훗날 매우 도움이 된다. 그리고 일단 조증이 나타나면 에너지와 활동력의 수준을 끌어내리기 위해 무엇을 어떻게 해야 할지 생각해보는 것이 좋다. 동시에 울증이 나타났을 때도 그 초기에 활동력을 높이려면 무엇을 하면 되는지 알아두어야 한다. 예를 들어 조증 초기 증상이 나타나면 우선 며칠간 휴가를 받고, 신용카드 사용을 제한하거나 없애버린 후 의사를 찾아 상의하는 것이 좋다. 또한 되도록이면 중요한 결정을 내리는 것은 뒤로 미룬다. 울증 초기 증상이 나타나면, 이 책 앞부분에서 설명한 우울증 관련 사항을 참고하면 도움이 될 것이다.

조울증의 개별 상태를 유발하는 것들은 어떤 것인지 그 근본 사항을 확인하는 것이 좋다. 이를 위해서 이전에 경험했던 조울증 초기 증상을 다시 상기해보면 큰 도움이 된다. 대개의 경우 수면 리듬 변화, 피곤함 증가, 활동력 증가 등 당사자가 느끼는 특정한 신호가 있다. 때로는 기분이나 감정, 성욕, 집중력 등에 변화가 오거나 일상에서 크게 느낄 수 없는 사항들이 신호 역할을 하기도 한다.

울증과 관련한 중요한 신호는 자신의 가치를 남과 비교해서 과소평가하는 일이 잦아지거나, 인생이 무의미하다고 생각하는 일, 미래가 절망적이라고 생각하는 것 등이다. 이에 비해 조증과 관련된 주된 신호는 자신감 증대, 삶에 대한 과장된 긍정적 태도, 미래에 대한 과장된 희망 등이다. 다음은 스스로 해볼 만한 중요한 질문들의 예다.

- 조증 상태나 울증 상태에 있을 때, 삶을 바라보는 자신의 태도는 어떻게 변하는가?
- 자신이 외면하고 싶은 일이나 미래에 대한 자신의 생각은 어떻게 변하는가?
- 주변인들은 자신의 변화된 태도를 어느 정도로 인식하고, 또 어떻게 반응하는가?

규칙적인 생활 리듬 유지하기

안정성과 규칙성 있는 생활 리듬 및 신체 리듬은 매우 중요하다. 예를 들어 밤에 잠자리에 드는 시간과 아침에 눈뜨는 시간을 시간을 일정하게 정해놓는다든지, 정해진 시간에 식사하는 것을 목표로 생활한다면 기본적으로 안정된 생활 리듬을 유지할 수 있다. 또한 규칙적인 일상을 방해하는 요소에는 어떻게 대처하면 되는지 미리 구체적인 계획을 세워놓는 것도 좋다. 늦은 저녁 시간에 TV 시청을 줄이는 것 또한 하나의 방법이다.

가족들에게 도움 받기

자신이 질병으로 받는 고통에 대해 주변인과 이야기하는 것은 매우 중요하다. 미래에 대해서 어떤 생각을 지니고 있는가? 희망과 꿈, 야망을 잃지는 않았는가?

자신의 잃어버린 가능성을 절망적으로 생각하는 사람들이 많다. 이때 이에 대해 주변인과 터놓고 이야기하는 것은 긍정적인 효과를 가져온다. 동시에 역사적·사회적으로 성공을 성취한 많은 사람들이 조울증에 시달린다는 사실을 떠올리는 것도 도움이 될 수 있다.

어떤 사람들은 자신이 조증 상태에 있을 때 행했던 일들에 수치심과 자책감을 느낀다. 자신의 삶 중 핵심적인 부분에서 통제력을 잃었다는 느낌으로 절망감을 느끼는 사람들도 있다. 이때 자신의 미래에 대해 다시 통제력을 가질 수 있다는 가능성을 믿고, 자신감을 되찾으려면 무엇을 어떻게 해야 하는지 가까운 주변인과 토론해보는 것은 매우 큰 도움이 된다.

가족들의 배려와 도움은 조울증 당사자에게 매우 큰 의미를 지닌다. 이러한 가족이 있다면 새로운 조울증 상태로 진입하게 될 위험성이 매우 낮아진다. 반대로 사고가 발생하거나 불행한 일이 닥쳤을 때, 가족 구성원의 지나친 걱정과 간섭은 오히려 역효과를 낼 수도 있다. 즉 당사자는 그것을 필요 이상으로 부정적이고 비판적인 소리로 받아들일 수 있다.

부부 관계에 갈등이 있다면 이성을 바탕으로 조용히 대화를 시도해본다. 갈등 속에 있을 때는 사소한 일에도 자신이 정당하지 못한 대우를 받는다고 생각하기 쉽고, 상처를 입기도 쉽다. 이럴 때는 갈등에 빠진 당사자들 외에 전문기관이나 외부인의 도움을 받는 것이 좋다.

조울증 증상이 나타나면 당사자의 가족이 함께 모여 각자 어떤 방법으로 도움을 줄 수 있는지 대화하고 계획을 세우는 것도 시도해볼 만하다. 이는 분명 유용하고 실질적인 도움을 줄 것이다.

슬픔과 삶

이 책의 마지막이라고 할 이 부분에서는 우울증 대신 슬픔과 고통, 멜랑콜릭한 감정을 이야기하겠다. 이러한 감정은 고통스럽다. 하지만 우리는 인간이기에 이러한 감정에서 완전히 벗어날 수 없다. 어떤 면에서 보면, 슬픔과 고통이 없는 삶은 사랑이 없는 삶이라고 할 수도 있다.

마지막으로 행복에 대해 살펴보겠다. 행복은 한마디로 정의할 수 없다. 행복과 즐거움은 결핍과 갈망 또는 슬픔을 포함할 때가 많다.

17장 | 슬픔에 관한 생각들

《잃어버린 시간을 찾아서》를 저술한 마르셀 프루스트는 책 마지막 부분에서, 자신이 글을 쓰려고 나머지 인생을 희생해야 했던 이유에 대해 적었다. 그는 오랜 시간이 지난 후 옛 친구들을 찾았다. 그들과의 재대면은 프루스트에게 충격을 가져다주었다. 그는 옛 친구들의 모습에서 황폐함밖에 찾아볼 수 없었다. 어떤 이들은 죽음만을 기다리는 듯 보였고, 어떤 이들은 이미 세상을 떠난 지 오래였다. 과거를 찾는 일이 무의미해지자, 그는 글을 쓰기 시작했다. 그는 죽어가는 사람들과 이미 죽은 사람들을 되살리기 위해 자신을 희생하려고 마음먹었다. 그는 자신의 작품에서 그들에게 영원한 삶을 주려는 시도를 했다. 어쩌면 우리의 내면에 존재하는 세상은 무의미하지만은 않으리라는 생각에서였다. 그는 세상을 재창조하고 싶어했고, 조각난 부분을 모아 새로운 삶을 만들어내고 싶어했다.

프루스트는 슬픔에 대해 썼다. 그는 자신이 사는 세상과 주변의 가까운 이들, 즉 이미 존재하지 않은 이들과 죽음을 기다리는 이들을 보았다. 즉 그의 소설을 한마디로 말하면 슬픔이라는 형태를 지니고 있는 것이라 이해해도 좋다. 그는 슬픔과 슬픔을 벗어날 수 있는 명확한 갈림길에 대해서 썼다. 그는 슬픔의 고통이 어느 정도로 강렬할 수 있는지도 기록했다. 또한 인간의 삶과 사랑에 슬픔이 없다면 그것은 제대로 된 삶과 사랑이 아니라고도 했으며, 이러한 고통은 인간의 삶을 더욱 풍요롭게 만들어주는 요인이 된다고 했다. 그는 죽음으로 이별한 벗들은 물론 잃어버린 시간을 생각할 때 느끼는 슬픔을 예술작품에서 재창조하려고 시도했다.

마르셀 프루스트는 슬픔과 오랜 기간 지속적으로 싸워온 다른 예술가들과 마찬가지로, 잃어버린 사랑으로부터의 자유와 잃어버린 지난 삶을 되찾고자 했다. 하지만 그는 잃어버린 그 시간을 되찾기보다는 스스로를 새롭게 변화시킴으로써 자신이 원하는 바를 얻을 수 있었던 것 같다.

벗들의 죽음은, 사랑이 그들을 떠났기 때문이 아니라 우리가 죽음을 향해 스스로 걸어가고 있기에 경험한다. …… 나는 과거의 그림자에서 벗어나 새롭게 성장했다.

슬픔이란 무엇인가?

《어린왕자》의 작가 생텍쥐페리는 "삶은 우리에게 사랑은 서로를 바라보는 것이 아니라, 같은 방향을 함께 바라보는 것이라 가르쳐주었다"
라고 했다. 가까운 사이란 같은 기억을 지니고, 현재를 함께 경험하
며, 미래를 함께 계획하는 사이라고 말할 수 있다. 즉 타인의 존재가
바탕이 되어야 사랑이 존재하는 삶을 살 수 있다. 우리가 낯선 세상
에 홀로 있는 것 같은 느낌을 가지거나, 무의미함을 느낄 때 슬퍼하
는 것은 당연한 일이라 할 수 있다. 이러한 상태에 있을 때, 자신은
물론 상대방의 반응을 받아들이고 이해하기 어렵다고 느낀다. 가까
운 사람, 사랑하던 사람이 더는 존재하지 않을 때, 우리는 큰 슬픔을
느낀다. 예를 들어 가까운 사람의 장례식에 참여할 때 느끼는 슬픔은
너무도 강렬해서 가끔은 그것이 현실로 다가오지 않을 때도 있다. 이
와 관련해 우리는 가끔 다음과 같이 자문한다. "왜 인간은 죽어야만
하는가?"

　죽음에 대한 질문은 삶에 대한 질문을 포함한다. 슬픔은 이 세상
을 의미 있는 것으로 받아들이는 능력을 재확립하기 위한 싸움으로
이해할 수 있다. 이러한 시도는 두 가지 상응하는 자극에 의해 주도
될 수 있다. 그 하나는 과거로 돌아가 잃어버린 것들을 다시 찾고 싶
어하는 갈망이며, 다른 하나는 과거에서 벗어나 새로운 존재 속에서
의미를 찾는 것이다.

　가까운 사람들을 잃었을 때 슬퍼하는 것은, 그들에게 사랑과 애정
을 주는 것과 마찬가지로 당연한 일이다. 이때 슬픔의 고통을 위무하
는 것은 주변인으로서 당연히 해야 할 일이기도 하다. 그렇다고 슬픔
의 고통을 없애주지는 못하지만 그 정도를 가볍게 해줄 수는 있다.

　슬픔을 느낌으로써 가지는 고통과 의구심은 더 나은 발전을 위한

지름길이 되기도 한다. 삶을 변화시키는 과정에서 우리는 주변인들의 요구는 물론 스스로의 요구에 상응하게 될 것이고 이때 성장 가능성을 경험한다. 그럼으로써 현실을 받아들이고 자신을 더욱 사랑하는 방법도 배울 수 있으며, 타인과의 관계도 깊어질 수 있다. 상실감과 좌절감은 인간의 삶에 필수적으로 존재하는 한 부분이라 할 수 있다. 이러한 상실감과 좌절감은 특히 삶의 변화 시기에 자주 나타난다. 바로 이러한 정서가 삶의 중요한 고비에서 우리의 인성이 발전하는 데 큰 역할을 한다.

슬픔은 외로운 경험이다. 우리가 슬픔을 느끼고 표현하는 방식은 개개인에 따라서 다르다. 우리는 대개의 경우 타인의 슬픔을 완전히 이해하지 못한다. 그렇긴 하지만 우리는 타인의 슬픔을 기본적으로 이해할 수는 있다. 왜냐하면 슬픔이라는 것은 모든 인간이 가진 공통된 정서이기 때문이다. 슬픔을 경험한 사람들이나 사랑하는 사람을 잃은 사람들의 상실감을 지켜본 사람들이라면, 타인의 슬픔을 이해하는 데 그다지 큰 어려움을 느끼지는 않으리라.

일련의 조사에 따르면 이러한 상실감은 매우 오래 지속된다고 한다. "시간이 약이다"라는 말은 이 경우에 무의미하게 느껴질 정도다.

이러한 슬픔과 상실감을 경험하고 나타내는 방법은 흔히 당사자가 몸 담은 환경이나 문화의 영향을 받는다. 즉 가끔은 주변 환경이나 문화적 요소에 의해 우리의 감정을 과잉 표현해야 할 때가 있는가 하면, 어떤 때는 우리의 감정을 있는 그대로 나타내지 않기 위해 숨겨야만 할 때도 있다. 주변인들은 항상 슬픔을 맛보는 당사자의 상실감을 전적으로 이해할 수 없다. 만약 불행하고 갈등이 많았던 결혼생활 후에 배우자가 죽은 경우라면 실제적인 내면의 감정을 제치고, 사회 등 외부적 요건이 기대하는 데 부응해서 슬픔을 의무적으로 표현하는 경우도 있다.

우리가 슬픔을 느끼는 이유는?

우리가 슬픔을 느끼는 이유를 정확히 이해하기란 쉽지 않다. 이는 우리가 왜 어떤 특정인에게 애정을 느끼는지 이해하기 어려운 것이나 마찬가지다. 그럼에도 우리는 슬픔으로 인한 고통을 피하지는 못한다. 그렇다면 인간은 왜 이토록 감당할 수 없을 정도로 고통스러운 슬픔을 겪어야만 하는가? 또한 슬픔의 당사자들이 왜 가끔 그들 자신의 행위를 이해하지 못하며 무의미한 반응을 보이는지 질문해볼 수 있다. 예를 들어 상실감을 느끼는 이들이 가끔 자신의 울분과 적개심을 주변인에게 발산하는 이유는 무엇인가? 그리고 타인의 죽음에 대해 왜 그토록 비이성적으로 반응하는가? 왜 이미 세상을 떠난 가까운 이들을 시간이 지나도 잊지 못하는가?

　이러한 질문에 대답하려면 슬픔이 무엇인가를 더 큰 관점에서 살펴보아야 한다. 슬픔은 복합적이다. 즉 생체적·심리적·사회적 요소들이 그 원인으로 작용한다.

생체적 슬픔

다윈의 진화론에서 인간의 유전인자 중 많은 부분이 생존에 결정적 역할을 해왔다는 것을 찾아볼 수 있다. 슬픔은 인간의 생체적 뿌리라고도 할 수 있을 정도로 필수 불가결한 감정이라고 할 수 있다. 그렇다면 이 슬픔이 몇만 년 역사를 지니고 있는 인간의 생존에 결정적 역할을 해왔다고 말할 수 있는 것일까? 우리는 이 질문에 아니라는 대답을 하게 될 것이다. 슬픔은 고통을 수반하며, 무기력함 때문에 외부의 스트레스에 맞설 수 없도록 만든다.

만약 슬픔이 공동생활을 하기 위한 개인적 필요성에 의해 생성된 감정이라면 이해하기가 쉬울 것이다. 공동체 생활은 인간의 생존에 큰 역할을 해왔다. 함께 생활하면서 서로를 보호하는 공동체적 집합이 아니었더라면, 인간의 생존 가능성은 매우 낮았을 것이다. 슬픔은 가까운 공동체 구성원과 이별하며 나타나는 자연스러운 감정이다. 우리는 필연적으로 자신이 속한 공동체 구성원과 헤어지게 된다. 즉 한 구성원이 죽음을 맞았을 때 생체적으로 나타나는 우울하고 저하된 기분, 그리고 고통은 그 공동체에 속한 타인에게도 전염이 된다.

어린아이들은 슬픈 일을 당하거나 어려움에 처했을 때 보호자에게 더 가까이 다가간다. 이때 부모들은 아이들을 위험이나 기아에서 보호하려는 본능을 발휘한다. 가까운 사람을 잃을지도 모른다는 위협의식은 불안감으로 귀결되며, 가까운 사람을 잃었을 때는 슬픔으로 그 반응이 나타난다. 어린아이들은 부모를 찾을 수 없을 때 울음으로 반응한다. 이때 부모들은 즉시 아이들에게 달려와 이들을 보호해주고 위로해준다. 만약 이렇게 보호와 위로를 해줄 수 있는 사람들이 없다면 아이들이 느끼는 불안감은 지속되고 슬픔으로 변한다. 이 때 아이들이 부모가 아닌 타인에게 보호자로서의 입지를 인정하는 경우는 드물다.

이러한 아이들의 예를 어른들에게도 적용할 수 있다. 아이들에게는 미래에 또 있을지도 모르는 이별의 가능성을 줄이고자 하는 바람이 적대적인 감정이나 슬픔의 형태로 나타난다.

이러한 사례에서 우리 안에 있는 슬픔과 상실로 인한 그리움을 설명할 수 있을 것 같다. 이러한 그리움과 슬픔은 잃어버린 것들을 다시 찾으려는 시도로 볼 수 있다. 슬픔의 당사자는 세상을 떠난 배우자가 여전히 살아 있다는 생각을 할 때가 있다. 사랑하는 이들과의 일시적인 이별이라면 재회가 가능하지만 죽음으로 인한 이별은 재회가 불가능하다. 슬픔은 이러한 불가능함에 반응하는 우리의 자연스러운 감정이다.

자책감

동생에게…… 무어라고 말하면 좋을까? 어디서부터 시작하면 좋을까? 주위를 둘러보면 불안감과 두려움만이 존재할 뿐이다. 가끔 나는 이 세상에 아예 태어나지 않았거나 이미 죽어서 이 세상에 살지 않았으면 좋겠다는 생각을 한다. 언젠가는 모든 사람이 이 세상에서 죽어 없어질 것이고, 더는 사랑하는 사람들을 만날 수 없다면 어떻게 될까?

이 편지는 이탈리아 시인 페트라르카(Petrarca)가 1350년 페스트의 악몽을 겪으며 자신의 동생에게 보낸 것이다. 당시 전 유럽을 휩쓸었던 페스트는 전체 인구의 30~50퍼센트를 죽음으로 몰아넣었다. 나라 전체가 무덤처럼 변했고, 대도시 사망자 수는 매일 천여 명을 넘어섰다. 그리고 이를 자책하는 사회적 움직임인 프래질런트(Flagellant) 운동이 시작되었다. 이것은 채찍질을 하는 고행자라는 말에서 유래된 것이다.

개인의 슬픔 속에서 위와 같은 경향을 찾아볼 수 있다. 즉 사랑하는 사람의 죽음을 고통스럽게 느끼는 정서는 자책감을 불러올 수도 있다. 죽음을 받아들이는 긍정적인 자세는, 죽음이 언제 어디서나 일어날 수 있는 현상이라 생각하고, 죽음 후의 세상은 안정과 평화로 유지될 것이라 생각하는 것이다. 하지만 어떤 면에서 보면 이미 세상을 떠난 사람들을 생각하며 그 잘못이 자신에게 있다고 생각하는 사람들은, 우연에 의해 삶과 죽음이 영위된다는 생각을 가진 사람들보다 불안감에 시달릴 가능성이 적을 수도 있다.

작가 시몬느 드 보부아르(Simone de Beauvoir)는 《편안한 죽음》이라는 저서에서 어머니의 죽음에 대해 썼다. 사랑하는 사람을 잃었을 때, 남은 사람들이 느끼는 자책감이 그 배경이 되었다.

사랑하는 사람이 사라지면, 우리는 살아 있다는 것 자체에 자책감을 느끼며, 그것은 구토를 일으킬 정도로 고통스럽다. 그리고 죽음을 맞은 사람들의 존재는 더욱 크게 느껴진다. 때로는 세상을 떠난 이의 자리를 더 크게 마련해주지 못했다는 생각으로 고통스럽기조차 하다. 가끔은 이러한 고통에서 벗어나고자, 나 자신은 물론 세상을 떠난 이 또한 이 세상 수많은 사람들 가운데 하나일 뿐이라는 생각도 해본다. 하지만 내가 사랑하는 사람들에게 항상 최선을 다하지 못했다는 생각은 그들이 이 세상에 존재하지 않는 지금, 내게 자책감만을 가져다줄 뿐이다.

앞의 인용문에서 짐작할 수 있듯이 인간의 자책감은 여러 형태로 나타난다. 즉 죽은 사람들을 생각하며 아직 살아서 생명을 유지하고 있다는 자책감과, 죽은 사람 생전에 더 큰 보살핌과 배려를 해주지 못했다는 자책감, 그리고 죽은 사람들을 위해 '충분한' 슬픔을 표시하지 못하고 있다는 자책감이 그것이다.

이러한 여러 종류의 자책감을 깊이 살펴보면, 사실은 그것이 죽은 사람들을 향한 것이 아니라 오히려 살아 있는 당사자의 심리적 불안정함이라는 사실을 느낄 수 있다. 사실, 이미 세상을 떠난 사람들을 위해 우리가 할 일은 거의 없다. 과거를 떠올리며 자신이 하지 못한 일에 대해 지속적으로 생각하는 것은 자책감만을 불러올 뿐이다. 이러한 자책감은 가까운 이의 죽음을 보며 스스로를 보호하려는 본능을 바탕으로 주변 모든 상황에서 벗어나고 싶어하는 당사자의 심리 상태에서 기인할 수도 있다.

동시에 병으로 죽어가는 사람들과 접촉할 때도 그 긍정적인 면을 인정할 수 있어야 한다. 세상을 떠나기 전의 마지막 시간을 함께하는 것은 좋은 경험이 될 뿐만 아니라 임종 직전의 사람에게 도움을 줄 수도 있다. 그러므로 이런 상황에 처했다면 되도록이면 안정된 상태에서 지난날을 돌이켜보고 앞으로 일어날 일에 대해서도 이야기한다.

죽음을 부정적으로 생각하게 만드는 장례식과 애도의식

장례식과 관련 의식들은 남은 사람들의 적응을 위해 매우 중요하다
고 볼 수 있다. 이러한 의식들은 남은 이들의 외로움을 덮어주는 역
할을 한다. 이전에는 이러한 의식들이 사회적으로 큰 의미를 지니고
있었다. 하지만 현대 사회에서는 이러한 의식들이 점점 더 간소화되
는 경향을 보인다. 많은 사람들이 오늘날의 장례 절차나 애도의식이
위기를 맞고 있다고 입을 모은다. 그 원인은 우리 사회가 점점 종교
적·전통적 의식에서 멀어져가는 데서 찾아야 한다. 종교 집단은 그
구성원에게 영향력을 잃어가며, 사회는 점점 간소화되어 전통의식을
기피한다. 또한 평균 수명이 연장되면서 자연적으로 사망을 맞이할
때는 그 당사자의 자식들이 이미 성인이 되어 독립적 삶을 꾸려가고
있는 것도 그 원인이라 할 수 있다. 죽음을 앞둔 사람들은 더는 남은
사람들에 대한 의무감을 가지고 있지 않다. 바꾸어 말하면 현대 사회
에서 대체로 죽음을 맞이하는 연령이 되면, 이미 자식들에게 행사할
수 있는 영향력이 감소되어버린 시기가 되었다고도 해석할 수 있다.

현대 사회에서 세상을 떠난 이들을 애도하는 방식은 그저 장례식
에서 검은 옷을 입고, 검은 리본을 착용하는 것으로 대표된다. 통곡
또한 점점 가벼워지거나 사라지고 있다. 병자들과 죽음을 앞둔 노년
의 사람들은 집에서 병원이나 보호기관으로 옮겨져 유명무실한 생활
을 하며, 쓸쓸히 죽음을 맞는다.

이러한 이유로 죽음에 대해 부정적인 생각을 하는 사람들이 많다
는 것은 현대 사회의 단점이자 부작용이라고 할 수 있다. 죽음에 대

한 개념 또한 전통 사회와 현대 사회에서 다르게 받아들여진다. 죽음에 대한 불안감 때문에 대외적으로 죽음에 대한 이야기를 기피하거나 두려워하는 결과도 가져온다. 또한 죽음은 지금까지 이루어왔던 모든 것을 한순간에 무너뜨리는 것으로도 인식될 수 있다.

현대 사회, 특히 대도시에 사는 많은 사람들이 스트레스와 분주함, 외로움에 시달린다. 동시에 현대 사회는 죽음에도 여러 형태로 관심을 보인다. 소설과 영화, 잡지들은 불행과 폭력, 갑작스러운 죽음을 이야기한다.

대부분의 사람들은 장례식과 애도의식에 여전히 깊은 이해를 가지고 있다. 이러한 의식들은 대부분 의무감을 바탕으로 하는 것이긴 하나, 이를 통해 타인과 감정을 공유할 기회를 마련한다는 점에서 여전히 긍정적으로 작용한다. 또한 남은 사람들은 죽음에 대한 불안감과 슬픔의 고통을 주변인과 함께 나눔으로써 죽음이 단지 삶에서 의미 없이 사라지는 행위는 아니라는 것을 깨닫게 된다. 이러한 의식은 삶과 죽음의 중요성을 일깨워주며, 산 자들과 죽은 자들의 관계를 재정립하는 역할을 한다.

슬픔에서 벗어나려면

슬픔으로 들어서는 길에는 깊은 상실감이라는 하나의 공통점이 있지만, 슬픔에서 벗어나는 길에는 여러 가지가 있다. 슬픔의 당사자가 보이는 반응은 개인에 따라 다르며, 사회와 문화적 여건에 따라서도 다르게 나타난다.

슬픔에는 기준이 없다

이전에는 인간이 슬픔을 받아들이고 표현하는 전형적이고 공통적인 방법에 대한 연구가 주를 이루었다. 그것은 다시 말해서, 인간의 슬픔에는 공통된 요소가 있다는 것을 의미하기도 한다. 이에 따르면, 인간이 슬픔을 느끼는 데는 전형적인 단계가 있다고 한다. 초기 단계에는 사고의 마비 등 쇼크 현상을 경험하며, 단계가 진행될수록 기분 저하와 의구심 등이 나타난다고 했다. 하지만 이러한 설명은 현실과는 다소 거리가 있다. 감정과 기분을 나타내고 슬픔을 느끼는 방식은 개개인마다 다르기 때문이다.

조사에 따르면, 슬픔을 느껴야 하는 상황에서 극한 고통을 느끼지 않는 사람들은 대신 우울증에 시달릴 확률이 높은 것으로 나타났다. 슬픔의 당사자는 마음을 열고 상실과 관련된 고통스러운 감정에 맞서야 할 필요가 있다. 이러한 과정은 삶을 영위하고 주변 환경에 적응하는 데 필수 요소라 할 수 있다. 특히 고통스러운 슬픔과 관련해서 경험하는 우울증에서 벗어나려면 이것이 필수다.

최근의 조사는 슬픔의 당사자가 사회와 주변 환경에 더욱 긍정적으로 적응하려면 자신의 내면적 고통을 잠시 옆으로 밀어두는 것이 중요하다고 말한다. 이때 중요한 것은 이러한 일을 행할 때 개인의 자발적 의지가 바탕이 되어야 한다는 것이다. 주변 사람들의 강제적인 요구가 개입되면 오히려 역효과를 불러와 슬픔의 당사자는 자신의 감정을 숨기고, 적개심을 가질 수도 있다. 물론 여러 종류의 슬픔에 극한적인 고통을 느끼지 않는 사람들도 있다.

어떤 사람들은 상실감을 경험한 직후, 주변인들과 함께 슬픔을 나누면서 일종의 자랑스러움과 기쁨을 느낄 수 있었다고 대답했다. 이러한 긍정적인 감정들은 일상으로의 빠른 적응에 도움이 된다. 비록 무거운 기분이더라도 웃음을 터뜨릴 수 있다면 자신의 무겁고 고통스러운 감정을 자유롭게 하는 데 도움이 될 것이다.

전형적이고 표준적인 슬픔은 없다. 모든 사람이 같은 방식으로 슬픔을 느끼고 표현하는 것은 아니다. 또한 이것이 권장되어서도 안 된다. 만약 주변 사람 가운데 상실감으로 슬픔에 젖어 있는 사람이 있다면 그가 빠른 시간 내에 일상생활에 적응하도록 특별한 관심과 배려를 보여야 한다.

삶은 짧아도 사랑은 길다

"삶은 짧아도 사랑은 길다." 이것은 열한 살에 죽은 한 소년의 비석에 씌어진 구절이다. 많은 사람들이 사랑하는 사람을 저 세상에 보낸 후에도 그들과 끈끈한 정신적 관계를 유지한다. 세상을 떠난 사람이 자식이든, 배우자든, 가까운 친구든 관계없이 오랜 세월을 슬픔으로 보낸다. 그리고 세상 떠난 이의 무덤을 찾아 그들을 기억한다. 이렇게 함으로써 그들은 조금씩 위로받는다. 예를 들어 세상 떠난 아버지의 무덤을 찾아 내면의 대화를 하는 아들은 아버지가 살아 계실 때보다 더 마음을 활짝 열고 깊은 대화를 한다고 했다. 이때의 감정은 상실감과 슬픔으로 표현될 수도 있지만, 과거의 좋은 날을 기억하는 따스함과 사랑으로도 표현될 수 있다.

하지만 슬픔의 당사자들은 상실의 분기점이 되었던 그 불행한 시기 이전으로 돌아가지 못한다. 즉 그들의 생활은 이전과 같은 것이 될 수 없다. 만약 감정상 이전 시기로 돌아간다고 해도 인성과 생활 패턴에 생기는 변화는 무시할 수 없다. 이는 오래전에 부모를 여읜 나이 많은 사람들과 대화하다 보면 흔히 듣는 이야기이기도 하다.

슬픔을 딛고 일보 전진

슬픔은 우리 삶의 바탕이라 할 수 있다. 즉 이것은 우리가 일을 하고 노력해서 성취할 수 있는 것이 아니다. 각 개인은 어떤 방법으로 슬픔을 이겨낼 수 있는지 그 방법을 스스로 찾아내야 한다. 우리의 슬픔은 결코 다른 사람에게 떠맡길 성질의 것이 아니기 때문이다. 이때 자신의 한계를 정확히 아는 것은 매우 중요하다. 능력이 미치지 않는 선까지 마음을 여는 것은 거의 불가능할 뿐만 아니라 오히려 역효과를 가져온다. 하지만 자신의 감정적 한계를 정확히 알고 슬픔으로 인한 더 깊은 고통에서 자신을 보호하는 것은 매우 중요하다. 다시 말해 삶의 목적을 찾고 여기서부터 위로받을 방법을 찾아보는 것도 좋다.

미래를 맞이하는 중요한 방법이라면, 고통스럽고 어두운 과거에서 벗어나 긍정적인 마음으로 미래를 보는 것이라 할 수 있다. 그렇다고 과거를 완전히 잊어버리라는 것은 아니다. 객관적인 눈으로 과거를 직시하고 자연스럽게 그것을 받아들이는 것이 중요하다. 어떤 이들은 세상 떠난 사람을 기억에 떠올리는 일조차 거부한다. 그리고 과거의 부정적 상황을 떠올리는 것을 매우 고통스러워하는 사람들도 많다. 이는 현재의 당사자에게 수치심이나 자책감을 가져다주기 때문이다. 또한 과거는 물론 현재의 실수를 바로잡을 적절한 시기를 찾는 것이 어렵기 때문이다.

어떤 사람들은 자신이 느끼는 슬픔과 고통이 약한 인성 때문이라고 생각하고, 자신의 감정을 더욱 강하게 통제해보려고 노력한다. 그들에게는 현재의 일이나 학업, 가족 등 간과할 수 없는 중요한 요소들이 있기 때문이다. 과거를 향한 그리움, 적개심, 의구심 등은 그들의 현재 생활에 결코 도움이 될 수 없다. 하지만 이러한 외부적 필요성이 너무도 강해서 자신의 감정과 기분을 억누르는 일이 지속되면, 결국은 스스로에게 불행을 가져다줄 뿐이다. 최악의 경우에는 심각한 우울증이 유발되기도 한다.

슬픔은 시간이 흐름에 따라 그 정도에 변화가 온다. 슬픔의 당사자는 흐르는 시간에 따라 언젠가는 자신의 감정에서 자유로워질 수 있게 된다. 이것은 사람에 따라 다르지만, 대부분 생각보다 많은 시간을 요한다. 그리고 슬픔은 언제든 다시 찾아오게 마련이다. 이때의 슬픔은 과거의 기억이 떠오를 때 느끼는 이전과 같은 형태의 슬픔일 수도 있고, 새로운 상황에 따른 다른 형태의 슬픔일 수도 있다.

어쨌든 슬픔과 고통을 이기고 현실에 재적응하는 것은 필요한 일이다. 우리는 슬픔의 시기를 지나면서 자신이 잃어버린 것들에 대한 가치를 더욱 깊이 간직할 수 있다. 슬픔을 통해 에너지를 얻는 경우도 있다. 슬픔의 시기를 벗어나면서 쏟았던 에너지와 이와 관련된 경험들은 앞으로의 삶에 든든한 버팀목으로 작용할 것이다.

슬픔에 빠진 사람들에게 건네는 도움의 손길

슬픔을 느끼는 형태는 개인에 따라 다르다. 따라서 도움의 형태도 개인에 따라 달라질 수밖에 없다. 어떤 사람에게는 큰 도움이 되었던 것이, 어떤 사람에게는 아무 도움이 되지 않을 수도 있다. 때문에 도움을 줄 때는 도움이 필요한 사람의 특정한 상황이나 필요성을 항상 고려해야 한다. 우선 기본적인 도움의 형태는 슬픔의 당사자가 하는 말을 귀 기울여 들어주는 것이며, 그들의 처지에 서서 함께 느끼고 이해하도록 노력하는 것이다. 이러한 일이 슬픔의 당사자에게 직접적으로 도움을 줄 수는 없지만, 그들의 감정과 생각을 나눌 수 있다는 데 큰 의미가 있다. 외로움은 주변 사람들과 함께 있을 때 더욱 크게 나타난다. 따라서 시간을 두고 상대방을 배려하는 자신의 감정을 표현한다면 상대방의 외로움과 슬픔은 조금이라도 가벼워질 수 있다. 어떤 사람들은 자신의 슬픔과 불행한 상황을 반복적으로 이야기할 필요성을 느낀다. 이때 그들의 이야기를 들어주는 것은 큰 도움이 된다.

어떤 사람들은 자신의 감정에 두려움과 의구심을 느끼기도 한다. 그들은 자신의 감정을 숨기려고 하고 보이지 않는 벽을 만들고는 표현하기를 꺼린다. 이때 억눌린 감정은 울분이 될 수도 있고, 자책감이나 불안감, 또는 여러 가지 신체적 반응으로 나타날 수 있다. 슬픔이 극한적인 상태에 있을 때는, 이러한 반응이 정상적이라며 이해한다고 말해주는 주변인의 말 한마디가 큰 도움이 된다.

슬픔의 당사자는 어떤 일을 결정할 때도 도움을 필요로 한다. 어떤 일을 먼저 해야 할지, 어떤 일을 차후로 미루어야 할지 선택하면서 우선권을 결정하는 일은 쉽지 않다. 이때 당사자의 일상에서 실제적인 일들을 도와줌으로써 일단 물리적인 의무감에서 벗어나도록 해준다. 일상의 의무에서 조금이라도 벗어난다면, 자신의 감정을 통제할 에너지를 얻을 수도 있기 때문이다. 가까운 친구들이나 이웃들은 슬픔과 고통을 겪는 사람들에게 가끔 전화를 하고, 직접 방문해서 아이들을 보살펴주거나 사소한 일들에 도움이 필요하지 않은지 물어보는 것도 좋다. 이랬을 때 당사자들은 고립감과 외로움에서 벗어나는 데 큰 도움을 받는다.

18장

행복과 삶의 질

미디어에서는 최근 새로운 항우울제에 대해 '행복약'이라고 이름을
붙였다. 이 때문에 많은 사람들이 우울함의 반대가 행복이라고 생각
해버린다. 하지만 이건 그렇게 간단한 문제가 아니다. 즉 사람들은 우
울증에 시달리지 않고서도 깊은 불행에 빠질 수가 있다. 어쨌든 우리
인간은 행복을 위해 삶의 질을 개선하려고 노력한다. 어쩌면 이것은
삶의 가장 중요한 목표일 수도 있다. 이것은 우울증에 시달리는 사람
들이나 불행에 빠진 사람들과 대화할 때 흔히 보는 주제이기도 하다.

행복이란 무엇인가?

덴마크 출신의 낭만시인 그룬트비(Gruntvig)는 삶의 질에 대해 이야
기할 때 "균형적이며 안정되고, 즐거우며, 활동적인 삶", 즉 일상의

리듬(균형과 안정)과, 경험과 행위(즐거움), 그리고 무언가를 이루어 내는(활동) 것을 삶의 주요한 바탕으로 보았다. 또한 그는 같은 시에서 이렇게 표현했다.

> 진실의 손길이 내게 위로를 해줄 때
> 행복은 텃밭에서 자라고 있었다.
> 창조주의 손에 먼지가 휘날릴 때
> 모든 사물은 자연의 법칙을 기대한다.

그렇다면 그룬트비는 왜 행복이 망망대해에 있다고 하지 않고 텃밭에서 자란다고 했을까? 그것은 바로 텃밭이라는 장소가 우리의 노동을 필요로 하고 또 열매를 맺는 장소이기 때문이다.

철학자 아르네 네스(Arne Næss)는 《행복의 철학》이라는 저서에서, 존재의 무의미함을 이야기한 노르웨이 철학자 페터 베셀 자프페(Peter Wessel Zapffe)의 패러독스를 주제로 삼았다. 등산가이기도 한 사페는 "산을 오르는 것은 인생 그 자체와 마찬가지로 무의미한 일이다. 하지만 그럼에도 나는 산을 오르는 일을 멈추지 않는다"고 했다. 비록 그가 삶에 대해 매우 부정적인 시각을 지녔다 해도, 그는 유머가 풍부하고 활동적인 사람으로 알려져 있다. 무신론자이기도 한 그는 어두운 시각을 가졌음에도, 그룬트비의 시구처럼 살았던 사람이기도 했다.

삶의 질과 행복

어떤 면에서 삶의 질과 행복은 떼려야 뗄 수 없는 관계에 있다고 해도 좋다. 이때 '주관적 행복'이라는 말은 많은 것을 의미한다. 이와 관련해 '평안'이라는 단어는 우리가 일상에서 자주 사용하는 단어이기도 하다. 행복이라는 것은 어떤 한 가지만으로 설명할 수 없는 것이다. 가끔은 행복이 불안함과 슬픔, 고통을 수반하기도 한다. 아리스토텔레스는, 흔히 인간은 소유물과 명성, 건강이 삶을 행복하게 만드는 요소라고 생각하지만 행복은 그 자체로서 가치가 있으며 인간의 삶에서 기본적인 목표로 생각되어야 한다고 말했다.

현대로 오면서 사람들은 이전보다 물질적으로 풍요로운 생활을 하게 되었다. 그럼에도 왜 수많은 사람들이 수면제를 복용하고 다이어트약을 복용하며, 외로움과 우울증을 호소하는가? 가난은 악이라 여기는 물질주의는 그 자체가 가난한 이념이라 할 수 있다. 인간의 행복을 결정하는 것은 돈이나 안정된 경제 사정을 의미하는 물질적인 것이 아니기 때문이다. 우리에게 충분한 돈이 있다 해도 우리는 더 많은 돈을 가진 주변 사람들과 스스로를 비교하게 될 것이고, 이에 더 큰 물질적 목표를 세우게 될 것이다. 이럴 때 심적으로 안정되고 여유로운 행복을 누리는 것은 불가능한 일이다. 반면에 우정과 사랑, 예술, 자유와 가족 간의 안정된 결속은 우리에게 행복감을 가져다준다. 일을 통해 얻는 만족감 또한 행복의 요소라고 할 수 있다. 일 그 자체에서 얻는 행복은 높은 수입으로 인한 물질적 안정감보다 훨씬 큰 의미를 지니기 때문이다.

즐거움의 기본적 요소

가치 있는 삶은 물질적 필요성을 만족시키는 데서만 얻을 수 있는 것이 아니다. 심리학자 시리 네스(Siri Næss)는 가치 있는 삶의 기본적 요소는 사람에 따라 다르게 나타난다고 했다. 그녀는 요양소에서 생활하는 일흔세 살 노인의 예를 들었다. 그는 행복한 삶을 사는 데 부족한 것이 있다고 느낀다며 다음과 같이 말했다.

나는 매일 새것처럼 깨끗한 침대보에서 잠을 자고, 균형 있고 영양가 높은 식사를 합니다. 매일 누군가 내 방을 청소해줍니다. 하지만 내가 가치 있는 삶을 살고 있느냐고 묻는다면 나는 아니라고 대답해야 할 것 같습니다. 나는 휠체어에 앉아 생활합니다. 그리고 내 아내는 정신질환 때문에 다른 요양소에서 생활합니다. 물론 나는 지금과는 다른 생활을 하고 싶습니다.

삶의 가치라는 것은 우리가 소유하는 것이 아니라, 우리가 무엇을 어떻게 경험하는가에 따라 결정된다. 즉 우리가 경험하는 일들에서 즐거움을 느낄 수 있다면, 그것은 가치 있는 삶의 일부가 될 수 있다.

어떤 일이 우리에게 즐거움을 가져다주느냐 하는 것은 개개인에 따라서 다르다. 그렇지만 타인과 함께하는 뜻깊은 활동이나, 정당하고 의미 있는 일을 했다는 만족감 등이 대부분의 사람들에게 즐거움을 가져다준다.

요한 보르겐(Johan Borgen)은, 사람들은 가끔 일상에서 벗어날 기회가 있어야 행복해질 수 있다고 말했다. 가치 있는 삶을 살려면 활동적이어야 하고, 정해진 목표가 있어야 하며 타인과 함께하는 행위에서 의미를 찾을 수 있어야 한다고 했다.

　최근의 한 여론조사에서 대다수의 응답자는 어떤 상황에서 삶의 만족감과 의미를 느끼냐는 질문에 적어도 한 명 이상의 타인과 가깝고 따스한 관계를 유지할 때라고 대답했다. 또한 자신이 하는 일이나 흥미와 관심이 있는 일에서 의미를 발견했을 때 그 만족감은 더 커진다고 했다. 일상에서 있을 수 있는 도전을 통해 자신의 능력을 재발견할 때도 마찬가지였다. 철학자 아르네 네스는 사람들의 이러한 만족감을 '열정' 또는 '삶의 불꽃'으로 표현했다. 물론 인간으로서 부끄럽지 않은 가치를 지닌 자아를 발견했을 때도 만족감은 커진다. 이러한 감정은 자신의 존재를 필요로 하는 곳이 있고, 그 필요성을 만족시켰을 때의 만족감 그리고 스스로의 삶을 불안감이나 자책감 또는 수치심 없이 안정적으로 유지할 때의 만족감도 포함한다.

　많은 사람들이 가치 있는 삶을 살려면 신체적 건강도 중요하다고 했다. 즉 심각하고 고질적인 병을 앓고 있을 때는 살아가는 데 지속적인 만족감을 가질 수 없다. 하지만 자신의 상황에서도 삶에 만족한다고 대답한 신체 장애인들이나 중병 환자들도 있었다. 실제로 치유 불가능하고 생명에 지장이 있는 당뇨병을 앓는 대다수의 사람들은 그들의 삶에 매우 만족한다고 대답했다.

　타인과 안정적이고 행복한 관계가 유지되지 않는다면, 과연 가치 있는 삶을 살 수 없는 것일까? 종교와 철학, 예술 속에서 흔히 이러한 질문을 발견할 수 있다. 이것은 우리로 하여금 삶의 기본적인 가치에 대해 생각해볼 근거를 제공하기에 매우 중요한 질문이라고 할 수 있다.

　칸트는 정당함이 없이는 행복해질 수 없다고 했다. 만약 삶에서 정당함이 존재하지 않는다면 이 지구에 사는 인간들은 무의미한 존재가 되어버릴 것이다. 인간성은 물론이며, 행복과 사랑 또한 정당함 없이는 무가치한 것이 되어버린다.

실제로 많은 이들이 부정함과 이기심을 바탕으로 형성된 행복에 대해 경고했다. 정당함이란 우리에게 타인의 처지에서 생각하고 느끼는 능력을 요구한다. 하지만 가끔 무엇이 정당하고 또 무엇이 정당하지 않은지 정확히 판단하는 데 어려움을 겪을 수 있다. 스스로 정당함을 주장하는 이들이 자주 타인과 갈등을 겪는 것이 그 예다. 우리는 가끔 정당함이 무엇인지 안다고 주장하는 사람들에게 회의적이지 않을 수 없다. 실제로 정당한 사람이라 함은 스스로 무엇이 정당한지 잘 알지 못한다고 인정하는 사람일 수도 있다. 인간은 불완전한 존재다. 따라서 우리는 정당한 사람이 되려고 노력하는 과정에서 인간으로서의 가치를 지킬 수 있다.

집중은 행복을 가져다준다

무언가를 창조하고 만들어내는 데는 항상 희생이 따르게 마련이다. 많은 작가들이 글을 쓰겠다고 마음먹고서도 책상 주변에서 아무것도 하지 못한 채 시간만 보내며 고심한다. 하지만 일단 글을 쓰기 시작하면, 단어들은 마치 파도처럼 머릿속에 떠오르며, 이에 집중하다 보면 시간과 장소마저 잊어버릴 정도라고 한다. 그들은 이러한 상태를 행복한 것이라 표현한다. 물론 자신이 하는 일에 집중하고 성과를 보았을 때의 행복감은 작가들만이 느끼는 것은 아니다. 이는 일상의 사소한 일에서도 얼마든지 느낄 수 있다.

 헝가리계 미국인 심리학자이자 베스트셀러 《몰입》의 저자인 미하이 칙센트미하이(Mihaly Csikszentmihalyi)는 무엇이 삶의 의미와 만족감을 주는가에 대해 무려 30년 이상이나 연구했다. 그의 이론 중 대표적인 것을 들라면, 그것은 바로 '흐름'이다. 즉 이는 삶에서의 어떤 경험이나 일의 목표, 또는 가치의 움직임을 말한다. 창의적 활동은 의미 있는 예술 작품이나 스포츠, 또는 종교적 의식으로 연결되며, 이때 행복은 우리가 무엇을 하는가와는 관계가 없고 그 일을 '어떻게' 하는가와 관련이 있다고 했다. 즉 행복의 요건은 자신의 삶에 스스로를 어떤 방식으로 결부하는 능력이라고 말할 수 있다.

 그가 행한 조사는 다수가 여론조사를 바탕으로 한 것이며, 응답자는 개인호출기를 항상 지니고 다녀야 했다. 그들은 하루에 여덟 번씩 질문자에게 호출이 올 때마다 대답을 해야만 한다. 그 질문은 현재 무엇을 하고 있는가, 현재 무슨 생각을 하고 있는가, 현재의 기분은 어떤가가 주를 이룬다. 응답자들은 이러한 일을 일주일간 계속한 후, 기록한 바를 제출해야 했다. 이 조사의 목적은 개인이 실생활에서 경험하는 바를 되도록이면 즉각적으로 확인하면서 삶의 긍정적인 면, 어려움이 닥쳤을때 건설적으로 대응하는 법, 그리고 무엇이 인간을 행복하게 만들 수 있는지를 알아보려는 것이었다. 이 조사는 이제 얼마 있지 않으면 30년을 채우며, 조사에 참가했던 사람은 몇만 명이 넘게 된다. 조사 대상 국가는 미국, 캐나다, 일본, 캄푸챠, 이탈리아, 독일, 오스트레일리아 등이다.

일상에서의 집중력

사람들은 이 집중이라는 단어를 설명할 때, 자신이 하는 일에 순간적으로 완전히 몰입해서 주변 상황이나 시간 개념을 잊어버리는 것이라고 표현한다. 이러한 집중력은 일상의 사소한 일을 할 때도 충분히 나타나는 상태다. 낱말 퀴즈를 푼다든지, 독서를 한다든지 또는 직장 일을 할 때도 그 예를 찾아볼 수 있다. 대화를 할 때나 공원을 산책할 때, 또는 축구 경기를 하거나 관람하면서도 우리는 이에 몰입할 때가 있다. 합창단에서 노래를 부르거나, 춤을 추거나, 아이들과 놀이를 할 때, 차를 운전하거나 회의를 주도할 때도 얼마든지 집중력을 발휘할 수 있다. 즉 집중력을 발휘하는 것은 그 일이 흥미롭지 않아도 얼마든지 가능하다. 집중을 하고 있으면, 시간이 가는 것을 잊어버린다.

어떤 일에 집중하는 상태는 일상에서 자주 경험할 수 있다. 이와 관련한 여론조사에서 다음과 같은 질문을 던져본 적이 있다. 즉 어떤 일을 할 때 완전히 몰입을 해서 자신의 존재는 물론 시간과 공간의 개념조차 잊어버릴 때가 있었는가? 이 질문에 대해 다섯 명 가운데 한 명이 매일 이러한 몰입 상태를 경험한다고 했다. 반면에 응답자의 15퍼센트는 한 번도 경험해보지 못했다고 대답했다. 각각 다른 나라에서 행한 이 조사에서 대답은 비슷하게 나왔다. 예를 들어 6,469명이 참여한 독일의 조사에서는 응답자의 23퍼센트가 '자주'라고 대답했으며, 40퍼센트가 '가끔', 그리고 25퍼센트가 '거의 없음', 12퍼센트가 '전혀 없음'이라고 대답했다.

우울증에 시달리는 사람들도 집중력을 발휘할 때가 있다. 미하이 칙센트미하이는 우울증에 시달리는 사람들을 대상으로 같은 조사를 행했다. 즉 그들에게도 매일 호출기를 가지고 다니면서, 신호음이 울릴 때마다 그 순간의 행위와 감정 상태를 기록할 것을 요구했는데, 예상했던 대로 이들은 매일 무거운 기분과 감정 상태에 있다는 것을 알 수 있었다. 하지만 흥미로운 점은 이들 또한 순간적인 몰입 상태를 경험한다는 것이었다. 특히 이들은 타인과 함께하는 활동에서 집중력을 발휘한다고 대답했는데 여기서 긍정적인 점을 볼 수 있었다. 하지만 그들은 홀로 있는 상태에서 수동적인 태도를 지니고 있을 때는 무기력함과 걱정, 그리고 부정적인 생각에 시달리는 것으로 나타났다.

그렇다면 몰입 상태에 있는 사람들의 상태는 어떻게 표현할 수 있는가? 우선 그들은 자신이 하고 있는 일에 집중함으로써, 자기 자신을 일과 동일시한다. 그들은 자신이 하고 있는 일만 생각하면서 시간이 가는 것도 잊는다. 그들은 방해받는 걸 싫어하며, 일상의 걱정거리조차 잊어버린다. 모든 집중력은 바로 그 순간 그가 하고 있는 일로 향하며, 순간적으로 불안감이나 우울 증세까지도 잊게 된다. 음악가들은 자신이 연주하는 음악에 빠지며, 화가들은 자신의 그림에, 요리사는 자신이 요리하는 음식에, 등산가는 정상을 향해 오르는 자신의 발걸음에 몰입한다.

또한 그들은 몰입시에 자신이 하는 일에 전적인 통제력이 있다. 즉 그들은 일 그 자체에 순간순간 집중함으로써, 집중력을 잃을 경우 무슨 일이 일어날 것인지 생각도 하지 못한다.

집중력을 가지고 일을 하면, 일단의 상황적 통제력 또한 가지게 됨으로써 하고 있는 일들을 거의 자동적으로 진행한다. 동시에, 어떤

318

움직임이 실패와 성공을 좌우하는지도 감지할 수 있다.

좋아하는 일일 때 집중이 가능하다

우리는 일상에서 하는 일, 또는 해야 하는 일들 가운데 많은 부분을 무가치한 것으로 생각하기 쉽다. 의무감과 조금 더 나은 훗날을 위해 마지못해 일하는 경우가 대부분이다. 그럴 땐 몰입을 하기가 어렵다. 즉 집중을 할 수 있는 일들은 대부분 우리가 스스로 찾아서 하는 일, 좋아서 하는 일들이기 때문이다. 예를 들어 바둑을 두거나 카드 게임을 하는 일 등이 그것이다. 이러한 일은 그 자체로서 흥미롭다. 어떤 목적을 두고 의무감에서 하는 일이 아니기 때문이다. 게임에서 이기면 기분이 좋고 설령 진다 해도 실망은 하겠지만 게임 그 자체에서 이미 즐거움을 느꼈기에 슬퍼하거나 우울해하지는 않는다. 우표나 동전을 수집하는 이들은 수집 과정에서 즐거움을 느끼지 그것을 소유하는 데 목적을 두지 않는다.

　시장을 보고 요리를 하는 등 일상의 일을 하면서 매우 서두르는 사람들이 있다. 이들은 일상의 이러한 의무적인 일들이 무가치하다고 생각하기에 되도록이면 얼른 해치워버리고 싶어 한다. 하지만 이들과 반대로 생각하는 사람들도 있다. 즉 충분한 시간 동안 요리 재료를 구입하고 정성으로 요리하며, 식사 시간을 가족들 간의 대화 시간으로 활용하겠다는 사람들이다. 많은 사람들이 이렇게 함으로써 일상의 사소한 일에도 충분히 즐거운 마음으로 집중할 수 있다고 말한다. 이들은 의무적이고 지루한 일이 될 수도 있는 일상의 의무들을 완전히 다른 방식으로 생각하고 받아들인다.

몰입 상태는 의무적 과제와 그 일을 하면서 얻을 수 있는 자신의 능력과 도전에 대한 만족감 사이에 균형이 이루어질 때 자주 나타난다. 만약 이러한 과제가 너무 쉬우면 당사자는 지루함을 느끼고 일을 완수해야 한다는 의지마저 잃어버릴 수 있다. 반면에 그 과제가 너무 어려우면 당사자는 좌절감을 느끼고 자신감마저 잃게 될 수 있다. 이는 아마추어 테니스 선수가 프로 테니스 선수와 경기를 할 때 경험하는 상태를 생각하면 잘 이해할 수 있다. 따라서 집중과 몰입 상태는 외부적 요건과 당사자의 내면적 상태가 충분한 균형을 이룰 때 나타난다.

전문가는 훈련을 통해 만들어진다고 한다. 처음에는 큰 도전처럼 여겨지는 일도 반복과 연습을 통해 상례가 되어버리게 마련이다. 그럴 때면 집중과 몰입을 하는 일도 점점 드물어진다. 물론 말 그대로 집중은 계속하겠지만, 집중으로 느낄 수 있는 만족감은 사라진다. 그러면 다시 새로운 도전을 향해 나서게 된다. 이러한 일이 반복되면 스스로를 발전시킬 수 있다.

행복은 저절로 오지 않는다

행복을 얻으려면 몸과 마음을 움직여 일을 해야 한다. 그리고 일단 행복을 손에 쥐면 놓치지 않으려고 노력해야 하는 것은 물론이다. 순환적 활동과 그 역동성에서 기쁨과 만족감을 얻을 수 있다. 텔레비전 시청은 휴식과 재미를 동시에 즐길 수 있는 일이라고 볼 수 있다. 하지만 그 일에서 순환적 활동과 역동성을 느낄 수 있다고 말하는 사람은 거의 없다. 그것은 책을 읽거나 낱말 퍼즐을 푸는 일과 비교했을 때, 우리에게 요구하는 것이 없기 때문이다. 우리는 대부분의 경우, 우리 자신이 포함되지 않는 상황을 매우 수동적으로 받아들이게 된다. 텔레비전 시청은 도전의식은 물론이며 활동적인 참여의식을 조금도 유발하지 않는다.

반면에, 놀라울 정도로 많은 사람들이 직장 일에서 집중과 몰입을 한다고 말한다. 여기서 놀랍다고 표현한 것은, 그러한 사람들일수록 휴가에 대해서 질문을 받을 때면 더 많은 휴가를 원한다고 대답하기 때문이다. 실제로 많은 사람들이 여가 시간에 하는 집안일을 통해 직장에서의 일보다 두 배나 잦은 집중 상태를 경험한다고 답했다. 이러한 예에서 볼 때, 집중과 몰입 상태를 경험할 때 그 일의 종류가 문제가 되는 것이 아님을 알 수 있다. 비록 직장 일이 더욱 도전적이며 더 큰 몰입의 가능성을 줄 수 있기는 하지만 말이다.

하는 일에 몰두하면, 이 일을 성취하지 못하거나 실패할 경우 타인이나 자신을 어떻게 생각할지 조금도 생각지 않게 된다. 예를 들어 독서에 몰두하면 시간과 장소마저 잊을 때가 많다. 또, 축구 경기를 관전할 때 너무나 몰두한 나머지 마치 나 자신이 축구선수가 된 것 같은 착각에 휩싸이기도 한다. 직장에서도 마찬가지다. 일에 몰두하면 스스로를 일 자체와 분리하는 데 어려움을 느낄 때가 종종 있다.

긴 경사지에서 스키를 탄다고 생각해보자. 목표는 뚜렷하다. 경사지의 가장 밑부분, 즉 결승점까지 무사히 도착하는 것이다. 힘들고 어려운 일이긴 하지만 결코 불가능한 일은 아니다. 단, 매 순간에 집중을 해야 한다. 작은 몸의 움직임, 정면으로 불어오는 바람, 쉴 새 없이 변하는 땅 표면, 그리고 옆을 휙휙 지나쳐가는 나무들. 전적인 집중력이 필요하다. 이 순간만큼은 다른 일을 생각할 겨를이 없다. 조금이라도 딴생각을 하면 곧 눈 쌓인 땅에 거꾸로 곤두박질치게 될 것이 분명하다. 이렇게 완벽한 집중력 속에서 한순간 스스로를 잊어버린다. 그 순간은 너무도 완벽해서 영원히 계속되었으면 하고 바랄지도 모를 일이다. 마지막으로 결승점에 도달했을 때의 기분은 뭐라고 말로 표현할 수가 없다. 그리고 스키를 타고 내려올 때의 그 짧은 순간이 얼마나 좋았는지 다시 음미하게 될 것이다.

그러면 만족감은 어떤 것인가. 비록 몇 초 동안의 짧은 순간이라도 우리 스스로가 강인하고, 활동적이며, 창의적이라고 느낄 수 있고, 전적인 집중력과 목적과 도전의식, 그리고 의욕을 가지는 바로 그 순간 만족감을 느끼게 된다. 그 만족스러운 순간을 회상하며 음미할 때, 정신적으로 평온하고 즐거운 상태에 있는 것을 행복이라고 부를 수 있다. 결국, 이러한 순간순간이 모여 우리의 정신 상태에 영향을 미친다고 할 수 있다. 이것이 바로 규칙적이며 의욕적이고 의미 있는 삶, 즉 행복한 삶을 살아가는 데 빼놓을 수 없는 조건이 아닐까.

노르웨이라는 나라에 와서 숨을 쉬고 살아간 지도 어언 십여 년이 지났다.

여름이면 짙은 초록과 백야가 있는 나라, 그 옛날 바이킹의 숨소리를 아직 그대로 간직한 듯한 거친 자연은 이 땅에 발을 딛고 살아가는 모든 생명에게 활기를 심어주기에 부족함이 없는 나라다. 하지만 긴 겨울이 시작되면 빛을 잃은 창백한 하늘에는 꼬리를 뭉텅 잘린 듯한 태양이 순식간에 지평선을 덮어오는 어둠에 너무도 일찍 그 자리를 내어주곤 사라져버린다. 변하는 계절 속에서 느낄 수 있는 낭만이라 하기에는 겨울의 어둠은 너무도 깊다. 벽난로의 장작 타들어가는 즐거운 소리도 우울한 겨울 저녁에 생기를 불어넣어주지는 못한다. 그래서일까, 이곳에는 유난히 우울증에 시달리는 사람들이 많다. 특히 겨울의 끝자락이 되면 이곳 병원들은 원인을 알 수 없는 신체의 통증을 호소하는 사람들로 붐빈다. 마음이 무거우니 몸도 제 기능을 다하지 못해 생기는 현상인 것이다.

사회보장제도가 거의 완벽하게 되어 있는 나라이기에 허리가 끊어지도록 열심히 일을 하지 않아도 입을 벌리면 배를 채울 수 있는 편한 나라라는 것도 이곳에서는 우울증의 한 원인으로 작용한다. 물리적 동기 부여가 없으니 삶을 쟁취하고자 끈적하게 싸워보려는 인간적 의식 또한 점점 옅어져만 간다. 그래서 사람들은 인간의 욕구 중 하나라고도 할 수 있는 경쟁심과 쟁취심을 외부로 분출해낼 수 없게 되고, 결국은 자신의 내면으로 돌리게 된다. 실존적 문제에 대해 파고들어가게 되면, 여간 강한 정신력 없이는 한 번쯤은 우울증을 경험하게 되는 것도 사실인 것 같다. 어쩔 수 없는 인간의 연약함이요, 또 인간만이 지닐 수 있는 장점이기도 하다. 우리 시대의 이름 있는 철학자들 거의 대부분이 북유럽의 어둑하고 음산한 환경의 결과물이라 이름 붙일 수 있는 것도 어찌 생각하면 일리가 없지 않다.

나 또한 온몸을 짓누르는 무기력함과 가끔 여기저기 불쑥 생겨나는 신체의 통증을 경험해보았다. 거의 몇 달 동안 아무 일도 해내지 못할 정도로 깊은 어둠 속에서 몸부림을 치며, 이런 것이 우울증이었던가 생각해본 적도 있다. 그때 지인이 소개해준 한 권의 책을 손에 들게 되었다. '행복 도둑(Lykketyvene)'이라는 제목의 그 책은 인간의 행복은 무엇인가에 대한 원리적 문제에서부터 이를 잃지 않기 위해선 어떻게 살아가야 하는지에 대해 이야기하고 있었다. 또한 이미 자신의 행복을 잃었다고 생각하는 대부분의 사람들에게 그 행복을 어떻게 하면 다시 찾을 수 있는지에 대해서도 이야기해주었다. 한 줄 한 줄 읽어가며, 나는 나 자신에 대해 객관적으로 조명할 힘을 얻게 되었다. 실존의 밑바닥에서 사고를 더해가며 찾아가는 나 자신이 아닌, 이웃과 부대끼며 평범하게 하루하루를 살아가는 한 사람으로서의 나 자신을 찾을 수 있었던 것이다.

현대의 페스트라 할 수 있는 우울증을 더욱 잘 이해하고, 또 이에서 벗어날 수 있는 데 필요한 지식을 담은 이 책을 읽으며, 나는 더 많은 사람들과 이를 공유할 수 있기를 바랐다. 우울증에 시달리는 당사자는 물론, 주변에 우울증으로 인해 힘겨워하는 사람들이 있다면 더욱 읽어볼 필요가 있는 책이라 확신한다. 가볍게 읽을 수 있는 의학서적이요 철학서적이라 할 수 있는 이 책의 번역을 마칠 무렵, 나는 어느새 다가올 내일을 선명하고 즐겁게 그리고 있었다. 겨울의 한가운데에서 봄을 그릴 수 있는 의지를 주기에 충분한 책이었다.

노르웨이에서

손화수

옮긴이 **손화수**

한국외국어대학교에서 영어를 전공하고 1998년 노르웨이로 건너가 학생들을 가르치며 노르웨이 문학협회 소속 번역가로 활동하고 있다. 2012년 노르웨이 정부가 주는 국제 번역가 상을 받았다.
옮긴 책으로는 《나의 투쟁》, 《아침으로 꽃다발 먹기》, 《요한 기사단의 황금상자》, 《피렌체의 연인》 등이 있다.

우울증

1판 1쇄 발행 2012년 7월 30일
1판 3쇄 발행 2018년 11월 20일

지은이 토르실 베르게·아르네 레폴 | 옮긴이 손화수
펴낸곳 (주)문예출판사 | 펴낸이 전준배
출판등록 1966. 12. 2. 제 1-134호
주소 03992 서울시 마포구 월드컵북로 6길 30
전화 393-5681 | 팩스 393-5685
홈페이지 www.moonye.com | 블로그 blog.naver.com/imoonye
페이스북 www.facebook.com/moonyepublishing | 이메일 info@moonye.com

ISBN 978-89-310-0715-2 03180

이 도서의 국립중앙도서관 출판시 도서목록(CIP)은 e-CIP 홈페이지
(http://www.nl.go.kr/ecip)에서 이용하실 수 있습니다.
(CIP제어번호 : CIP2012003295)